구약신학의 새로운 모색

- 한국적 구약신학하기 -

구약신학의 새로운 모색

– 한국적 구약신학하기

2016년 9월 5일 초판 1쇄 인쇄
2016년 9월 9일 초판 1쇄 발행

지은이 | 박신배
펴낸이 | 김영호
펴낸곳 | 도서출판 동연
등 록 | 제1-1383호(1992. 6. 12)
주 소 | (03962) 서울시 마포구 월드컵로 163-3
전 화 | (02) 335-2630
팩 스 | (02) 335-2640
이메일 | yh4321@gmail.com
Copyright ⓒ 박신배, 2016

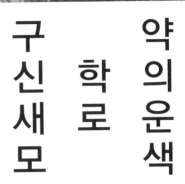

구약신학의 새로운 모색

한국적 구약신학하기

박신배 편저

동연

추천의 글

학문의 세계에서 독불장군이란 있을 수 없다. 아무리 위대한 학자
라 해도 학문의 길로 이끌어준 스승이 있고, 스승의 뒤를 잇는 제자
들이 있어서, 학문은 계승, 발전하는 법이다. 이러한 학문의 세계에
서 제자가 학문적으로 발전하고 성장하고 새로운 분야를 개척하는
것을 지켜보는 것은 스승의 보람이요 기쁨이 아닐 수가 없다. 박신배
박사는 내가 연세대학교에서 30년간 구약학 교수로 봉직하면서 배
출해낸 수많은 제자 중에 걸출한 제자이다. 그는 고대 이스라엘 역사
에서 종교개혁운동에 큰 관심을 갖고 우수한 논문을 완성해서 박사
학위를 수여받은 바 있어 미래가 촉망되는 제자였다. 그 후 박 박사
는 기대에 조금도 어긋나지 않게 학문의 길에 정진하여 이제는 중견
학자로 크게 성장했고, 한국 구약학계를 이끌어가는 동량의 역할을
감당하고 있어 마음 든든히 생각하고 있다.

박신배 박사는 이미 여러 권의 구약학 분야의 책을 집필해서 실력
을 널리 인정받고 있다. 이번에 구약신학의 세계를 출간하게 된 것을
누구보다 기쁘게 생각하며, 이 책은 부제(副題)가 말해주듯이 '한국적
구약신학하기'가 특별히 돋보이는 것으로 한국학자의 눈을 통해서
본 구약연구란 점에서 구약학계에 공헌하는 바가 크다고 생각한다.
구약민중신학, 태극신학, 구약의 측면에서 본 다문화 이해, 김삿갓의
시와 욥기, 한국적 문화신학, 아시아적 성서해석 방법 등 논문들은
한국 구약학의 새로운 지평을 열어주는 연구들로서 높이 평가할 만

하다. 앞으로 구약신학의 토착화 문제에 더욱 깊이 천착해서 한국 구약학이 세계적으로 공헌할 수 있게 되기를 염원한다.

지난 수 세기 동안 구약학계는 실로 방대한 연구 결과를 이룩해 놓았다. 그러나 대부분 연구 결과들이 '교회의 장'과는 관련 없이 학자들의 서재에 머물러 있다는 것은 크나큰 손실이요, 유감이 아닐 수 없다. 앞으로 박신배 박사가 학문적으로 대성할 뿐만 아니라, 구약학계와 교회의 장 사이에 가교 역할까지도 감당할 수 있기를 크게 기대해본다.

2016년 8월
박준서 _ 연세대학교 구약학 명예교수

책을 펴내며

항상 책을 묶는다는 것은 어려운 학자의 길을 가고 있다는 증거요, 학문의 흔적을 더듬다가 새로운 방향으로 도전하고자 할 때 책으로 묶는 것은 아닌가 생각한다. 나의 경우 그동안 책을 묶는 작업이 다음 작업으로 이행하고자 하는 준비 작업이었다. 구약학 분야에서 구약신학은 구약학자가 학문의 마지막 단계에서 하는 작업임을 알고 있다. 그동안 내가 하던 구약학 작업의 끝을 말하려고 하는 것은 아니다. 다만 이제 어떤 방향성을 잡고 구약신학을 시작하고자 하는 작업이라고 말할 수 있다. 그래서 앤더슨(B. W. Anderson) 교수님이 구약신학 저작을 계획하고 저술하다가 서론(Contour of Old Testament Theology)밖에 쓰지 못한 아쉬움을 우리가 알고 있듯이 말이다. 이제 구약신학의 첫 단추를 놓는다는 심정으로 이 글을 시작하고자 한다.

이 책의 1부에서는 구약신학의 동향과 오늘의 구약신학 방법론 보기로 다룬다. 1장 구약신학의 새로운 길 찾기에서는 구약신학의 역사, 구약신학의 중심, 그리고 그 역사와 전승사, 구속사에 대해 다루고, 2장에서는 구약신학의 방법론과 한국에서 구약신학을 한다는 의미에 대해 논의한다. 그 방법론의 글들로 〈김찬국의 구약 민중신학〉(「신학사상」지 게재), 〈태극신학과 구약성서〉는 「문화와 신학」지에 발표했던 논문이다. 〈다문화와 구약성서〉는 신학부 교수들의 연구 프로젝트로 쓴 원고로 구성하였다.

2부에서는 그동안 다뤘던 논문들을 구약신학의 세계라는 제목으로 게재했다. 〈계약신학의 새로운 모색〉 논문은 「신학사상」지에 게재된 글이고, 〈열왕기하 18-20장의 편집과 전승 신학 연구〉, 〈역대기상 10-12장 연구: 다윗과 사울의 패러다임〉 연구는 「그리스도대학교 교수논문집」에 실렸던 글이다. 〈구약역사서 연구 – 이경숙의 여성신학〉은 「구약논단」에 게재한 글이며, 〈구약의 창조신앙과 생태 영성〉은 이 책에서 처음 소개하는 글이다. 〈구약의 천사〉는 「복음과 교회」에 냈던 논문이다. 3부에서 6편의 서평과 논찬문은 구약학 학자의 학문적 작업과 저자의 신학 세계를 소개하며 학자들의 연구 관점을 이해하는 데 도움이 되기를 바라며 소개한다.

특별히 이 책이 나오기까지는 제자로서 대학원 과정에 공부하는 김원자 씨와 김재륜 군 그리고 아세아연합신학대학원 박사과정에 있는 박제삼 목사의 도움이 컸다. 이 글을 편집해주고 책으로 출판해주신 동연의 김영호 사장에게 감사드리며 서문의 글을 맺고자 한다.

봉화산 자락 천국의 집에서
2016년 8월
박신배

차례

3부_ 구약신학과 서평, 논찬

머리말

　구약학의 분야에서 꽃 중의 꽃은 구약신학이다. 구약신학은 구약학 연구의 절정으로서 구약의 모든 주제를 아우르는 신학, 학자 자신이 말하고자 하는 바를 그리스도 중심으로 말하는 신학이라 할 수 있다. 저자도 『구약의 종교개혁을 넘어서』와 『구약의 개혁신학』을 저작하고 나서 과연 나의 구약신학의 주제는 무엇인가, 질문하지 않을 수 없었다. 그것은 바로 구약성서가 말하고자 하는 것은 바로 하나님 나라, 이스라엘 나라, 메시아 왕국임을 알 수 있었다. 그 나라를 향한 여정에서 본질과 에덴 동산의 아름다움 회복이 주류(主流)인데, 그를 위한 작업이 매 시대마다 토라 선포, 토라 제작, 토라 강조와 예언자 신학, 예언자의 종교개혁, 성문서의 종교개혁 영성을 말하고 있음을 알게 되었다. 따라서 구약성서에 흐르고 있는 본질, 정신, 중심 신학은 메시아 왕국, 이스라엘과 이스라엘 나라, 이스라엘 백성, 하나님 나라이며 하나님의 형상을 가진 인간과 대화하고자 하는 여호와 하나님인 것을 알 수 있었다.[1] 그를 위해 그 본질과 개혁은 동전의 양면처럼 늘 반복되는, 그리고 하나의 개념임을 알 수 있다. 이 신학적 주제를 파악하고 구약신학의 중심에서 서술하는 과제가 저자의 구약신학의 과제임을 보여준다.

　이 구약신학 작업을 위해 구약신학의 방법론과 연구 동향을 살펴보고자 한다. 특히 한국인 저자가 한국 땅에서 구약신학을 한다는 의

1　박신배, 『구약의 종교개혁을 넘어서』 (서울: 더북, 2014), 14-97.

미가 무엇인지 먼저 화두를 던지고 시작한다. 이는 한국의 구약신학 방법론과 구약신학의 특징이 세계 구약신학학계에 새로운 방법론, 새로운 연구의 성과를 던지고자 하는 의도가 있다. 지금까지 구약신학이 걸어온 역사를 살펴보고, 구약성서의 중심 주제가 무엇인지, 그동안 학자들의 연구 결과를 알아본다. 폰라트 중심의 구속사, 역사 중심의 구약신학 방법론과 아이히로트 중심의 조직신학적 구약신학, 계약 중심의 구약신학 방법론을 통해, 구약신학이 발전되어 왔음을 주지하게 된다. 그리고 앞으로 구약신학 연구가 어떻게 발전되고 전개되어야 할지 그 방향성을 타진하려고 한다. 그동안 저자가 한국 문화와 한국적 신학, 한국 구약신학, 선교신학, 한국 구약학계의 활동, 논찬 작업 등을 통해 구약신학하기 작업으로 발표된 논문들을 모아서 구약신학의 포괄적, 외연적 작업을 이 책에서 보여주게 된다. 이를 통해 구약신학의 세계, 한국적 구약신학하기, 구약신학과 논찬의 세계 등으로 이름을 붙이고 구약의 종교개혁과 한국 문화적 구약신학, 구약선교 신학 신학, 다문화 사회, 민중신학, 태극신학, 여성신학 등의 주제가 이 책의 중심, 저류를 흐르고 있음을 이 책을 읽어가면서 알게 될 것이다. 저자는『구약신학의 새로운 모색 – 한국적 구약신학하기』라는 제명(題名)을 달았다. 그것은 구약신학의 세계를 전부 보여주려고 하는 것 보다 구약신학의 한 단면, 저자가 보는 구약신학의 한 세계라는 것을 말하는 것이고, 한국 문화, 한국인으로서 한국적 구약신학하기를 보여주는 것이라는 뜻이다. 이제는 우리 구약신학의 세계를 보여줄 때가 되었다는 염원이 담긴 뜻이기도 하다. 하여 한국적 구약신학이라 함은 한국 문화적 성경해석 방법이나 한국인으로서 구약신학을 연구한다는 의미를 가지며 한국적 구약신학하기는 어떤 양태인지, 이 책을 통해 어느 정도 가늠할 수 있으리라 기대한다.

1부

구약신학의 동향과
오늘의 구약신학 방법론

1장
구약신학의 새로운 길 찾기

구약이 고대 근동의 종교로서 이스라엘 종교사가 되지 않고 독특한 하나님 신앙을 고백하는 문서라는 사실에서 우리는 구약신학의 방향이 어디로 향해야 하는지, 그리고 우리는 한국 땅에서 구약신학을 해야 하는 구약학도로서 어떤 질문을 던져야 하는가? 성서신학은 역사적 · 신학적 연구 분야가 되도록 이해되어야만 한다. 이것은 다시 말하면 신약신학과 구약신학을 하는 데 종사하는 성서신학자는 본문이 무엇을 의미하는가를 설명하는 것을 자신의 임무로서 주장해야 된다는 말이 된다. 성서신학자는 거기에 "되돌아가려고" 시도한다.

성서적 증언은 그것이 특정한 시간과 특정한 장소에서 시작되었다는 의미에서 역사적 증거라는 것은 아니다. 동시에 그것이 신학적 증거라는 것은, 그것이 인간의 역사성에 침투하는 신적인 실재나 행동을 하나님의 말씀으로서 증거 한다는 의미에서 그러한 것이다. 성서신학과 조직신학은 밀접한 관계를 가진다. 오늘도 구약신학을 전개함에 있어서 조직신학적 방법을 사용하지 않으면 구약신학의 구성은 불가능하다고 본다.

성서신학자는 성서적 범주와 주제, 특색, 개념을 제시하는데 이는 조직신학자들의 명료하고 특징적인 사상들과는 대조적으로 과히 명료하지 못하고 특색이 없다. 종종 모든 성서적 범주들은 하나님의 깊은 신비의 풍부한 계시를 표현함에는 보다 암시적이고 동력적이다. 이 결과로 성서신학은 조직신학이 말할 수 없는 것을, 조직신학은 성서신학이 말할 수 없는 것을 현대인에게 말할 수 있는 것이다.

만일 성서신학이 역사적·신학적 분야로 이해된다면 그 적절한 방법은 다함께 처음 출발부터 역사적이고 신학적이어야만 된다는 것을 따르게 된다. 구약신학은 건전한 원칙과 과정에 근거한 석의를 전제한다. 따라서 석의는 구약신학을 필요로 한다.

구약신학 없이 성서의 해석 작업은 전제로부터 개별적 본문을 고립시킴으로 쉽게 위험에 처하게 된다.

성서신학자는 사실상 "역사적 경험의 깊은 수준을 이해"하려고 시도한다. 역사 비평적 방법은 역사적 경험의 깊이에 놓여 있는 모든 것을 포착할 수 없다. 이 방법론적 과정은 신학 편에 치우쳐서 역사를 소외시키려고 하지는 않는가라고 반문할 수 있다. 우리는 해석이 시간과 사건의 주, 곧 심판과 구원이 행동과 말씀을 통하여 인간 역사에서 실제적으로 날짜를 셈할 수 있는 사건을 스스로 나타내시도록 선택하신 분이신, 하나님의 자기를 나타내심을 증거하는 진술들과 증언들을 포착하려고 노력할 때 이와 같은 증언과 진술을 이해하는 과정은 표현된 완전 실재를 전부 이해하기 위해서 출발부터 모두 성격상 역사적이고 신학적이어야만 한다는 점을 주장해야만 되는 것이다.

구약성서신학에 몰두하는 성서신학자들은 자신의 노력이 될 수 있으면, 구약성서의 신학에 집중되어 있는 만큼 미리 지시된 주제를 갖고 있다. 그것은 구약으로부터 취해진 자료에서 오로지 발견된다. 구약신학은 우선 구약 문서 또는 문서의 수집에 대한 요약된 해석과 설명이라고 할 수 있다. 역사적 사료로서 구약성서, 신앙고백적 문서로서 구약본문은 케류그마이면서 구약역사서로서 성격을 동시에 가지고 있다.

구약의 중심 주제로서 하나님이 구약의 중심이 되신다는 것을 주장해야 한다. 구약 책들의 신학의 제시 또는 문서집은 정경적 연속으로 되어 있는 책들의 순서를 되도록이면 따르지 아니할 것이다.

구약신학은 다양한 책들의 문서집의 신학들에 대한 지식을 찾을 뿐 아니라 또한 구약의 중요한 주제들을 끌어오고 또 제시하기를 시도한다. 모든 민족에 대한 현저한 축복, 새로운 출애굽, 제2의 다윗, 새 예루살렘, 새 언약 등은 이스라엘인의 신앙이 강력히 미래를 지향하는 것으로 보아야 할 필요가 있음을 나타내준다. 구약의 종교개혁, 개혁적 문서, 개혁적 신학이 구약신학의 핵심이라는 것은 주지해야 한다. 지혜 문서 신학에 나타난 특별한 주제는 인간의 생명과 책임을 여기에서 그리고 바로 지금에 속하는 책임을 강조한다. 다양한 개념, 주제와 주 특색을 열거하는 것은 바람직하지 않다.

구약이 그 신학을 위해 질문당하는 것 같이 구약은 우선 여러 가지 신학을 인정함으로써 대답해준다. 신학의 궁극적인 목적은 그래서 감추어져 있는 내적 통일성을 가능한 한 그 감추어진 것으로부터 이끌어내어 명료하게 규정짓는 데 있다.

성서신학자는 구약신학을 히브리 성서의 신학 그 이상의 것으로 이해하고 있다는 점이다. '구약신학'이란 이름은 신약도 그 일부로 포함되어 있는 폭넓은 정황에서의 성서를 암시한다.

구약신학의 새로운 접근을 요약하여 얻게 된 이들 제안에 근거해서 누구나 구약신학이 처해 있는 현재의 위기를 경솔하게 재촉하는 함정이나 막다른 골목을 피해야 되는 내용의 구약신학을 수행해야 하는 위치에 서 있다. 동시에 누구나 신구약 모두의 성서신학에 대하여 보다 많은 희망을 갖고 대화함으로써 결정적인 단계에 더 가까워질 것이다. 또 한편 구약신학은 우리 한반도의 땅에서 어떻게 해야하는가 하는 것을 계속하여 물어야 한다. 그 때에 그 신학이 우리의 구약신학이 되고, 의미 있는 구약신학하기가 될 수 있다.

크니림은 구약과 신약의 관계에서 보며 구성적인 비평방법을 사용하여 구약신학의 핵심, 그 연구주제가 무엇인가 탐구한다. R. 크니림의 *The Task of Old Testament Theology*(1995)를『구약신학의 과제 I』(2001)로 번역 출판하였다. 이 책은 구약성서의 영성, 구약성서의 문자와 영, 성서에 나타난 과학, 귀납법적인 탐구들, 가블러에 대하여 순으로 구성되어 있다.[1] 크니림의 주석적 방법의 관심과 범위는 비단 구약신학과 신약신학을 넘어서서 조직신학, 윤리학, 설교학, 기독교교육, 교회사, 목회상담학 등과 같은 학제 간의 담론을 이끈다.

"우리는 이러한 개념에 관하여 가능한 최선의 견해를 갖지 않으면 안 된다. 즉 신 · 구약성서 모두로부터 비롯되어야만 한다. 구약성서 해석자가 학제간 담론(discourse)에 대하여 모종의 기여를 하도록 하기 위해서는, 그의 역할이 본문들을 주석하는 데 있는 반면에 다른 분야의 대표자들은 주석의 결과들을 활용해야 한다고 말하는 것으로는 불충분하다. 구약학자들이 그들 자신의 체계화 작업을 위한 기초로서 체계화된 개념적인 연구들을 다른 분야의 전문가들에게 제공하지 않는 한, 구성적인(constructive) 학제 간 담론에 대한 희망은 그러한 이유 하나만으로 성취되기 어려울 것이다"[2] 크니림은 구약신학의 특수성을 강조하면서도 신약신학과 기타 학제간 담론에 대한 구약신학의 책임을 강조하고 있다.

---

1   R. 크니림, 강성열 역,『구약신학의 과제 II』(크리스챤다이제스트, 2002).
2   Ibid., 807-808.

우리의 구약신학은 신약과 구약의 관계를 염두에 두어야 한다. 이는 1797년 바우어가 지적하였듯, 구약신학은 신구약 사이의 상호 관련성을 연구해야 한다고 보는 입장과 동일하다.[3] 신구약 사이의 관계를 찾으려고 한 것은 불트만의 공헌이기도 하다.[4]

이는 구약의 역사는 실패의 역사라는 방향에서 관계 설정을 하고, 루터적인 율법·복음의 구분과 적용을 이해하고, 그리스도 지상주의로서 역사의 유산으로서 구약성서를 이해하는 것은 신약의 그리스도, 구속사적 해석에 강조점을 두게 한다.[5]

불트만은 역사는 분명히 약속의 성격을 갖고 있다고 볼 수 있고, 침멀리는 역사가 실제로 산산조각이 나버렸는가 하는 질문을 한다.[6] 불트만의 비신화화론에서 새로운 그리스도 신화를 문제 삼고, 바움카르텔은 신구약의 불연속성을 지적하며 영속적인 근본 약속이 무엇인지 묻는다. 이는 구약의 의미가 좌절된 구속, 재난의 역사, 율법 아래 있는 사람들의 길이라고 본다. 구약은 신약을 향해 있고, 구약과 신약은 상보적 관계이며 구원의 길을 예시해주고 그리스도를 통한 완성을 보여주는 중요한 실과 바늘, 짝을 이룬 계시의 책이라고 본다.[7] 구약은 그리스도 예수를 향한 구속의 역사를 진행하는 책으로서 신약과 함께 하나님의 말씀, 거룩한 책, 성서이다.

구약신학은 제1차 세계 대전 이후 본격적으로 연구된다. 구약신학과 성서신학과의 관계에서 조직신학, 교의학에서 비분리되어 연구되어오다 가블러의 교수 취임 논문에서 성서신학을 교의학에서 분

---

2 G. F. 하젤, 김정우 역,『구약신학: 현대논쟁의 기본 이슈들』(엠마오, 2001), 29-30.
4 G. F. 하젤, 김정우 역, Ibid., 208-209.
5 G. F. 하젤, 김정우 역, Ibid., 209-210.
6 G. F. 하젤, 김정우 역, Ibid., 209.
7 G. F. 하젤, 김정우 역, Ibid., 210-211.

리하면서 독립되었다.[8]

구약신학의 역사

1. 종교개혁으로부터 계몽주의에 이르기까지

성서신학의 발전에 근거하여 볼 때 "오직 성서로만"이라는 루터의 원칙은 성서신학 발전의 저해가 되었다. 성서신학이란 용어는 크리스트만이 제기한다.[9] 독일 성서신학에서는 성서신학이 교의학에 보충적인 역할을 한다. 이에 대한 증거가 되는 본문으로는 칼로비우스가 제시한다.[10]

경건주의 성서신학은 개신교 정통주의에 반항하는 도구가 된다. 스페너, 하이만, 도이취만, 바이드너 등이 이에 해당한다.[11] 1745년 이전부터 성서신학은 교의학(조직신학)으로부터 분명히 구분되었고, 또 성서신학은 교의학의 기반이 된 것으로 알려지고 있다.[12]

2. 계몽주의 시대

이 시대는 합리주의로부터의 반응으로, 인간의 이성은 진리의 마지막 표준과 지식의 주요한 근거가 되었다.[13] 역사비평적 방법이 새로운 해석학의 발전을 이끈다. 비터와 아스트뤽 등은 문학비평으로 다른 고대 자료 문서와 같이 성서를 연구하였다.[14] 에베링은 "순전히

---

8 G. F. 하젤, 김정우 역, Ibid., 27-28.
9 G. F. 하젤, 김정우 역, Ibid., 23.
10 G. F. 하젤, 김정우 역, Ibid., 23.
11 G. F. 하젤, 김정우 역, Ibid., 23-24.
12 G. F. 하젤, 김정우 역, Ibid., 24.
13 G. F. 하젤, 김정우 역, Ibid., 24.
14 G. F. 하젤, 김정우 역, Ibid., 25.

교의학의 보충적 분야로 되었던 성서신학이 이제는 압도하는 교의학의 적수가 되었다"고 하였다.

해석학의 혁명(젤므러, 짜카리에, 후프나겔, 암몬 등)은 구약보다 신약을 높이 평가하였고, 바우어는 구약신학을 독립시켰다.[15] 가블러는 1787년 3월 30일 알트도르프 대학 교수취임 강연 논문에서 순전히 역사적 연구 분야로서의 성서신학의 역할을 시작한 이정표를 세웠다. 그는 이성적 방법론을 제시한다. 영감은 이 고찰에서 제외된다. 왜냐하면 하나님의 영은 절대적으로 모든 거룩한 사람 안에서 사물을 보는 자연적인 관찰의 척도와 이해력이 파손된 것이 아니기 때문이다. 주목해야 할 것은 신적인 권위가 아니라 다만 "그들이(성서 기자) 생각한 것"에 있다.[16]

두 번째, 성서신학은 각 개인의 성서 기자들의 개념과 사상을 조심스럽게 수집하는 임무를 갖고 있다. 왜냐하면 성서는 단 한 사람만의 생각을 포함하고 있지 않기 때문이다. 그러므로 성서 기자의 견해는 성문서로부터 조심스럽게 수집되어 적절하게 배열하고 일반적인 개념과 충분히 관련을 시키고 조심스럽게 서로 비교해볼 필요가 있는 것이다. 이 과제는 문서비평, 역사비평, 철학비평 등의 도움으로 역사비평적 방법이라는 일관된 수단으로 해서 성취될 수 있다.

세 번째, 하나의 역사적(학문적) 연구 분야로서의 성서신학이란 그 정의상 "옛 종교와 새 종교의 여러 기간 사이를 구분해야 할 책임"을 분명히 갖고 있다. 주된 과제는 어느 사상이 기독교의 교리에 중요한가, 즉 어느 것이 오늘날에 적용되며 어느 것이 "우리 시대에 타당성"을 갖고 있지 않은 것인가를 탐구하는 것이다.

---

15 G. F. 하젤, 김정우 역, Ibid., 26.
16 G. F. 하젤, 김정우 역, Ibid., 27-29.

아이히호른, 바우어는 구약신학 계통의 책을 발간한 최초의 사람으로서 구약신학과 신약신학을 구분한 사람이다. 바우어의 구약신학은 신학, 인류학, 기독론으로 구성된다. 가블러와 바우어가 성서와 구약신학을 독립된 분야로 만든 창시자들이다.[17]

3. 계몽주의로부터 변증법적 신학까지

카이저는 종교사적인 접근을 적용하려던 최초의 인물로서, 모든 성서적 또는 비성서적 측면을 '보편주의적 종교'의 원칙 아래 종속시켰다.[18] 가블러의 제자, 드베테는 성서 교의학(1813)에서 분리, 합리주의로부터 떠난 최초의 책으로 기록된다.[19]

쾰른의 구약의 성서신학과 바트케의 성서신학은 구약의 종교와 헤겔 철학의 정반합을 이용하여 구약신학을 한 것으로 벨하우젠에 크게 영향을 주었다.[20]

바우어는 두 번째 종교사적인 구약신학, 헹스턴베르크의 구약의 기독론, 슈토이델과 헤베르닉크, 윌러 등은 구약의 권위와 영감과 중도적 역사적 방법을 사용한다. 이에 대한 보수적 반응은 메켄, 베크, 콘라트, 폰 호프만 등의 연구자들이 구속사 중심의 구약신학을 연구한다. 이들은 구속사 학파라 한다.[21] 에발트, 히찌히는 사상의 역사, 딜만은 계시의 역사를 중심으로 구약신학을 구성한다. 벨하우젠은 이러한 관점에서 『이스라엘 역사서론(서설)』이라는 책을 낸다.[22] 이러한 구약학의 방향은 성서신학과 역사, 종교사의 흐름 속에서 변천되

----

17 G. F. 하젤, 김정우 역, Ibid., 29-30.
18 G. F. 하젤, 김정우 역, Ibid., 30-31.
19 G. F. 하젤, 김정우 역, Ibid., 31.
20 G. F. 하젤, 김정우 역, Ibid., 31.
21 G. F. 하젤, 김정우 역, Ibid., 32-35.
22 G. F. 하젤, 김정우 역, Ibid., 36.

었고 서구 세계에서 논의되어왔다. 이제는 새로운 방향, 동양적 한국적 사고와 구조 속에서 이념과 역사를 뛰어넘은 실제적 구약신학을 모색해야 할 때가 되었다.

구약신학의 방법론

방법론에 대한 기본적인 질문(5가지 방법) 중에 서술적 방법과 고백적 방법을 살펴보자.

1. 서술적 방법으로는 가블러 · 레데 · 슈텐달을 중심으로 살필 수 있다.

슈텐달은 "성서신학자는 본문이 의미했던 것을 서술하는 데 주목해야 하며 본문이 의미하는 것에 두어서는 안 된다는 것이다."[23]

챠일즈는 "본문은 하나님의 신적인 목적 그 이상을 넘는 증언이다." 거기에는 증언의 수준으로부터 실재 자체에로의 움직임이 있음에 틀림없다. 그는 정경의 상황이 드러날 때 '무엇을 의미했는가'와 '무엇을 의미하는가'의 질문은 모두가 분리할 수 없이 연결되어 있고 이 모두는 경전으로서의 성서를 해석하는 임무에 속하는 것이라고 주장한다.[24] 하젤은 "성서신학의 과제로서 성서로부터 제시되는 바로 그 원칙을 이끌어와야만 할 것이다"라고 말한다.[25] 그 본문 이상을 넘는 것을 목표로 하고, 오랜 기간 그 본문의 의도와 기능이 신학적이고 존재론적인 것이었던 것처럼, 성서 본문의 성격을 포착해야 되는 것이 성서신학의 과제 가운데 하나가 될 것이다.

---

23 G. F. 하젤, 김정우 역, Ibid., 44-46.
24 G. F. 하젤, 김정우 역, Ibid., 47.
25 G. F. 하젤, 김정우 역, Ibid., 49.

2. 고백적 방법: 프리젠의 구약신학 고백적 방법은 "기독교 신학적 학문"으로 신앙고백적 진술들에 주목한다. 아이스펠트는 절대와 상대, 초월성과 내재성 사이의 긴장, 성서적 학문에 대해 이 일반적 신학의 문제는 역사와 계시, 지식과 신앙 사이의 긴장의 문제로 그 자체를 좁혀가게 된 것이라고 믿는다.[26] 이 외에도 구약신학의 다양한 신학적 전승들이 다궤도적인 방법으로 교차되고 있는 방법들을 살필 수 있다.

구약신학의 중심

아이히로트의 구약신학이 계약을 중심으로 한 조직신학적 구성이라고 하면,[27] 폰라트의 구약신학은 시간의 역사, 구속사를 중심으로 하는 전승사 연구이다.[28] 그래서 구약신학의 중심은 구약신학에서 중요한 연구 주제가 된다.

대표적인 구약학자들의 저서를 통해 구약신학의 중심을 살펴보자. 앤더슨은 『구약신학의 윤곽』에서 하나님의 거룩성, 계약, 토라/지혜와 예언과 묵시 등이 구약의 종합으로서 상호 엮어질 수 있는 주제임을 밝히려 한다.[29] 제임스 바는 『성서신학의 개념: 구약성서의 관점』에서 21세기 말에 모든 사람이 동의할 수 있는 한 가지가 반드시 없다고 하면 구약신학의 가장 중요한 연구가 무엇인가 연구하려 한다.[30] 브루그만은 『구약신학: 증언, 논쟁, 옹호』라는 책에서 법정의 메타포(상징)와 이미지에 관한 토론을 구조화하여 문제화되는(자극적인)

---

26 G. F. 하젤, 김정우 역, Ibid., 48-49.
27 G. F. 하젤, 김정우 역, Ibid., 67-69.
28 G. F. 하젤, 김정우 역, Ibid., 98-100.
29 버나드 W. 앤더슨, 『구약신학』(서울: 한들출판사, 2001), 79-510.
30 W. 브루그만, 류호준 역, 『구약신학』(서울: CLC, 2003), 169-172.

접근방법을 제기한다. 또한 브루그만은『구약신학 개론』에서 구약신학의 한 리더에 의해 이끌어왔던 분야의 중요한 주제들을 유용하게 개괄한다.[31]

차일즈는『정경으로서 구약신학』에서 신약성서와 연관된 의미 있는 정경으로서 고전적인 연구를 한다.[32] 아이히로트는『구약신학 I, II』두 권에서 계약에 대한 강조를 하며 21세기의 구약신학의 분야의 거인, 폰라트와 더불어 문제를 다룬다.[33] 골딩게이는『구약신학』1권에서 이스라엘의 복음에 대하여, 2권에서는 이스라엘의 신앙에 대하여 다루며 구약성서의 기사적 내용의 신학적 메시지를 복음적이며 가독성 있게 연구한다. 2권에서는 가장 중요한 주제, 하나님과 이스라엘, 열국에 대한 내용을 다룬다. 제3권은 연관된 주제와 개인적 주제를 다룬다. 카이저는『구약신학의 방향』에서 약속의 주제에 강조한다.[34] 프루스는『구약신학』에서 야웨에 초점을 맞춘다. 테리엔은『새로운 성서신학을 향하여: 숨어계신 임재』에서 지혜 문학에 초점을 맞춘다. 폰라트는『구약신학』에서 20세기 구약학 분야의 거인으로서 아이히로트와 더불어 어떻게 이스라엘사람들이 신학하는지 그 방법을, 구원사의 접근 방법으로 설명하려고 노력한다.[35] 짐멀리는『구약신학의 요약』에서 야웨가 중심 주제라고 본다.[36]

그러면 신약 신학의 중심을 예수 그리스도라고 본다면 구약신학의 중심은 무엇이라 볼 수 있을까. 아이히로트는 계약을 중심점으로

---

31 W. 브루그만, 김은호, 권대영 역,『구약개론』(서울: CLC, 2007), 8-12.

32 W. 브루그만, 류호준 역,『구약신학』(서울: CLC, 2003), 160-163.

33 W. 아이히로트, 박문재 역,『구약성서신학 I』(서울: 크리스챤다이제스트, 2003), 11- 19.

34 P. R. 하우스, 장세훈 역,『구약신학』(서울: CLC, 2007), 71-72.

35 R. L. 스미스, 박문재 역,『구약신학: 그 역사, 방법론, 메시지』(서울: 크리스챤다이제스트, 2005), 18-20.

36 하젤, 김정우 역, Ibid., 15.

하여 구약성서의 메시지를 중심적으로 정리해 나간다.[37] 그런데 최근 포러는 야웨와 이스라엘 간의 계약이 주전 13세기 말과 7세기말까지에는 아무런 역할도 하지 않았다고 주장한다.[38] 하젤은 여기서 페를리트를 인용하고 있는데 그는 계약 개념이 신명기 운동에 의해 일어난 후대의 산물이기 때문에 주전 8세기 예언자들에게는 계약에 대한 언급이 없다고 말한다.[39]

계약 개념이 중요한 것은 사실이나 그것이 구약성서의 중심사상으로서 구약성서 전체 메시지를 총괄적으로 조직할 수 있는 개념인가는 의문으로 남고 있다. 젤린은 하나님의 거룩성을 구약신학의 중심점이라고 본다.[40] 쾰러는 하나님의 주권이 구약성서의 핵심이라고 보며 하나님의 통치와 왕권은 이 주권의 일부라고 본다. 빌트 베르거는 이스라엘이 하나님의 백성으로 선택받은 것을 중심개념으로 보고 있다. 세바스는 하나님의 통치를, 클라인은 하나님의 나라를, 포러는 하나님의 통치와 하나님과 인간간의 교제라는 두 개의 중심 개념을 들고 있다.[41]

프리젠은 포러와 같은 입장으로 하나님과 인간과의 교제를 중심사상으로 보고 있다.[42] 스멘트는 야웨는 이스라엘의 하나님이며, 이스라엘은 야웨의 백성이라는 공식을 중심사상으로 보고 있다. 구약신학의 중심이 하나의 단일 개념이 아닌 다중개념으로 봐야 한다는 입장이 제기되었다.[43]

---

37 R. L. 스미스, 박문재 역,『구약신학: 그 역사, 방법론, 메시지』(서울: 크리스챤다이제스트, 2005), 19.
38 G. F. 하젤, 김정우 역, Ibid., 170.
39 G. F. 하젤, 김정우 역, Ibid., 170. 각주.
40 G. F. 하젤, 김정우 역, Ibid., 171.
41 G. F. 하젤, 김정우 역, Ibid., 172.
42 G. F. 하젤, 김정우 역, Ibid., 173.
43 G. F. 하젤, 김정우 역, Ibid., 174-175.

쉬미트는 십계명의 제1계명이 기본 계명으로서 구약성서의 초기와 후기의 여러 증인들을 통합할 수 있는 중심점이라고 보고 있다.[44] 침멀리 역시 십계명 중 제1계명의 중요성을 강조한다. 침멀리는 "나는 내가 존재하는 자다"라는 이름 아래서 자기의 백성을 만났던 그 주 하나님은 이스라엘에게 포착되지 않는 유령이나 도깨비불 같은 것만이 결코 아니라, 자기 백성과 관계를 맺기 원하며 그 백성에게 자비를 베풀며 찾아오는 분이라고 말한다.[45] 쉬미트는 출애굽기 20장의 "나, 야웨"를 강조하는 반면, 침멀리는 신명기 26장의 고백적인 입장에서 "당신, 야웨"로 강조한다. 십계명의 계명과 하나님의 이름이 중요하지만 그것만으로 구약신학의 중심이라고 보는 것은 지나친 견해이다.[46]

포티우스는 구약성서가 인간의 참 모습을 반영한다고 보고 있다. 이 참 삶의 모습은 구약 어느 시기를 통해서도 공통적으로 찾아볼 수 있다고 본다. 이같은 삶은 이스라엘 공동체가 그들의 하나님 앞에서 특수한 삶의 모습으로 나타난다. 이것은 계약의 삶이다. 예언 문학은 인간의 가치가 전복된 정신적 투쟁을 통해 어떤 삶을 살아야 할 것을 보여 주는 것이며, 지혜 문학 역시 새로운 르네상스 시대의 세속적 삶의 모습을 보여준다.

구약신학의 단일 개념이 부적당하다고 보고, 보다 넓은 개념을 제시하는 이들도 있다. 헤르만은 신명기가 구약신학의 중심이 될 수 있다고 제안한다. 헤르만은 신명기서가 구약신학을 이해할 수 있는 첩경이고 요약이라고 보지만 구약신학이 모두 신명기적인 것만은 아니다. 구약신학의 중심에 관해 이같이 많은 제안이 나온 것은 그것이

---

44 G. F. 하젤, 김정우 역, Ibid., 183-184.
45 G. F. 하젤, 김정우 역, Ibid., 184-185.
46 G. F. 하젤, 김정우 역, Ibid., 185-186.

곧 구약신학이 얼마나 다양하다는 것을 잘 입증해 주는 것이며, 사건 중심이나 또는 말씀 중심적인 성격이 하나님의 계시를 일괄적으로 조직시켜 놓을 수 없다는 것을 보여 준다.[47] 하젤은 위의 여러 가지 개념들의 공통점은 '하나님'에 있다는 것을 지적하며, 하나님이 곧 구약신학의 중심점이라고 제안한다.[48]

"하나님은 구약성서의 시작이며, 중심이고, 끝이다."

신약성서가 그리스도의 중심이라면 구약성서는 신 중심적이며 구약신학을 이해할 수 있는 관건으로서 하나님을 들 수가 있는 것이다.

이와 유사하게 침멀리도 모든 인간의 행동과 사고에 대하여 자유로운 "살아 계신 하나님"이 인류를 해방시키기 위해서 오늘도 말씀하시고 계시며 이것이야말로 구약성서의 중심적인 문제라고 보고 있다.[49] 지금까지 구약성서의 중심의 논의가 이스라엘 백성이라는 인간과 민족, 히브리인들의 관점에서 보지 못하였다. 하나님이 중심이 된 이야기이지만 이스라엘 백성과 이스라엘 민족, 그들의 문화와 역사 속에 관계하시며 구원과 창조의 역사를 만들었다. 따라서 장일선은 성서의 사람들과 하나님과의 관계와 오늘 우리들과 우리 문화와 하나님의 관계를 물을 때, 구약의 중심은 하나님과 이스라엘 민족의 이야기라고 말할 수 있다. 그것은 오늘 우리들의 이야기라고 말할 수 있다. 따라서 구약의 중심은 우리와 하나님이라는 사실을 유념할 수 있다고 본다.

하나님과 인간의 관계를 개인과 공동체로 보면서 인간이 하나님 관계에 있어서 좋은 상태가 되었을 때는 이상적인 세계가 되지만 하나님을 떠난 공동체와 인간, 그 문화는 부정과 타락과 멸망으로 이어

---

47 G. F. 하젤, 김정우 역, Ibid., 188-189.
48 G. F. 하젤, 김정우 역, Ibid., 201-202.
49 G. F. 하젤, 김정우 역, Ibid., 195.

지는 좋지 않은 상태가 되고 마는 것을 본다. 그래서 구약의 역사는 계속 개혁의 소리를 외치는 하나님의 사람, 신앙의 영웅들이 중심이 되었다. 원형과 개혁과 본질, 회복의 반복 속에 구약의 역사는 계속 되고 있다. 여기에 이스라엘 백성들의 삶의 이야기가 있고 개혁의 과 제가 있다. 하나님을 찾으려는 인간의 문화의 갱신 작업이 구약성서 에서 계속되고 있다. 구약은 본질과 에덴, 토라와 구원을 향한 개혁 과 갱신의 중심 주제라고 볼 수 있다.[50]

이 생각은 프리젠의 입장과 비슷하다. 그는 하나님과 인간의 교제 를 구약의 중심이라고 보았다. 이와 유사하게 포러는 하나님의 통치 와 하나님과 인간간의 교제라는 두 개의 중심 개념을 들고 있다. 이 보다는 하나님과 이스라엘 백성간의 관계 속에서 하나님을 아는 문 화로 돌아가려는, 야웨 문화 창달이 중심이라고 볼 수 있다.

아담과 이브의 에덴 동산 회복을 향한 움직임, 아직 도달하지 못한 현실이다. 가인과 아벨의 회복될 관계의 미래, 노아와 그의 가족들의 새로운 문화 창조의 역사가 제시되고 있다. 바벨탑 사건에서 나타난 인간 문화의 한계와 하나님을 경외하여야 하는 문화의 교훈이 나타난 다. 아브라함은 갈대아 우르를 떠나 믿음의 문화를 만들기 위해 인간 의 안전한 세계를 초월하여 하나님의 지시하는 땅으로 순례의 여정 을 한다. 이삭은 하나님 순종의 문화가 육신의 아버지 아브라함에게 순종함으로 시작된다는 사실을 보여준다. 야곱은 복을 얻는다는 것 이 얼마나 힘든 투쟁의 과정인가 보여주며 축복의 문화와 그 이정표 를 보여준다. 요셉은 야웨의 꿈의 문화를 만들어가는 과정을 보여주 며 어느 곳에 있든지 꿈의 세계와 문화는 오묘함을 보여준다. 하나님 의 섭리와 역사가 꿈꾸는 자를 통하여 이루어지는 역사를 제시한다.

---

50 박신배,『구약의 종교개혁을 넘어서』(서울: 더북, 2014), 14-97.

출애굽은 이스라엘 공동체가 애굽을 떠나게 되는 극적인 장면들과 시내산에서 계약을 맺음으로 하나님의 백성이 되는 과정을 잘 보여 준다. 이것은 바로 하나님 백성이 누구이며 무엇을 추구해야 하는지 그 근본과 그 이상적인 문화를 보여준다.

레위기는 하나님의 속성, 거룩함을 보여주며 이스라엘 백성이 거룩한 백성으로 살아야 할 문화를 제시한다. 민수기는 광야에서 이스라엘 공동체가 하나님을 떠날 때 방황하고 헤매는 인간의 문화를 잘 보여 준다. 신명기는 가나안 땅에 들어가서 이스라엘 공동체가 살아가야 할 때 가장 필요한 것이 무엇인지 하나님의 말씀, 토라 문화를 제시한다.

구약 역사서를 통하여 이스라엘 백성들이 야웨 하나님의 말씀을 준수해야 하는 문화를 가르쳐준다. 예언서를 통하여 이스라엘 백성들이 하나님을 떠났을 때 심판 받고 멸망당하는 역사를 보여준다. 예언자는 회개의 문화를 가르쳐준다. 성문서는 이스라엘 공동체가 현실의 삶 속에 야웨 하나님을 어떻게 고백해야 할지를 가르쳐준다. 그들의 삶의 애환과 고난, 부르짖음과 탄식, 감사와 찬양을 통하여 하나님을 만나고 대화하고 찬양하는 문화를 가르쳐준다. 그러므로 구약은 하나님과 이스라엘 백성 사이에 아름다운 관계와 문화를 만들어 가는 이야기로 볼 수 있다. 따라서 오늘 한국 사람들과 한국 문화 속에 하나님을 어떻게 고백하고 찬양하는가 하는 문제와 더불어 구약의 중심 문제와 과제가 다른 한편 요구된다. 이러한 맥락에서 구약의 중심 문제를 생각해볼 필요가 있다.

역사, 전승사, 구속사

하젤의 구약신학 방법론을 보면 다음과 같은 것을 지적한다. 폰라트는 이스라엘 역사에 대한 두 가지 해석, 즉 "현대의 비평적 탐구와 이스라엘의 신앙이 구축한 것"을 날카롭게 대조시킴으로써 문제를 제기하였다. 폰라트는 열정적으로 주장하기를 구약신학의 주제는 이스라엘의 신앙에 의해서 확립된 바와 같이 "증언들로 구성이 된 세계를, 즉 이스라엘 역사의 케리그마적 상을 취급해야 한다"고 말한다. 왜냐하면 구약에는 확고한 사실이란 전혀 없기 때문이다. 우리는 다만 해석의 형태 안에서, 회상으로서만 역사를 갖고 있기 때문이다. 이스라엘에 있어서 역사는 다만 야웨가 '말씀'과 '행동'을 통하여 자신을 나타내시는 곳에서만 존재한다. [51]

헤세는 구약신학에 대하여 전승의 의미를 강조한다. "구약 전승의 순수한 서술 이상으로 구성되어야만 된다. (중략) 우리의 신앙은 구약 시대에 발생한 것으로 고백된 것으로부터 사는 것이 아니라 구약 시대에 발생한 사실로부터 생명을 얻는다. (중략) 케리그마는 우리의 신앙의 본질이 아니라 역사적 실재이다."

그러므로 이스라엘 역사 안에서, 역사와 함께 또 역사 아래에서 하나님은 그의 구속사를 목표인 예수 그리스도에게로 이끌고 간다는 것, 즉 말하자면 발생한 것, '실제로 일어난 사실' 안에서 그것과 함께 또 그 아래에서 그렇게 하신다고 말할 수 있다. 그러므로 헤세는 이스라엘 역사와 구약의 구속사 사이의 분리는 가능하지 않다고 했다.[52]

역사 비평적 방법은 원(原)역사에 대한 두 가지 해석을 낳았다. 1) 알트 노트학파(독일 전승사학파), 2) 올브라이트 · 라이트 · 브라이트(미국 성서고고학파), 멘덴홀 등이 그것이다.

---

51 G. F. 하젤, 김정우 역, Ibid., 92-96.
52 G. F. 하젤, 김정우 역, Ibid., 143-147.

한편 이스라엘의 역사와 구속사의 이 두 상(像)의 문제를 융합해 보려는 꾸준한 시도가 판넨베르그에 의해서 시행되었다. 판넨베르그는 역사를 "전체로서의 실재"로 보는 이러한 개념의 발전을 고대 이스라엘로부터 현재에 이르기까지 추적하고 있다. 판넨베르그는 역사적 사실과 그 의미, 평가와 인간에 의한 해석 사이의 일반적인 구분을 반박한다. "우리는 사건들과 그들이 갖고 있는 의미의 본래적인 통일을 오늘날 회복해야만 한다"고 제안한다. 판넨베르그는 "역사로서의 계시"라는 이론을 강조하였다.[53] "역사에 있어서 야웨 행동 목표는 그가 알려지는 것, 즉 계시이다. 하나님의 행동은… 야웨는 자신의 서약을 성취하시는 자기의 행동 안에서 계시된다는 것에 목표를 두고 있다." 신구약 사이의 결합은 하나의 역사, 즉 보편적 역사로 이루어진다. 이 보편적 역사는 그 자체, 여기에서뿐만 아니라 그곳에서도 일하시는, 자기의 약속에 항상 충실하신 하나님의 통일성 안에 근거를 두고 있다. 이 보편적 역사 안에서 "인류의 운명이, 창조로부터 시작해서, 하나님의 계획에 따라 풀려 나가는 것을 보게 된다." 그러므로 그는 구속사를 확장시켜 보편적 역사와 일치시키고 있다. '전체로서의 실재'가 보편적 역사로 표현될 때 이 전체성으로부터 제외될 것은 아무것도 있을 수 없다. 그러므로 하나님의 계시는 역사에 추가된 어떤 것이 아닌 역사의 본래의 의미이다.

폰라트는 역사에 대해 구속사와의 관계를 열어놓고 있는 반면, 판넨베르그는 보편적 역사의 통합된 견해에서 보편적 역사란 자신의 원대한 범주 안으로 구속사를 이끌어왔다고 본다. 그것은 시간의 존재론적 종말 안에서 구속의 역사가 중심이 된다는 것이다.[54]

---

53 G. F. 하젤, 김정우 역, Ibid., 153-154.
54 G. F. 하젤, 김정우 역, Ibid., 155.

렌토르프, 빌켄, 뢰슬러 등도 이스라엘의 역사, 전승의 역사, 구약 신학 등 각각 분리된 것을 하나의 학문적 연구의 새로운 장르로 통합하려는 시도를 했다. 그들은 전승이란 용어를 중요하게 생각한다.[55] 크라우스도 구약신학은 "구약 안에 포함된 것으로서의 신학"에 제한되어 있다고 본다. 왜냐하면 구약신학은 구약의 역사적 진리의 해석과 설명을 요약하는 것을 시도하기 때문이다.[56]

하젤은, 하나님의 행동은 이스라엘이 발전시키고 고백을 전달한 아주 복잡하고 다양한 방법들을 포함하여 이스라엘의 전체 경험과 함께 있다고 본다. 그러므로 우리들은 사실들과 그 사실들의 의미의 원래 갖고 있는 통일성을 인정하는 것과 전체적인 실재에 대해 만족한 개념아래서 이 역사의 전체성을 내용으로 삼는 방법을 가지고 연구해야만 하는 것이다.[57]

한국에서 구약신학하기

한국 땅에서 구약신학하기는 가능한가? 이 주제는 우리나라 구약학계에서 굉장히 중요한 주제라고 생각한다. 지금까지 서양 신학만 그대로 답습하고 있는 상태에서 우리 나름의 구약신학하기는 아주 필요하고 시급한 주제이다. 이제 주체적 구약신학 방법론을 찾아야 하는 때이라, 이 주제로 책을 저술하고자 하는 시도는 의미가 있다고 생각한다.

우리 구약신학하기 주제로 그동안 본격적인 연구 결과를 내어놓은 것이 없었다고 본다. 한국 문화적 성서해석 방법론은 제기되었지

---

55 G. F. 하젤, 김정우 역, Ibid., 165.
56 G. F. 하젤, 김정우 역, Ibid., 159.
57 G. F. 하젤, 김정우 역, Ibid., 160.

만 한반도에서 구약신학하기는, 그 제목(타이틀), 이름을 내놓고 한 작업은 없다고 본다.[58] 연구 업적이 많지 못한 한계가 있지만 지금의 이 연구 주제는 그동안 하지 못한 한계를 극복할 수 있는 연구라 생각한다. '한국에서 구약신학하기'라는 주제로 연구할 때가 되었다. 이 주제는 매우 유용한 주제로 우리나라의 구약신학 방법론이 세계를 향하여 새로운 화두를 제시할 때가 되었다. 이제 우리 구약신학 방법론, 구약신학하기 작업이 필요한 때에 이런 작업이 필요하다.

한국적 구약신학을 한 김정준, 문익환, 김찬국, 김이곤, 곽노순, 방석종, 김은규, 서명수 등 한국 구약학자 들의 연구를 충분히 검토하고 연구해야 할 필요가 있다고 본다. 한국 구약신학하기는 한국 땅에서 어떻게 구약신학 연구를 해야 하는가. 통일 신학과 샬롬 신학을 기반으로 하여 통시적 방법, 공시적 방법을 동시에 사용하여 아이히로트의 구약신학 방법론과 폰라트의 구약신학 방법론을 아우르고, 새로운 한국 문화적 성서해석 방법론의 지평에서 방법론적 모색을 수행한 후에 진행해야 한다고 본다. 그러면 이런 방향에서 그동안 구약신학 연구를 한 것을 살펴보는 작업이 있어야 한다. 자, 이제 한국 구약신학의 세계, 그곳을 향해 여행해보자.

---

58 박신배, 『태극신학과 한국문화』(서울: 동연, 2009), 15-24.

2장
구약 민중신학의 재발견
- 김찬국 신학을 중심으로

들어가는 말

이 장에서는 김찬국의 생애와 신학, 그의 민중신학적 구약학 연구를 살펴보며 김찬국의 민중신학이 어떤 의미를 가지며 어떤 위치를 가지는지 연구하는 것이 목적이다. 김찬국은 한국 민주화 운동이 필요한 삶의 현장에서 본회퍼의 자리에 갔고, 한 민족의 고난사(苦難史)에 참여하여야 하는 상황에서 구약의 민중신학적 작업을 하였다. 논리적이고 이론적인 민중신학의 학문적인 작업을 하는데 용이하지 못한 상황이었기에 구약 민중신학을 논하는 글이 적을 수밖에 없었다. 그러한 이유로 이 연구를 하는 데는 어려움과 한계를 느낄 수 있지만, 그의 많은 글과 자료들이 김찬국의 구약 민중신학의 연구 자료로 충분하다고 본다. 이 장에서는 민중신학자는 서남동, 안병무 교수만이 아닌, 이론과 실천을 겸비한 신학자로서 김찬국 교수가 들어갈 때 새로운 축으로서, 그리고 균형잡힌 3인의 구도가 형성되어, 삼위일체적 민중신학자로서 성립할 수 있다고 본다. 그의 위치는 상호보완적으로 행동하는 구약 민중신학의 측면이 보완되는 구조를 가질 수 있는 가는 문제점을 가지고 시작한다. 최근 민중신학의 위기를 탈피하여 새롭게 모색하려는 작업이 있어 돌파구를 찾는 이때에 김찬국의 민중신학은 큰 의미와 새로운 통찰력을 줄 수 있는 여지가 있을 것이다.[1] 따라서 그의 구약 민중신학을 연구하는 것은 민중신학의 새로운 활로를 찾는 작업이라고 볼 수 있다. 그러면 먼저 김찬국의 생애와 신학을 규명하는 작업이 필요하다.

김찬국의 생애와 신학

1927년 김찬국은 경북 영주에서 태어나 조부 김호영 장로의 유언에 따라 신학교에 들어가 목사가 된다. 매년 1월 3일 가족들이 모이며, 민족적 경축일마다 할아버지 중봉 유훈이라고 불리는 가훈을 읽고 가정예배를 드린다. 김찬국은 1946년 연세대 연희대학교 신과대학에 입학하여, 1950년에 7명의 졸업생 중에 한 사람이었다. 1950년 12월 4일 국군포병에 입대하여 '포소리' 군대신문의 기자로 활동하다가, 1952년 성윤순(창운)과 2년간의 연애 끝에 결혼식을 올렸다. 1953년부터 연세대 신과대학에서 교수로 가르치며 3남 1녀를 둔 가정의 모범 가장이었다. 1954년 연희대학원에서 최초로 신학석사 학위를 받고, 1954년 8월 31일, 28세로 미국 유니온 신학교에 들어가 1955년 5월 24일 신학석사(STM) 학위를 받았다.[2] 그리고 일 년만에 돌아와서 연세대 신과대학의 교수생활을 하였다. 1957년 7월 24일 경기도 과천에서 천막교회를 시작하여 1961년 감리교 목사가 된다. 평범한 가정에 모범 가장이 원치 않는 사건으로 민중신학의 텃밭으

---

1 김영철, 류장현, 강원돈, 홍주민, 김은규, 이병학, 김종길, 최형묵, 권진관, 김희헌, 강응섭, 박일준, 『다시, 민중신학이다』 (서울: 동연, 2010), 15-423. 노정선, "민중신학, 인민신학, 통일신학", 박재순, "민중신학의 반성과 새로운 모색: 민중신학에서 씨올 사상에로의", 김진호, "오클로스와 '비참의 현상학: 지구화 시대 민중신학의 과제에 대하여", 『문화와 신학』 7집 (한국문화신학회, 2010), 11-106.
2 김찬국, 『인생수상: 사람의 길, 사랑의 길』 (서울: 제삼기획, 1992), 168-170.

로 내몰리게 된 것이다.

1974년 5월 7일 민청학련 사건으로 대학 강단을 떠나게 된 것이 그의 인생의 중요한 분기점이 되었다. 김동길 교수와 함께 해직 교수 가운데 가장 긴 10년을 보낸다. 1975년 2월 17일까지 석방될 때까지 꼭 9개월 열흘 동안 옥살이를 하였다. 이 옥살이의 경험은 그가 1976년 3월 25일 교도소 성서보급회를 만드는 계기가 되었다. 영등포 산업선교회에도 관여하다가 1985년 산업선교를 떠날 때까지 함께한다.[3] 그는 40대에서 50대까지 인생의 황금기에 해직 교수로서 고난의 세월을 보내게 된다. 그는 1977년 3월 학기부터 처음으로 소사에 있는 성공회의 미가엘신학교(천신신학교)에 첫 강좌를 시작하여, 보따리를 싸들고 감리교의 서울 신학교, 동부신학교, 기독교장로교의 선교교육원 등에서 시간 강사를 했다. 1978년부터 1979년까지 임시설교 목사로, 1983년 9월부터는 임시 담임목사를 맡게 되었다.[4] 배상길 목사의 유학 때문에 맡게 된 목회 수업이었다. 어려운 이웃들과 함께 하는 10년의 시간은 광야의 세월이며 보폭을 민족과 민중을 위한 삶으로의 확대하며 소외된 사람들과 함께 할 수 있는 민중의 지도자로 서는 계기가 된다.

우연찮은 사건으로부터 시작하여 민주화 운동의 중심에 서서 움직이면서 실천하는 민중신학자가 되기까지는 긴 고난의 터널을 지나야 했다. 역사는 한 사람을 자연인의 상태로 놔두지 않고 하나님의 뜻을 전하고 살아계신 하나님의 존재를 알리기 위해 고난의 과정을 만든 것이다.

---

3 조지송, "간추린 영등포 산업선교회 이야기", 『나의 삶, 나의 이야기 2』(서울: 도서출판 연이, 1997), 280-294.
4 이동준, "인간 김찬국, 그 의지의 흔적", 『성서와 현실』(서울: 대한기독교서회, 1992), 365-374.

　　김찬국의 인생의 분기점은 민청학련 사건이라고 하면 제2의 전환점은 연세대 신과대학에 복귀한 때이다. 1984년 연세대 교정에 돌아와 '금관의 예수' 노래로 환영을 받을 때까지 파란만장한 한국사의 고난의 길을 걸은 것이다. 1980년 초와 90년대로 들어서면서 민주화 운동에 승리를 쟁취하고 김영삼, 김대중, 노무현 정부로 이어지는 문민정부의 꽃을 피우며 영광의 시기에 교단(校壇)에 서서 학원과 노동 현장의 민주화와 산업 선교화를 위하여 지도적 역할을 감당하며, 예언자 직을 수행한 시기라고 볼 수 있다. 이 시기에 강단과 사회 현장을 다니며 강연과 글을 쓰며 살아있는 구약 민중신학을 펼치는 때이었다.

　　한국기독교교회협의회 인권위원 및 위원장을 오래동안 맡아서 (1978-92. 4 위원, 부위원장; 92-93. 8 위원장), 한국의 인권 사각 지역에 있는 사람들까지 찾아서 대변하는 일을 하였다. 그의 약력에 있는 기독교계와 사회경력을 살펴보면 그가 민중의 고통을 외면하지 않고 활발하게 활동하며 한(恨)맺힌 사람들의 눈물을 닦아주었는지 알게 된다. 1961-68년 대한 YMCA연맹 대학생부 위원 위원장(64-66), 1962-64년, 대한기독교서회 편집위원, 1964-66년 대한YMCA연맹 실행위원, 1964-67년 기독교사상 편집위원, 1961-67년 연세대학교 신과대학 동창회 부회장, 회장(65-67), 1976-81년 NCC 에큐메니칼 위원, 1978-80 NCC 신학연구위원, 1977-78년 평화시장 대책위원회 위원장, 1979년 양심수 월동대책위원회 위원장, 1978-79년 인천 동일방직긴급대책 위원회 부위원장, 1976-92년 한국기독교사회문제연구원 이사 역임, 1988. 11-1991. 11 한국방송공사(KBS)이사, 1988-97 권인숙 노동인권회관 이사장, 1989-1997 해직교사 서울 위원회 공동대표, 1990-1992.2 한국기독자 교수협의회 회장 역임, 1990-1997 한국신학연구소 이사, 1997년 민주유공

자 장학재단 회장 등이다. [5]

구약학자인 김찬국, 소원(笑園) 김찬국(1927-2009)의 인생의 3기는 상지대 총장을 지내는 시기부터 이 세상을 떠나는 때까지, 영광을 받고 지는 석양의 시기라고 볼 수 있다. 1993년 8월에 정년퇴임을 하고 명예교수가 된 후, 일 년 후 1993년 8월에 강원도 원주 상지대학교 총장으로 부임한다. 상지대학교의 분규를 수습하고 특유의 미소와 유머, 평화의 대화로 대학을 정상화시키는 작업을 한다. 당신이 당한 괴로움을 통해 고통당하는 사람들의 편에서 서서, 고난당하고 있는 민중의 한(恨)을 풀어주는 역할을 하였다. 전교조 문제에 참여하여 해직 당한 교수들을 위로하고 달래주는 일을 하였다.[6] 거창고등학교 문제에 있어서 징계위원장으로 있으면서, 징계 위원회를 계속 연기하여 평화롭게 문제를 풀었으며, 1993년 전국 해직 교수들의 복직 촉구를 위한 단식 농성을 전개할 때에도 김찬국 총장 부부가 참여하여 격려해주는 등 사회 정의에 앞장서는 일을 하였다. 김찬국은 입어야 할 옷과 입지 않아야 할 옷을 분간하여 항상 민중들의 편에 서는 옷을 입고 고난의 쓴 잔을 마시는 것을 택한 민중신학이자, 실천하는 양심인이었다.

그의 인생의 중심에 무엇이 있었는지, 그가 추구한 인생의 목표가 무엇이었는지 아는 길은 김찬국이 존경한 분들을 아는 것이다. 용재 백낙준 선생과 존로스 선교사, 최초의 성서 번역자 이수정이었다. 용재는 인격의 존엄성을 강조하고, 교육의 민주화, 투철한 봉사 정신과 자유민주 정신을 강조하였다고 본다. 김찬국은 교회의 연합과 일치 운동에도 힘을 쓴 어른이라고 보았다. 민족의 분단과 교회의 분열

---

5 김찬국외 111인, 『나의 삶, 나의 이야기 2』 (서울: 도서출판 연이, 1997), 438-439.
6 이상호, "불패의 신화", 『나의 삶, 나의 이야기2』, 109-129.

을 안타까워하며 사회 참여를 한 분으로 소개한다. 결론적으로 용재는 '한국이 낳은 세계적인 인물이요, 교육계와 기독교계의 지도자인 동시에 민족주의자'라고 평가한다.[7] 이수정과 존로스의 사진은, 김찬국 교수의 연세대 연구실에 걸려 있다. 그가 존경한 이 두 분은 평생을 신학 교육을 하며 따라야 할 교사상(敎師像)의 표본으로 삼은 인물이었다. 그가 10년간 해직 교수로서 연세교정을 떠나 있다가 돌아온 연구실에서 다시 사진을 걸었던 것을 보아도 알 수 있다.

또한 그가 표상을 삼고 본받고자 한 인물이 남강 이승훈, 한글학자 최현배, 나치 독재에 저항한 본회퍼 박사이다. 이들의 삶과 신앙, 정신을 본받고자 하였고, '고난과 은혜의 체험사'라는 글을 써서 그들을 기리기도 하였다.[8] 함석헌 선생과, 이윤재, 김선기, 장지영, 김윤경, 주시경 선생 등의 한글학자에 대한 존경심이 대단하였다.[9] 한글 바로쓰기, 한글 사랑은 남달라서 구약학을 가르치는데 있어서, 한글은 기본적인 필수 과목이었다. 한국인의 얼과 정신을 담은 한글은 중요하다는 것이다. 이러한 바탕위에 김찬국은 구약성서와 민중신학의 세계를 살아간 것이다. 김찬국의 인생과 삶의 여정은 그가 존경한 사람에게서 어느 정도 그 발자취를 헤아릴 수 있다.

고난의 시대의 험악하고 무거운 고통의 멍에를 많이 짊어지었기에 말년에는 많은 질고를 가지고 무의식 세계에로 들어갔다. 의식의 삶속에선 민중들과 일체가 된 공생애의 모습과 말년에는 치매로 10년간 무의식의 삶을 보여주었다. 그래서 우리시대가 무의식의 깊은 세계로 빠져들 것을 보여주며 기도하는 동면의 세계로 들어갔다고 볼 수 있다. 이는 잠자는 아시아의 민중들의 세계를 보여주는 상징적

---

7 김찬국,『인생수상: 사람의 길, 사랑의 길』(서울: 제삼기획, 1992), 136-139.
8 김찬국,『고통의 멍에 벗고』(서울: 정음문화사, 1986), 116-128.
9 김찬국, Ibid., 129-134.

행동이며, 예언적 세계를 보여주고 생을 마감하는 것은 어떤 의미가 있을까. 아시아의 민중들, 더 나아가 아프리카, 세계의 민중들이 깨어서 자유와 인권, 유토피아의 메시아 세계를 만들라고 하는 무언의 소리를 들려주며 아시아 민중신학을 촉구하고 있다. 구약 민중신학의 혼을 다시 불러일으키는 작업을 침묵 속에서 하였다.

구약과 민중신학

김찬국은 호가 소원(笑園)이듯, 만나는 분들에게 웃음을 주며 평안하게 해주는 평화의 사람이다. 그는 유머가 뛰어난 분이라 주위를 기쁘게 하는 달란트가 있었다. 많은 사람들이 기억하듯이 그는 웃음의 정원이다.[10] 천진난만한 어린이의 웃음처럼 그 미소는 세월이 변해도 변함이 없었다. 그는 한국의 민주화 운동의 중심에서 정치권력을 향하여 나가는 정치인들과는 다른 '외치는 소리'로서 예언자의 사명을 묵묵히 감당하였다. 한국의 예언자로서 그는 구약의 세계를 바라보았고, 구약학이 구약 민중신학에서 발아되어야 의미가 있다고 보았다.

기존에는 민중신학자 하면 안병무, 서남동 박사 두 분만이 민중신학자로서 크게 자리매김이 되어 있는데, 한 명의 실천적 민중신학자로서 김찬국 교수가 추가되어야 균형을 이룬다고 하는 데는 이견이 없을 것이다. 그래서 3대 민중신학자로서 김찬국은 새로운 패러다임을 제공한다. 실천적 차원의 민중신학자, 구약 민중신학자로서 김찬국은 안병무, 서남동과 더불어 삼각형을 이룬다고 본다. 사변적인 신학을 위한 신학이 아닌, 운동으로서 신학, 살아 있는 신학을 한 신학

---

10 김찬국과 111인, 『나의 삶, 나의 이야기』 (서울: 도서출판 연이, 1997), 178.

자, 행동하는 삶의 예언자, 민중을 대변한 진정한 예언자의 삶이 바로 김찬국의 신학과 삶이었다.

민중의 개념이 사회학자나 인문학자, 문화운동과 문화 예술운동의 차원에서 각기 다르게 사용될 수 있다. 김정환은 민중의 개념을 정의하면서 지식인은 민중이 되어야 한다는 정의에 대하여 논한다.[11] 민중신학에서는 민중을 예수 시대의 오클로스로 보고, 그들에 초점을 두고 가난하고 병든 사람들, 집권층에 있는 사람들로부터 지배받으면서 소외된 사람들을 의미한다. 예수를 십자가에 달린 민중이라고 보는 송천성(C. S. Song)은 오늘의 고난받는 민중을 또 다른 예수로 해석하려는 관점에서 민중신학을 이야기 하고 있다.[12] 이는 아시아의 민중을 생각하게 하는 대목이다. 김찬국은 이스라엘 민족 공동체에서 민중을 찾는다. 억눌린 민중 전체의 탈출, 자유에로의 탈출, 민중 전체의 구원 등을 출애굽의 역사가 보여주고 있다고 보고 이들이 민중 공동체이며, 예언자들의 관심도 가장 약자였던 과부, 고아, 가난한 자에 집중되고 있고, 예언자는 이들의 인권을 대변하는 민중대변자라고 보았다(김찬국과 김관석의 토론에서).[13]

김찬국 교수 자신이 민중신학을 정의한 글을 통하여 민중신학의 제3의 대안이 실천적 과제임을 보여준다. "우리나라의 이 민중신학이라는 것도 정치 신학의 하나로서 민중을 재발견을 해야 한다는 관점에서 안병무 박사께서 '마가복음에 나타난 예수와 민중'이라는 글

11 김정환, "예술성·운동성·대중성·민중성·일상성·전문성: 지식인문화운동 방법론을 중심으로", 최승운 외 9명, 『문화운동론』(서울: 도서출판 공동체, 1986), 122-123.
12 송천성(C. S. Song), 조재국 역, 『예수, 십자가에 달린 민중』(서울: 도서출판 민중사, 1997), 341-377.
13 한완상 편, "한국적 매카시즘은 과연 선교적인가?" 『한국교회 이대로 좋은가』(서울: 대한기독교 출판사, 1988), 342-344.

을 썼습니다. 거기에 나와 있는 민중이라는 오클로스(마 4:25)라는 말이 죄인들을 말하고 억눌림 받는 사람들, 사회에서 버림받고 주변에서만 빙빙 도는 사람들이라고 할 수 있는 갈릴리의 민중이라고 말했는데, 결국은 마가복음 2장 17절에서 말한 '내가 의인을 부르러 온 것이 아니라 죄인을 부르러 왔다'는 내용도 역시 예수님이 자기를 따르는 민중, 억압을 받고 소외되어 있는 그런 사람의 구원을 위해서 말씀한 것이라고 해석을 하고 있습니다. 그래서 안병무 박사는 편집 사적인 관점에서 군중(라오스, 마 27:25)과 민중(오클로스, 마 4:25)을 비교해서 민중의 재발견을 시도한 것입니다. 돌아가신 서남동 교수께서 『민중신학의 탐구』(한길사, 1983)를 저술하였는데, 여기서 민중신학의 성서적 전거라 해서 민중을 억압받는 약자로 규정을 하고 결국 억압 자체에 문제가 있기 때문에 억압을 하고 있는 사회 경제사적 입장에서 성서를 해석해 가지고 이 억압받고 있는 민중을 어떻게 해방시켜야 되겠는가라는 점을 신학적으로 전개한 것입니다."[14]

김찬국은 구약 민중신학은 해방신학의 같은 전통과 맥락에서 제3세계의 성서 해석에서 연구해야 한다고 본다. 그는 한 강연에서 다음과 같이 말하고 있다. "고트발트가 편집한 『성서와 해방』(The Bible and Liberation)이라는 논문집이 있는데, 여러 사람들의 글이 실려 있습니다. 여기에 "성서와 라틴 아메리카의 해방신학"이라는 글이 있는데, 결국 네 가지 주제가 해방신학에 나타난 새로운 성서해석을 유도하는 데에 기초가 된다고 말했습니다. 그 네 가지 주제는, 하나님은 해방자라는 기초에서 출애굽을 읽어야 한다는 것이고, 하나님은 행동하는 신앙을 우리에게 요구한다는 것이고, 예수의 해방 운동은 하나님 나라의 건설을 지향하는 것이고, 예수가 겪은 갈등은 정치적 차원

----

14 김찬국, 『성서와 현실』 (서울: 대한기독교서회, 1992), 319-320.

에 해당된다는 것 등입니다. 이 중에서 제일 많이 활용되는 것이 출애굽 사건인데, 이것은 정치신학에서 바르게 해석되어야 한다고 말하고 있습니다."[15]

그가 이해하는 민중신학은, 예언자적 행동신학으로서 국가 신학과 교회 신학, 그리고 왜곡된 성서관을 비판하고 불의한 정권에 대결하는 신학으로 보았다. 바로 왕 앞에 서는 모세의 용감한 신앙 행동으로서 나타날 수 있는 신학이 민중신학이라고 보았다. 정치신학으로 민중신학은 해방신학이요, 구약 민중신학은 행동하는 예언자가 되어 실천할 때 의미가 있다고 보았다. 그래서 민중신학은 하나의 이론으로서 신학이 아니라 행동하는 양심으로 나서는 신학, 행동하는 신학이 되어야 한다고 보았다.[16] 그는 예수의 사랑을 온전히 실천하고 산 신앙인이었다. 민중신학은 바로 예수님이 갈릴리에서 사랑하는 삶을 살았던 것을, 그대로 행동하는 삶으로 보여주는 것을 말하는 신학이다.

김찬국은 사변적인 신학을 위한 신학은 죽은 신학이라고 보았다. 신학은 영혼을 살리는 것이고 삶의 현장에서 절규하는 민중의 한을 대변하고 풀어주는 신학이라야 산 신학이라고 보았다. 김찬국은 군사정권 시대에 짓밟히는 민중의 인권을 대변하는 시대의 예언자 역할을 하였다. 그는 눈물의 예언자 예레미야처럼 시대의 아픔을 괴로워하며 눈물 흘리는 신학자였다. 그래서 그가 바로 민중신학자요, 구약 민중신학자로서 고난의 현장에서 같이 눈물 흘리는, 하지만 결코 비극적이지 않는 웃음의 원천인 살아있는 운동으로서 구약신학을 전개하였다. 참으로 인간적인 김찬국을 만나면 홍조 띤 얼굴에 웃는

---

15 김찬국, "제3세계와 성서해석", 『성서와 현실』(서울: 대한기독교서회, 1992), 322-323.
16 김찬국, Ibid., 308-316.

미소는 누구든지 그 매력에 빠져들지 않고는 못 배기는 그런 선생님이시다. 그래서 학생 신분으로서 기꺼이 가진 돈을 다 털어 선생님과의 대화를 위해 책을 구입토록 만드는 분이었다. 그리고 그는 민중신학의 학문적 이론을 난해하게 이론적으로 펴지 않고 쉬운 수상록으로 책을 내시어 대화하듯 민중신학을 풀어간 것이었다.

3대 민중신학자로서 서남동, 안병무, 문익환을 들 수 있다. 이재정은 『한국 교회 운동과 신학적 실천』이라는 책을 내고 위의 세 분들에게 이 책을 바친다고 서두와 머리말에 밝힌다.[17] 삶의 자리는 신학 연구에서 중요한 요소이다. 연세와 한국 학생운동과 민주화의 중심의 자리에 있다고 하면 문익환 보다는, 김찬국의 이름을 드는 것은 인지상정(人之常情)일 것이다. 어느 이름을 들든 문익환 선생님은 구약 민중신학의 선구자이며 그 뒤를 이어 김찬국도 구약 민중신학자로서 꼭 짚고 넘어갈 인물이다. 그래서 이 장은 3대 민중신학자로서 김찬국을 강조하고자 한다.

한국의 초대 4대 구약학자를 들라고 하면 문익환, 장공 김재준, 만혜 김정준, 소원 김찬국 등을 들 수 있다. 이들은 모두 한국의 예언자로서 사회의 구조적 악을 고발하고 구약과 사회의 현장을 연결하여 구약 민중신학의 전통을 세운 학자들이었다.[18] 구약학자로서 김찬국은 창조 신학, 한국의 상황의 어둠을 이론적으로 밝히며 새로운 창조를 해야 할 것을 염두에 두고 이사야의 창조 신학을 연구한 것이다. 제2이사야는 바빌론 포로시대로, 구약에서 가장 어두운 역사를 보여준다. 나라 없는 상황, 가장 비극적 상황이 바로 제2이사야 시대이다. 이 시대가 바로 한국의 박정희 정권 시대, 그 후의 군사정권 시대였

---

17 이재정, 『한국 교회 운동과 신학적 실천』(서울: 다산글방, 2000), 4-10.
18 김재준·김성식·장을병·김중배, 『의에 주리고 목마른 자여』(서울: 삼민사, 1984), 244-308.

다. 이때에 그는 창조신학자로서 한국의 상황에서 민주화 운동으로서 삶의 신학을 전개하며 외치는 예언자로서, 고난받는 선지자로서 역사의 한가운데서 고난의 삶을 산 시대의 증인이었다.

그는 구약의 본문과 한국의 현실을 비교하여 삶의 현장에서 구약을 어떻게 해석해야 하는지 보여주었다. 구약의 결정적인 사건인 출애굽 사건을 해방의 근거로서 해석하며 우리나라의 3·1절 운동을 출애굽과 비근한 사건으로 해석하며 기독교인의 해방절로 제시한다. 그는 구약의 본문을 민중의 시각에서 인권 존중, 약자보호, 히브리 민족의 해방에서 바라보면서 역사를 해석한다.[19] 주기철 목사의 순교, 본회퍼의 순교, 마틴 루터 킹의 순교, 4·19 학생 혁명 때 희생당한 학생들의 순국을 같은 선상에서 해석하기도 한다.[20]

구약학이 한국인의 입장에서 어떤 의미를 가지는지 항상 물으며 신학을 하였고, 한국인의 밑바닥 시장과 노동의 현실, 산업현장에서 그 신학적 의미를 가지는지 확인하고 대중 속으로 들어가 강연하며 풀어놓은 신학을 하였다. 그래서 민중의 언어와 민중의 시각, 민중 대변의 글들이다. 그것이 중요함을 알고 쉽게 쓴 수필식 글들에서 구약 민중신학을 밝히고 있다. 그래서 유니온 신학대학에서 신학석사 학위 공부를 하는 동안에도 한국 신학을 알리기를 원해서, 가능한 축제의 자리에 한복을 입은 모습으로 나타났고, 한국인 구약학자로서 자긍심을 가지며 신학을 하였다. 세계 신학의 중심자리에서 한국의 신학과 에큐메니칼 신학을 배우고 알리려는 작업을 하였다.[21]

김찬국의 구약학은 예언자 신학, 예언 신학이라고 말해야 하며, 미국에서 석사 논문 제목도 '이사야 40-55장에 나타난 세데크(義)의 유

---

19 김찬국,『지금 자유는 누구 앞에 있는가』(서울: 오상사, 1984), 294-361.
20 김찬국, Ibid., 234.
21 김찬국,『고통의 멍에 벗고』, 289-306.

래'를 연구하였다. 특히 바빌론 포로시대라는 암울한 이스라엘 역사의 시기에 활동한 제2이사야 연구에 초점을 맞춘 것이다. 이것은 '오늘 한국의 상황에서 신학하기'가 관심이었기 때문이다. "마일렌버그 교수의 지도와 호의에 덕을 입은 바가 큰 것은 물론이었다. 제2이사야는 구약예언자 사상의 절정(클라이막스)을 차지한 예언자이었기 때문에 그의 사상 중 '의'의 개념의 전승을 찾아보는 데 의미가 있었다."[22] 박사논문 주제는 연세대에서 '제2이사야의 창조전승'에 대한 것이었다.

"내가 이사야 40-55장에 나타난 제2이사야를 좋아하는 이유는 구약 예언사상의 절정을 이룬 예언자이며 더욱이 제2의 출애굽운동(바빌론 포로에서 고향으로 가는)인 해방 운동과 구원의 전망을 바빌론에 잡혀 와 있는 동족 이스라엘 포로민(주전 539년)에게 보여 주는데 있어서 창조 신앙을 강조하고 창조 교리를 구원 교리와 연관시켰기 때문이다. 폰라트의 구약신학에서는 창조교리가 구원 교리에 예속된 제2차적인 것이라고 논한 바 있는데, 제2이사야가 창조전승을 어떻게 받았기에 제2의 출애굽의 역사를 전망하는 구원 선포에 관련시켰는가를 찾아보려고 한 것이다."[23]

그는 구약학의 관심도 민중의 해방, 한국의 출애굽 운동과 예언자신학, 한국의 예언자에 관심을 가지고 구약학을 전개하려는 것을 학위논문에서 볼 수 있다. 특히 구약의 예언자와 예언서는 그가 주목하여 보고, 연구한 분야이다. '오늘의 예언자 신앙'에서 예언자는 '현재의 문제를 찾아내어 밝혀내고 미래를 전망하는 그런 비전을 보고 외쳐야 할 하나님의 말씀을 대변해서 선포하는 자가 바로 예언자'라고

---

22 김찬국, 『고통의 멍에 벗고』, 299.
23 김찬국, Ibid., 311-312.

보았다.[24] 이스라엘 초기 예언 운동에서 사무엘과 나단, 아히야, 엘리 야를 비호한 열광주의 예언 등을 소개하며 왕의 정치에 있어 인권을 옹호하기 위해 대변했던 예언자의 모습을 밝힌다. 또한 문서 예언자들의 예언 운동을 소개하면서 아모스와 호세아, 사회정의를 외친 예언자와 하나님이 심판하시고 사랑을 통해 용서해주시는 하나님이라는 사실을 가르쳐준 예언자임을 말한다.

이사야와 예레미야 예언자는 아하스 왕 때 임마누엘 예언과 예루 살렘 멸망을 예언하며 새 계약 사상을 강조한 예언자임을 설명하여 불의한 왕, 불공평한 왕에 대하여 고발하고 심판을 선포하는 기능을 강조하고 있다. 그리고 예언자들은 국내, 국제 모든 정치현실에 전문 가이며, 역사의 과거, 현재, 미래를 연결하여 볼 줄 아는 역사의 방향 감각을 바르게 판단하는 사람이라고 말하고 있다. 하나님의 사람이 며, 정의와 공의, 공평의 이념을 추구하고 개혁적 신앙을 가지고 정 의로 항거(Protest)할 줄 아는 사람이었다고 말한다. 그가 예언자와 예언서에 주목하는 이유는 그가 바로 한국의 예언자이며 참 민중신 학자이기 때문이었다. 김찬국은 하박국의 '묵시를 기록하라'는 메시 지를 좋아한다. 예언자 세계에서 신약의 메시아 세계로 이어지는 출 구는 사회 정의와 인권 존중, 청년의 비전과 한국 사회, 메시아 예수 의 자유와 사랑의 세계에 있음을 강조하고 있다. 구약신학자로서 민 중신학하기는 인간의 존엄과 인간 사랑하기의 방편이었다.

그의 구약 연구 방법론에서는 세 가지 카테고리가 중심이었다. 정 치적 상황과 종교적 배경과 사회적 · 경제적 상황 등의 구조 분석이 현실 세계와 성서의 세계를 푸는 열쇠가 되었다. 야웨 하나님에 대 한 백성들의 신앙의 상태가 어떠한지, 사회적 구조에 있어서 지배자

---

24 김찬국, Ibid., 272.

와 피지배자의 관계가 어떠한지, 정의로운 사회가 형성되어 불평등의 요소가 없는지, 경제적 상황은 백성들이 편하게 생활할 수 있는지 등을 세 분야로 나누어 세 구조로 나누어 분석하는 방법을 사용하였다. '유다의 종교개혁 연구'를 시도하는데, 히스기야 종교개혁과 요시야 왕의 종교개혁 연구에 있어서 이 세 가지로 정치적 상황, 종교적 경향, 사회적 현실 등으로 나누어 연구하도록 지도하였다.[25] 구약학 세미나(신명기와 신명기 역사, 예언서 연구)는 학생들이 주도하여 발표하게 하시면서 구약학의 핵심을 정리하여 말씀하시어 종합적으로 파악하도록 유도하였다. 많은 정보를 제공하고 세계의 구약학의 동향을 알게 하였고, 많은 책을 읽고 연구하도록 하였고, 스스로 찾아가는 학문적 방법을 제시하였다.

민중신학의 이론가가 서남동, 안병무이었다고 하면 구약학자로서 민주 전선의 최전방에는 문익환 목사가, 학생들과 민중 저변에는 김찬국 교수가 버티며 민중 교육자로서 예언자의 사명을 감당한 것이었다. 그래서 김찬국은 민중신학의 정신적 지주로서 삶과 행동의 신학을 보여준 학자이었다. 그는 신학적 이념 제공자로서, 민중의 신학의 근거를 구약학적으로 제공한다. 그는『성서와 현실』이라는 책에서 3 · 1절이 이스라엘의 출애굽 운동, 유월절에 해당하는 것임을 강조하고, 한국 민족의 해방이 역사적으로 학생 운동과 일맥상통함을 해석한다. 4 · 19의 의미는 계속되는 한국의 민주화 운동의 효시이며 구약의 임마누엘 세대(이사야 7:3-15)가 바로 오늘의 민주화 운동의 희망의 젊은이들임을 강조하고 있다.

그 외 글들을 통해 민족과 민주, 민중의 세 범주에서 구약의 세계를 바라보며 하나님의 관심을 보여주며 인간의 고통의 멍에가 무엇

---

25 박신배,『구약의 개혁신학』(서울: 크리스천헤럴드, 2006), 45-99.

인지, 그 멍에를 벗고 자유의 나래를 펴는 것이 무엇인지 밝히고 있다. '구약성서에 나타난 민족 구원', '예수의 민주정신', '하박국의 고발', '산업선교의 성서적 근거', '구약에 나타난 회개의 의미', '구약의 하나님과 혁명적 변화', '예언자의 신앙관', '구약 예언자들의 사회정의 의식', '이스라엘의 분열과 통일, 그리고 외세', '구약성서에 나타난 억압의 문제', '성서가 말하는 민주주의', '아름다운 창조세계와 악한 환경', '제3세계와 성서해석' 등이다.[26]

그의 구약학의 전공분야는 제2이사야이다. 창조 신학, 한국의 상황의 어둠을 이론적으로 밝히며 새로운 창조를 해야 할 것을 염두에 두고 이사야의 창조신학을 연구한 것이다. 어둔 시대에 창조신학자로서 한국의 상황에서 신학한다는 의미가 무엇인지 보여주며 민중신학의 자리에서 올곧게 성서에 나타난 고난받는 예언자가 되어 야웨의 수난받는 종으로서 이사야 신학과 한국의 민중신학을 동시에 연구하고 실천하는 산 신학의 소유자가 되었다.

"한국의 기독교가 민중의 해방 운동에 참여하는 과정에서 태동된 것이 민중신학이다. 한국에서 최초로 민중신학에 관한 논문이 발표된 것은 1975년에 출간된 서남동 교수의『예수 · 교회사 · 한국교회』와 안병무 교수의『민족 · 민중 · 교회』였다."[27] 민중신학은 한국의 해방신학으로서 나타나서 한국의 억압받는 민중들을 대변하고 인권을 대변하는 신학으로 나타나며 한국적 특이한 정치적 상황에서 태동한 신학이라고 본다. 서남동, 안병무, 현영학, 문동환, 김용복, 서광선, 김경재로 이어지는 민중신학이 한국 사회에서 영향력이 다하였다고 생각한 노정선 교수는 인민신학으로 다시 민중신학이 부

---

26 김찬국,『성서와 현실』(서울: 대한기독교서회, 1992), 157-328.
27 고재식,『해방신학의 재조명』(서울: 사계절, 1986), 350.

활되어야 하며, 박재순은 이승훈, 유영모, 함석헌의 씨올 사상에서 씨올 민중신학으로 갱신되어 한다고 본다. 김진호의 오클로스의 민중과 지구화 시대의 새로운 민중의 개념을 제시한다.[28]

　신약학자 안병무의 신학은 독일의 사변적 신학의 관점과 독일신학의 문제점을 인식하고 한국의 역사적 예수를 포착하여 민중의 고통을 읽어내고 재현하기라고 말할 수 있다. 민중을 환생한 예수라고 보고 성서 정신에서 나온 고통당하는 민중에 초점을 맞추어 그들을 대변하는 신학을 하려고 한다.[29] 그는 민중을 아는 길은 민중과 더불어 사는 사람만이 가능하다고 보고 민중교회가 참교회라고 본다.[30] 김진호는 「야성」과 「현존」, 「신학사상」과 「살림」지에 실린 안병무 민중신학의 과정을 분석하여 '내면성의 발견'과 '민중적 타자성' 개념을 중심으로 파악하였다. 사회적 고통에 대한 특별한 문제의식에서부터 우리 사회의 고통이 거래되는 시장을 발견하기, 바알세불의 신학을 읽어내고 고발하며 신학하기라는 테제를 주장한다. 그것이 안병무식 민중신학 재현하기라고 보았다.[31]

　조직신학자 서남동은 20세기 신학의 흐름을 섭렵하면서 조직신학적 관점『현재적 그리스도』와 생태학적 신학의『전환시대의 신학』을 저술한다.[32] 서남동은 한국인의 한(恨)을 주제로 한국인의 민담을

28　노정선, "민중신학, 인민신학, 통일신학", 11-55; 박재순, "민중신학의 반성과 새로운 모색: 민중신학에서 씨올 사상에로", 56-82; 김진호, "오클로스와 '비참의 현상학': 지구화 시대 민중신학의 과제에 대하여", 83-104,『문화와 신학』7집, (한국문화신학회, 2010).

29　안병무,『역사와 민중: 민중신학』, 안병무전집 6, (서울: 한길사, 1993), 303-318.

30　안병무, "옹달샘에서 떠낸 한 조롱박의 생수",『바닥에서 일하시는 하나님: 민중선교의 현장』(서울: 한국신학연구소, 1992), 13.

31　김진호, "안병무 해석학 시론: '내면성의 발견'과 '민중적 타자성' 개념을 중심으로",『한국신학, 이것이다』, 한국문화신학회 9집, (서울: 한들출판사, 2008), 226-255.

32　강원돈, "서남동의 신학",『한국신학, 이것이다』, 한국문화신학회 9집, (서울: 한들출판사, 2008), 198-204.

연구하여 '두 이야기의 합류'라는 논문에서 민중신학을 풀었다고 하면, 김찬국의 구약민중신학은 한국 민중과 청년의 삶으로 들어가 그들과 친구가 되어 함께 하는 신학으로 현장이 텍스트가 되고 성서가 컨텍스트가 되는 상황을 보여준 실천하는 민중신학자이었다. 구약학자 김찬국의 신학은 유니온 신학교와 연세 신학의 사회 참여와 에큐메니칼 신학 전통을 따라 유대교와 기독교의 자유의 전통, 기독교의 십자가 사랑의 전통을 몸으로 수행한 통전적 신학이라고 말할 수 있다. 그래서 그는 예언자로서 삶을 보였고, 상아탑의 신학에서 탈피하여 사회현장과 노동 현장, 역사의 현장에서 민주화라는 역사적 과제를 위해 민중에게 다가가서 그들의 언어로 풀어내는 신학을 하였던 것이다.

그래서 구약 본문에서 한국 민중들의 언어를 되찾아 구약신학을 풀었던 것이다. 출애굽의 유월절 사건과 한국의 청년운동, 민족 해방운동, 민주화 운동의 근거를 찾는 작업을 하였다. 사회의 정의를 위해 예언서 연구는 가장 중요한 텍스트이었다. 구약 역사 신학을 위해 신약의 역사적 예수를 어떻게 봐야 하며 해석해야 하는지 구약에서 물어본 구약의 예언자로서, 상징적 행동을 감옥에서 보여준 신학자, 실천하는 양심을 강조하며 몸소 보여준 몸의 신학을 한 구약학자였다. 비록 구약의 민중신학이라는 단어를 언급하며 직접적으로 논하지는 않았지만 그 신학의 중심에는 구약의 민중신학적 관점으로 논의하고 있음을 계속하여 살펴보았다.[33] 김찬국의 후학인 김경호 목사는 이 민중신학적 관점에서 구약성서 읽기 작업을 하고 있다.[34] 이

---

33 서광선, "정치신학으로서의 한국 민중신학", 『한국 기독교 정치신학의 전개』(서울: 이화여자대학교출판부, 1996), 77-103. 특히 90-91의 '구약성서의 민중' 부분을 참조하시오.
34 김경호 외 3명, 한국신학연구소 성서교재 위원회, 『함께 읽는 구약성서』(서울: 한국신학연구소, 1991), 11-20.

는 그의 영향이라고 볼 수 있으며 한국 구약학의 방향이 그의 선구적 구약학 연구에서 척추와 같은 뼈대 역할을 하고 있어서 그 바탕에서 연구 되었다고 볼 수 있다.

김찬국은 본회퍼가 추구한 행동하는 신학을 하였던 것이다. 본회퍼의 신학을 좋아하고 묵상을 하며 그의 길을 가고자 늘 소망하였다.[35] 그래서 민주화 운동에 행동하는 사제로서, 목사로 쉽게 설 수 있게 한 것이다. 시편의 신학처럼, 깊은 영성에서 나오는 신학을 하였다. 또한 김찬국의 시편 이해에는 민중의 탄식과 고난의 현실이 담겨 있다. 참회의 노래가 있고, 한국의 시편 3·1절 노래를 강조하고 있다.[36] 『고통의 멍에 벗으려고』 책은 한국의 시편으로서 고난받은 한반도의 상황에서 그는 처절한 고통의 절규를 내뱉는 탄식시와 같은 글이었다. 『인간을 찾아서』에서는 '하박국의 고발'과 '악의 기원에 대하여', '예언자의 신앙관', '구약에 나타난 회개의 의미', '구약의 하나님과 혁명적 변화' 등 구약의 예언자 신학을 보여주며 그 자신이 이러한 예언자의 길을 가고자 하였다.[37] 친구 김동길 교수가 '김찬국을 말한다'는 글에서 그의 성격과 예언자 삶의 모습을 볼 수 있다.

구약학자 김찬국의 신학은 통전적 신학으로서 예언자 신학으로서 삶의 신학을 보였고, 상아탑의 신학이 진정 어떠해야 하는지 보여준 성서학자의 역사 참여와 예언자 신학이 구약신학의 꽃임을 보여준 구약신학자요 구약 민중신학자였다. 기독학생들이 이해하는 성서의 세계와 실천의 모델이 된 구약학자요, 예언자 세계의 표상이 되었고,

---

35 김찬국, 『인생수상: 사람의 길, 사랑의 길』, 85-89.
36 박신배, "시편과 한국 문화", 『태극신학과 한국문화』 (서울: 동연, 2009), 307-309. 재인용, 김찬국, 『지금 자유는 누구 앞에 있는가』, 80-83, 129.
37 김찬국, 『인간을 찾아서』 (서울: 한길사, 1980), 21-84.

실사(實事)적 성서해석의 방법을 보여주었다.[38] 여러 저서(『마지막 강의』, 『구약성서개론』, 『예언과 정치』, 『성서와 역사의식』, 『성서와 현실』)와 번역서 등 20여 권 등에서 보여준 글은 행동으로 육화(肉化)하여 민중신학자의 삶이 어떠해야 하는지 보여준 모델이 되었다.

나가는 말

이 장에서는 김찬국의 신학이 이 시대에 다시 필요하며 그의 신학은 구약 민중신학이라고 말할 수 있다고 보았다. 그의 신학의 구조가, 한국 신학의 현장 실현에 관심을 가지고 있고, 민주화 운동으로 현실 참여의 필요성을 역설한 데 있고, 둘째, 민중과 민족, 민주의 차원에서 어떻게 그 뜻을 실현할 수 있는지 뜻을 찾는 데 있다. 셋째, 구약의 세계와 하나님의 법을 찾아, 기독교인들의 행동하는 신앙을 촉구하는 이론적 작업에 있다. 그의 신학의 배경에는 인간 사랑과 한민족의 얼, 한글 사랑이 있고, 청년 교육과 민족교육이 그의 민중신학의 중심축이라고 말할 수 있다. 그의 민중신학은 에세이로 쉽게 풀어쓴 행동의 언어였고, 시대의 양심으로서 예언자의 삶이 있었다. 두 축에서 민중신학의 지주로서 그의 역할을 보여준다. 인간 김찬국은 작은 예수의 모습으로 신학을 한다는 것이 무엇인지 보여준 시대의 스승이었다.

신약 민중신학자 안병무, 조직신학자 서남동, 그리고 구약 민중신학자 김찬국은 상아탑 안에서만 학문이 아니라 살아있는 신학으로 백성들과 함께 하는 신학을 보여준다. 민족 공동체의 비극이 무엇이

---

38 한국기독학생회 총연맹 편, 『성서와 실천1』(서울: 민중사, 1987), 22-34. 김찬국
· 김득중 감수, 감청 편저, 『청년과 성서이해』(기독교대한감리회 교육국 출판부,
1987), 3-12.

며 인권이 짓밟히는 현실을 외면하지 않으며 불의한 정권에 도전하고 항거하며 진리가 무엇인지 가르쳐 준 행동하는 신앙인이자. 참 예언자이었다. 그들은 삶의 현장에서 절규하는 민중을 위해 한(恨)을 대변하고 풀어주는 신학을 하였다. 김찬국은 여리고 여린 사람으로서 참으로 따뜻한 정을 가진 학자이었는데, 그만 무서운 군사정권의 칼날 앞에서 민중의 인권과 산업사회의 노동자의 아픔을 대변하며 고난받은 종으로서 시대의 예언자의 사명을 감당하였다. 강단에서 가르치는 교사의 사명을 다하기 위해 상아탑에서만 외치는 소리가 될 수 없는 역사적 자리에서 거리로 나가며 역사 앞에서 고난의 소리를 대변했던 학자이자, 운동가로서의 사명을 감당하였던 스승이었다. 그리고 한글을 사랑하고 한민족을 사랑하였던 사람이었다. 인간의 고난의 현장에서 무정한 신학자로서 신학 이론과 논리를 펴는 단순하고 편한 바리새인의 길을 거부한 참다운 구약 민중신학자였다.

오늘날 민중을 위한 구약신학이 중시(重視)되지 않고 있고, 김찬국의 구약 민중신학이 역사의 뒤안길로 사라지려고 하는 때에 우리는 다시 그의 신학을 물을 이유가 있게 되었다. 민중신학이 외면당하는 문화와 현실 속에서 다시 김찬국의 구약 민중신학이 알려지고, 오늘의 다문화 사회 속에 새로운 민중신학을 모색하는 때, 그의 신학을 알려고 하는 노력들이 이 연구를 통하여 활발해진다면 한국의 신학은 역사 속에 다시 민중을 해방하고 물질문화와 전자, 인터넷 시대에 소외된 사람들을 찾는 인간 사랑의 문화와 새로운 민중을 위한 신학이 연구되고, 행동하는 사랑이 가득한 성서신학, 한국 민중신학이 새롭게 열리며 새로운 전망을 갖게 되리라는 바람에서 구약의 민중신학, 재발견은 김찬국의 신학에서 비롯되며 이 글이 민중3대 신학자로서 연구의 기폭제가 되기를 바라는 뜻이 있다.

3장
태극신학과 구약성서

들어가는 말

한국 신학이 민중신학과 토착화신학으로 대표되고 있다. 그러나 과연 한국 문화신학에 새로운 모색은 타당하며 가능한가 질문하고 자 한다. 저자는 야심찬 계획을 가지고 태극신학을 주창하며 진행한 것이 아니라 천지인 신학의 맥락과 유동식 교수의 삼태극론을 들으 면서 태극이란 용어를 전면에 내걸고 태극신학을 전개하지 않고 있 다는 판단을 하고, 일단 그 말을 표출하였다.[1] 토착화신학과 민중신 학이 다루지 못하고 있는 한국의 사상, 태극사상을 신학적으로 적용 하여 한국인의 심성과 문화에 맞게 태극신학을 풀어내는 과제가 필 요하다는 인식을 하였다. 이 장에서는 태극신학이 구약성서에서는 어떻게 적용할 수 있는 근거와 태극신학으로 도출할 수 있는 개념이 있는가 살피고자 한다. 무엇보다도 먼저 태극도 안에서 오경과 예언 서, 성문서의 특징들을 적용하는 시도를 하고, 구약신학의 중요 주제 인 계약신학과는 어떤 태극도의 그림을 그릴 수 있는지 연구하고자

---

1 박신배, "태극신학: 한국신학의 새로운 가능성", 『문화와 신학』 3집 (한국문화신학 회, 2008), 119-146.

한다. 이 글을 시작하면서 먼저 태극신학이 무엇인지 기독교 신학 안에서 다시 정의를 내리고,[2] 구약성서의 내용들이 태극도 안에서 어떻게 전개될 수 있는지 다룰 것이다. 또 태극의 영성이 서양철학과 동양철학에서, 문학과 한국의 현실에서 어떻게 논의될 수 있는지 살펴고자 한다.

태극(太極)신학

한국 신학으로서 토착화신학과 민중신학이 그동안 한국 신학을 담아왔던 기존의 신학에서 발전할 수 있는 단초가 될 만한 것이 무엇일까. 기독교 진리를 동양적 사유와 논리 구조로 말하면 변증법적 정반합의 운동 구조와 상통할 수 있다. 그것이 9가지 단어로 태극도의 구조 안에 표현할 수 있다. 삼위일체 하나님, 성부 하나님과 그의 아들 예수 그리스도, 성령으로 하나이면서 셋을 말할 수 있고, 그리스도 자신을 표현한 말(요한 14: 6), 길(The Way), 진리(Truth), 생명(Life) 등 셋이면서 하나의 그리스도로 표현할 수 있다. 또 하나님이 무엇이냐 하고 물으면, 그리고 진리와 생명이 무엇이냐 물으면, 로고스(Logos), 아가페(Agape), 카이로스(Kairos, 하나님의 결정적인 시간)라고 말할 수 있다. 기독교 진리는 어느 한 가지를 묻는다면 나머지 8가지 단어로 이 기독교의 이념을 말할 수 있다. 하나님의 나라가 무엇이며 복음과 선교가 무엇인가. 성부·성자·성령, 길·진리·생명, 로고스·아가페·카이로스로 대답할 때, 무궁(無窮)의 세계와 태극도의 구조에서 서로 상통하며 9개의 개념이 서로 통하는 세계를 볼 수

---

2 박신배, 『태극신학과 한국문화』(서울: 동연, 2009), 5-23. 태극의 용어와 태극신학, 태극의 영성에 대하여 논하고 있다.

있다. 성서는 바로 이 9가지의 기독교 진리를 이야기하고 있다.

이 기독교의 덕목과 신학적 개념 등, 나머지 6가지 단어와 신학도 태극신학으로 풀 수 있다. 태극도의 원의 한극은 하나님 아버지이고, 다른 반대편은 예수 그리스도이며, 그의 아들이다. 가운데의 이 둘의 태극선은 중간의 매개이며 중재자인 성령이 중재하고 통일하는 역할을 한다.[3] 예수가 직접 말한 길은 유일한 진리의 길, 하나님의 나라에 이르는 길을 말하고, 이 길은 태극의 한 극 진리에 이르는 길이다. 그 중간의 곡선의 태극선은 생명에 이르는 길을 표현하고 지시하는 영생(Eternal Life)을 말한다고 볼 수 있다. 예수가 나는 곧 길이요 진리요 생명이라 할 때 이는 하나의 구조를 말하고 있고, 요한복음은 예수의 도(道)를 다차원의 논리로 표현하고 있다. 에고 에이미(나는 ~이다)의 문장으로 말하고 있다. 내가 곧 생명의 떡이다(요한 6:35). 나는 생명의 빛이다(요한 8:12). 나는 양의 문이다(요한 10:7). 나는 부활이요 생명이다(요한 10:25). 나는 참 포도나무이다(요한 15:1). A는 B이다. A는 C이다. B는 C이다. A는 B이요 C인 구조를 요한복음은 보여준다. 즉 예수가 길이요 생명이요 진리, 부활, 빛이라는 사실을 가르쳐준다.

이 생명과 진리, 길인 예수와 하나님, 성령은 바로 로고스와 아가페, 카이로스를 말한다. 요한복음 1장의 로고스는 헬라적 의미로 비인격적(impersonal) 로고스, 이성을 의미하지 않는다. 성서의 로고스는 인격적(personal) 로고스, 즉 하나님의 만남을 말한다. 이 로고스는 아가페 로고스를 말한다. 이 사랑의 로고스는 빛이고 말씀이고, 육신(incarnation)인 로고스이다. 로고스는 말씀과 빛, 진리로서 인격적 하나님, 즉 하나님의 만남을 통하여 말씀이 육신이 되는 인격적 하나님

---

3 성령의 역할을 어머니의 성품으로 이해하는 상징(메타포)어로 이해할 수 있음. 보혜사 성령은 그런의미.

과의 만남을 갖게 되고, 빛과 진리의 세계에 이르게 된다. 이 로고스는 하나님의 사랑, 아가페의 차원과 보응의 관계를 갖게 된다. 로고스와 아가페의 중간 태극선은 카이로스(하나님의 결정적인 구원의 시간) 시간, 역사의 종말, 결정적인 사건을 가진다. 이 카이로스는 크로노스(Chronos)의 일반적인 시간, 연대기적 시간 속에 사탄의 공격에 그리스도인들이 모욕당하고, 위협당하는 상황을 본다. 십자가 사건이 카이로스 시간에서 빛나게 된다.

로고스 신학과 프락시스의 신학, 도의 신학을 연결해주며 한국 신학을 표현할 수 있는 것이, 역의 신학이나 민족 종교가 말하는 태극신학이 아닌 성서신학으로서 논리의 동양성을 가진 신학이 바로 태극신학이라 말할 수 있다.[4] 그래서 태극신학의 로고스는 아가페적 로고스로 인격적 사랑, 이 로고스는 카이로스의 개념을 포괄하며 삼위일체의 하나님의 진리와 길과 생명을 말한다. 이 로고스는 하나이면서 모두인 전체가 통하는 통일 신학이며, 혼의 신학으로 한국의 문화와 혼을 담고 있는, 큰 하나, 혼(Han)이면서 전체, 궁극의 세계 무궁의 신학을 의미하는 한국의 신학이다. 아가페와 로고스, 카이로스를 추구하는 태극(theo-ontology, teleology)의 신학이라 말할 수 있다.

민중신학의 역동성은 상당히 사회 복음화를 실현한다는 차원에서 위력적이다. 그런가하면 막시스트(Marxist)들이 추구하는 유토피아와 이상세계는 현실에서 변혁을 통한 이상 국가를 실현하려고 한다. 민중신학이 추구하는 가난한 사람들의 이상향, 그것은 복음을 통한 현실 세계의 변화를 모색한다. 그러나 극단적인 민중신학자들이 추구하는 하나님의 나라는 투쟁의 과정이나 목표점 성취에 있어서 보이

----

4 김흡영, 유승무 교수의 "역사상의 불교권력"을 논하며, 『현대사회에서 종교권력, 무엇이 문제인가』(서울: 동연, 2008), 47. 김흡영, 『도의 신학』(서울: 다산글방, 2000), 336-360.

는 현상이 무엇인가 결핍된 것을 볼 수 있다. 즉, 하나님의 카이로스의 실재가 부재하는 경우를 본다. 카이로스의 시간, 하나님의 개입함으로 역사의 결정적인 일들이 벌어지는 것을 목격하게 된다. 따라서 절벽에 다다른 인간과 위기에 도달한 공동체가 카이로스의 실제를 기대하며 희망의 신학을 말할 수 있는 가능성이 있다. 한국의 상황은 새 민중신학과 더불어 카이로스의 신학, 무궁(無窮)의 신학에서 미래를 찾아야 할 것이다. 그것이 태극의 신학에서 토론하고 새 신학으로 모색해야 할 과제가 있게 된다.

기독론과 성령론, 교회론과 종말론, 삼위일체론 등을 태극기의 8 궤로 풀이하여 각론으로 이야기 할 수 있을 것이다. 오늘의 과학 세계관과 지구의 생태 문제에 대한 해석학의 과제와 신학은 카이로스의 신학에서 진지한 대화를 나눌 수 있다.

이 태극신학은 통일 신학과 흔의 신학, 무궁화(무궁, 카이로스)신학을 포괄한다. 동양신학과 서양 신학이 한국의 땅에서 통일 신학으로 만나고, 흔의 신학은 한반도의 한국 사람의 문화 신학으로 한국의 심성과 문화의 맞는 신학으로, 감 맛나는 신학으로, 무궁화의 지속력 있는 발화(무궁화)와 무궁(궁극이 없고, 다함이 없고, 끝이 없는 세계, 카이로스 시간 흔 역사)의 신학이 태극(太極)의 신학이라 말할 수 있다.

동양의 철학과 서양의 철학, 동양의 사상과 서양의 사상, 동양의 신학과 서양의 신학이 만나는 통일 신학이 카이로스의 역사 속에 무궁(無窮)의 신학으로 상보를 이루고, 태극선의 중앙에는 흔 신학이 한국인의 신학, 한국 문화 신학의 접촉점과 통일성이 되어 중심이 되는 태극 구조를 이루어 태극신학으로 나타난다고 본다.

앞으로 태극신학의 과제로 남는 것은 한국 문화를 담고 있는 태극의 구조와 무궁(無窮)의 세계, 무궁화 꽃의 생명력과 생태환경을 깊이 연구하는 것이다. 이러한 연구 과정, 결과를 통해, 한국의 문화신학은 발전하고, 새로운 세기에서 한국기독교가 완전히 한국인의 문화에 맞는 신학으로서 한국적 기독교가 형성되어 심층까지 한국인의 마음과 문화를 이해한 기독교가 될 것이다.

구약의 태극신학은 세 개의 태극도의 축에서 설명될 수 있다. 오경이 한 축과 예언서의 반대 축, 중간의 성문서가 오경과 예언서의 영역을 오가며 지혜와 시, 묵시문학의 경향과 다섯 두루마리의 축제 문서 등의 신학적 요소를 공유한다.

구약성서와 태극도

오경의 태극신학은 창조 신앙과 출애굽 신앙이 두 축을 형성하며, 출애굽 신앙이 중심이 되어 창조신앙을 이끈다. 그 중간에는 시내산 계약과 족장 신앙이 위치해서 창조 신앙과 출애굽 신앙의 구조를 매개하며 야웨 하나님의 신앙을 보여준다. 이스라엘 백성들은 핵심이 되는 율법책 오경에서 그들의 신앙의 중심을 잘 보여주고 있다.

오경에 나타난 구약인들은 히브리인(Hebrew)으로서 방랑하는 사람들이었다. 폰라트나 마틴노트와 같은 구약학자가 말하는 소역사 신조(a Historical Credo, 신 6, 26, 수 24장)에 보면, 족장들은 바로 유리하는 아람(Aram) 사람으로서 유목민이었다. 그러다가 요셉 시대가 되어 애굽에서 고센 지역에 정착하여 살다가 후손들이 많아져서 출애굽할 때는 장정만 60만 명이었다. 이때에 이스라엘은 역사의 중심동력이 되었고 타인종과 타민족을 포괄하는 중다(衆多)한 잡족(Multiethnic)이 되었다.

이스라엘 사람들만이 구약의 사람들이라고 말할 수 없다. 구약 시대의 많은 사람들이 있었다. 수메리아인, 헷타이트인, 가나안인, 이집트인, 팔레스틴인 등이 있었다. 구약 시대의 구약 사람들이 가지고 있던 생각과 생활 세계가 있었을 것이고 그들의 세계관과 우주관이 있었을 것이다. 그러한 우주관과 사고가 성서에 반영되어 있다. 그래서 우리는 오경을 통해서 고대에 구약인들이 가지고 있던 사고와 인식체계들을 엿볼 수 있다. 오늘의 현대인들은 누구인가. 과학기술 문명과 대중문화 속에 살아가는 21세기의 인간들이다. 컴퓨터와 첨단기술을 누리는 사람들이다. 달세계를 왕복할 수 있는 세계에 살아가는 사람들이다. 인간 유전자 복제에 의해 인간 복제도 가능한 영화에 나오는 시대에 같은 가공할 세상에 살고 있다. 그러면서 숨 가쁘게 과학세계를 향하여 빠르게 달려가고 있는 사람들이다.

이러한 구약과 현대라는 시간의 차이와 사고구조의 차이 속에 별개의 다른 문화와 인간으로 생각할 수 있는 여지가 있다. 우리는 구약의 등장 인간들을 동물원 속에 동물이나 아니면 옛날 사람들로 치부하고 우리와 관계없는 사람으로 치부하는 경향을 발견하곤 한다. 구약의 사람들과 문화와 어우러진 현대인은 태극도의 구조 안에서 서로 만나고 호흡할 수 있다.

먼저, 오경의 내용을 살펴보면 원역사는 창세기 1-12장까지의 내용이다. 우주학적, 인류학적, 구원론적 관심에 대해 다루고 있다. 이 것은 인간의 죄의 역사 기록이며 구원 역사의 기록이다. 원역사는 아브라함 소명을 위한 이스라엘 선민 역사의 신학적 기록이다. 내용은 사실의 기록이 아니라 명시선집이다. 창조 이야기, 에덴동산 이야기, 가인과 아벨, 노아 홍수, 바벨탑 이야기가 기록되어 있다. 태고사의 주제는 교만에 의한 인간의 범죄와 하나님의 징벌, 그리고 하나님의 은총이다.

족장 이야기(창 12-50장)는 태극도의 중심에서 아브라함, 이삭, 야곱(요셉). 하나님은 이들에게 약속의 하나님이신 것을 잘 드러내준다. 여기서는 족장들에게 보여준 활동하시는 하나님을 묘사한다. 구약 오경 형성의 중심이자 핵인 출애굽 전승(출애굽기, 민수기)에서는 하나님은 "나는 곧 나다"라고 계시하신다. 하나님은 해방의 하나님으로 나타나신다. 또 시내산 계약을 맺어 계약 백성이 되어 거룩한 하나님의 선민이 된다. 시내산 계약을 통해 출애굽기, 레위기, 민수기, 신명기에 이르기 까지 법전을 형성하게 된다. 결국 이야기(설화)와 법의 구조로 된 큰 틀의 오경 형성을 볼 수 있게 한다. 법률 자료로는 십계명, 계약법(종교법), 예배 의식법, 제사적 규정(제사 법전, 성전 법전, 보통법)과 제사적 규정의 보충과 인도주의를 강조하는 신명기 법이 있다.

예언서의 태극신학 구조는 예언자 자신의 인격적 삶 전체, 예언자가 산 시대, 그리고 자신의 시대에 선포한 예언자 메시지가 세 축을 형성하며 태극도 안에서 순환하는 구조를 가진다. 그래서 예언자의 삶과 시대, 메시지는 서로 불가분의 구조로 하나가 되어 하나님의 말씀을 선포하고 있다.

이스라엘에서 예언자(nabi)는 '말하는 자', '외치는 자'를 의미하는 말로 어떠한 특별한 사명을 수행하기 위하여 하나님께 부르심을 받았다는 의식이 있는 자이다. 그러므로 예언자는 하나님으로부터 부르심을 받았다는 철저한 소명의식이 있는 사람이며 늘 하나님께로부터 영감을 받는 사람이며, 하나님의 대변자로서 인간에게 하나님의 뜻을 대변하는 사람이었다. 초기 예언자들은 백성들의 일상생활의 사건에 대한 좋은 고문 역할을 했다. 그리고 때로는 문서운동과 관련을 갖기도 했다. 그리고 이사야서와 예레미야서와 다른 예언서의 기록을 보면 예언자는 지나간 역사도 살피고 앞으로 될 일에 대한 통찰도 한다. 그러나 예언자의 가장 중요한 임무는 도덕적이며 종교적인 교사로서 그 백성을 위하여 봉사하는 것이다. 예언자는 자기 시대에 봉사하고 그와 같은 세대의 사람들에게 어떻게 살 것을 가르치고 어떻게 최고의 종교적 원리를 그 시대의 정치적, 사회적 생활의 제반문제에 적용하느냐 하는 것을 가르치는 역할을 한다.

예언자의 메시지는 백성들의 죄악된 행위를 드러냄으로써 그들이 죄를 회개하고 백성들이 하나님의 도덕적, 사회적, 의식적인 율법으로 돌아올 것을 촉구했다. 또 백성들에게 하나님과의 맺은 계약을 위반하고 죄를 짓고 도덕적, 영적 원칙을 무시한다면 하나님께서는 이 나라를 징계하신다고 예언의 말을 하였고 장차 올 메시아를 고대하였다. 바로 하나님의 날을 기대하며 장래의 세계를 바라볼 수 있는 예견자이기도 하였다. 예언자들은 항상 좋은 상황에서 그들이 예언을 한 것은 아니다. 그들은 불의한 왕권에 대항해 고난을 받으며 예언 활동을 하게 되는 것이다. 옳은 것을 말하기 위해 끝까지 자신의 신념을 굽히지 않았던 예언자들의 모습을 우리사회에서 찾을 수 있을까. 예언자들이 반드시 앞날을 예견하는 대단한 사람만이 아니다. 어려움 속에서 미래를 내다 볼 수 있고 그렇게 내다본 미래에 대해 다른 사람들에게 비전을 전달하는 사람이다. 현실적 고난 때문에 그들의 생각을 포기하지 않고 한발 앞서서 미래를 맞이하는 사람들이다. 예언자들은 현실과 미래, 나라와 민족과 세계사, 하늘 나라와 현실의 구조적 악과 부조리 등을 고발하며 하나님 나라를 선포하며 하나님에게서 직접 받은 말씀을 선포하는 대언자, 예언자라고 말할 수 있다. 상통하는 세계를 바라보며 하나님의 말씀의 세계에 있는 존재라고 볼 수 있다.

예언문학과 보완 관계에 있는 것이 묵시문학이다. 묵시문학 전승의 기원은 페르시아, 헬라, 로마 시대에 권력자들로부터 민중에 대한 극심한 핍박의 상황에서 나온다. 구약의 묵시문학은 극도의 수난과 고난의 역사 속에서 현재의 삶에 대한 실망과 더불어 현재의 역사와는 본질적으로 다른 새로운 세계, 하나님의 나라를 대망하는 데서 생겨난 것이다. 즉, 구약의 묵시문학은 신명기의 역사관과 예언자의 역사 신학간의 모순된 역사 속에서 나오게 되었다. 묵시문학의 역사 이해는 역사적 비관론, 시간적 이원론, 역사적 결정론 등이다. 악의 세력이 너무 강성하여 빛의 자녀들이 핍박을 받는 비관적 상태이다. 현재는 어둠의 자식들이 지배하는 희망이 없는 시대이고 앞으로 도래할 새 하늘과 새 땅은 구원의 시대라는 시간의 이원론을 내포한다. 마지막 때 강권적 하나님의 손길이 역사를 결정한다는 시간표를 가지고 있다. 묵시문학의 종말론은 역사가 구원의 완성이 아닌 '악의 세력의 파멸'과 함께 전혀 새롭게 진행되어 현 역사와는 다른 '우주적 새 창조'가 임한다고 보았다. 묵시문학의 신학적 의미는 신앙적 확신이다. 비록 흑암의 권세가 역사를 장악하고 있지만 그들의 임박한 종말과 다가오는 하나님 나라의 승리 때문에 좌절하거나 실망하지 않는다. 그 날에는 빛의 자녀들이 새 하늘과 새 땅에 참여할 특권이 주어진다. 묵시문학은 하나님의 침묵이 계속되는 중간 시기를 살아가는 신앙인에게 새로운 신앙의 유형을 제시한다. 예언 문학이 한 축을 형성한다면 묵시문학은 다른 반대의 축을(태극도에서와 같은) 형성하고, 중간의 유선의 태극선은 지혜문학이 있어서 태극신학을 완성한다고 볼 수 있다. 구약의 세 문학 유형이 서로 상통하며 구약의 메시지를 전하고 있고 신약의 그리스도의 지혜를 전하고 있다.

성문서의 태극신학은 시 구조가 한 축을, 반대편은 지혜문학과 묵시문학이, 중간선은 다섯 두루마리가 위치하여 오경과 예언서의 신학의 결핍된 차원을 보완해주는 역할을 담당하며 하나님의 말씀의 현재적 차원을 지시해준다.

구약에서 율법서와 예언서는 하나님 편에서 이스라엘에게 주시는 메시지이다. 그러나 성문서는 하나님의 메시지에 대한 인간 편에서의 응답이다. 또한 오경은 과거의 문제를 다루고, 예언서는 미래에 대한 비전을 제시한다면, 성문서는 현재의 지혜와 문제를 해결하는 책이다. 그래서 성문서에는 여러 성격의 책들이 모여 현실의 문제에 답을 하고 있다. 성문서는 시편, 지혜 문학(잠언, 욥기, 전도서), 그리고 다섯 두루마리 책(룻기, 아가서, 전도서, 애가서, 에스더 ─ 명절 절기에 맞추어 읽는다), 묵시문학(다니엘) 등의 장르가 있다. 이스라엘 달력과 절기에 맞춘 역사의 주인이신 창조주, 구속주 여호와 하나님 신앙을 고백한다. 다섯 두루마리 책은 이스라엘이 시기에 맞추어 신앙 고백하는 책이었다. 이스라엘에서는 종교적 달력과 일상생활에서의 달력의 1월이 다르다. 종교적 달력의 1월은 Nissan(3-4월)이지만 일상 달력의 1월은 Tishri이다.[5] 아가서는 Nissan월 15-21일의 유월절에 읽혀졌다. 룻기는 Sivan월 6일 맥추절에 읽혀졌다. 애가는 Av월 9일 예루살렘 성전 파괴 날에 읽혀졌다. 전도서는 Tishri 15-21일에 초막절에 광야 생활 기념일에 읽혀졌다. 에스더는 Adar월 14일 부림절에 읽혀졌다. 시간과 역사를 주관하는 야웨 신앙을 가지고 태극의 구조에서 성문서의 신앙 고백을 하고 있다.

구약성서의 태극신학은 한 축은 계약신학으로서, 반대 축은 개혁신학으로, 중간에는 환원 신학으로 구약신학의 전반을 아우르는 신학적 메시지를 창출하게 된다. 다음 장에서 계약신학에 대하여 자세히 살펴본다. 하나님의 계약은 계속된다. 인간은 이탈하고 죄를 짓는 성격이 있다. 그래서 끊임없이 개혁하고 본질로 환원해야 함을 알게 된다. 그리고 큰 차원에서 구약성서의 독서는 선교와 문화라는 차원에서 실천과 적용이 되어야 할 과제가 있다. 결국 구약성서와 구약의 선교, 중간의 구약 문화라는 차원이 구약의 태극신학의 한 입장을 보여준다.

---

5 1월: Nissan, 2월: Iyyar, 3월: Sivan, 4월: Tamus, 5월: Ab, 6월: Elul, 7월: Tishri, 8월: Marheshvan, 9월: Kislev, 10월: Tebet, 11월: Shebat, 12월: Adar이다.

구약 계약신학과 태극도

계약 개념은 고대 근동 세계에서 정치적, 사회적인 분야에서 널리 사용되었다. 구약에서도 계약은 바벨론과 시드기야의 국제 조약, 야곱과 라반의 계약 등이 있는데, 이스라엘은 하나님과 그들의 관계를 이 계약 개념에 의해 이해했다. 오늘날 구약학에서 널리 인정받는 계약신학 유형으로는 모세와 다윗, 아브라함과 P의 계약이 있다. 구약의 계약신학은 태극도 안에서 모세의 계약이 한 축에서, 반대편에는 다윗의 계약이, 그리고 중간에는 아브라함의 계약과 P의 계약이 위치하고 있다.

모세의 계약신학(시내 계약)은 한국 현대사에 있어서 남한의 자유민주주의, 자본주의시장경제 체제와 유사한 구조를 가지고 있다.

히브리인들은 애굽의 노예 생활에서 벗어나 시내산에 이르러 모세를 통해 야웨 하나님과 계약 관계를 맺는다. 하나님은 이스라엘과의 계약 관계를 수립하시기 전 출애굽의 구원의 역사를 강조함으로써 모세 계약이 하나님의 구원의 은혜에 근거함을 밝힌다. 모세 계약의 특징은 만일 지키면(if ~ then)의 구문 형식을 취하고 있는 조건적인 계약이다. 이스라엘이 하나님만을 섬기고 그의 계명을 지키는 한 야웨 하나님은 그들의 하나님이 되고, 이스라엘은 그의 백성이 되어 계약 관계가 지속되는 것이다. 즉, 이 계약은 쌍무 계약의 형태를 지닌다. 이 계약의 존속여부는 이스라엘의 복종과 불복종에 달려 있어서 이스라엘의 책임이 강조되어 있고, 이스라엘의 복종은 축복의 약속을, 불복종에 대해서는 진노의 저주를 담고 있다. 모세 계약 사상은 통일왕국 이전 열두 지파 동맹 기간 동안 지파의 구분을 초월한 이스라엘의 공동 유대의식을 조성해준 신학적 바탕이 되었고, 왕국 분열 이후 북이스라엘에서 계속된 신학의 주류였다.

다윗 계약신학은 모세 계약과 달리, 북한의 이데올로기와 유사하고, 다윗왕조와 영원히 함께 한다는 계약 구조와 같다. 김일성 왕가의 지배 체제는 주체사상이라는 교리와 김일성이 교주인 종교가 되어 영원한 김씨 왕국을 추구하려는 집단이 되어서 통일의 앞날이 멀게 느껴지고 있다. 이스라엘은 열두 지파 동맹 체제에서 중앙 집권적인 왕정을 수립하게 되자 이스라엘의 정치 제체에 변혁이 오게 되었고 하나님과 이스라엘의 관계에 새로운 이해가 요구되었다. 모세 계약 사상과는 다른 유형의 계약 사상이 대두된다. 이 새로운 계약은 다윗 왕가에서 생긴 것으로 하나님께서 다윗과 '영원한 계약'을 맺으셨다는 것이다. 다윗 계약의 중심 골자는 하나님이 다윗을 선택하시고 그 왕국의 영속을 약속하셨으며 시온의 성소를 하나님이 거하시는 성소로 택하셨다는 것이다. 하나님께서는 선지자 나단을 통하여 '영원히'라는 말을 반복하시면서 다윗을 선택하여 세운 그의 왕조가 영속할 것을 약속하신다. 다윗 계약의 특징은 하나님의 성실하신 맹세에 의하여 그 관계가 영원히 계속되는 '영원한 계약'으로서 이스라엘이 그 계약의 존폐를 좌우할 수 없으며 하나님 편에 계약의 책임이 있는 편무 계약이라는 것이다. 이 다윗 계약 사상은 남부 유다 왕국의 지배적인 신학으로서 유다의 세습적인 왕조를 확립시키고 그로 말미암아 정치적 사회적 안정과 질서를 유지하는데 공헌했다. 또 이 사상은 유다왕국의 몰락과 예루살렘의 멸망 후에 '메시아 사상'으로 발전했다.

다윗 계약 유형과 비슷한 아브라함의 계약신학은 고대 전승 자료에서, 하나님께서는 아브라함에게 자손의 번성과 가나안 땅을 주시겠다고 약속하셨다. 하나님께서 아브라함이 바친 동물 사이로 지나가셨다고 하는 것은 고대 계약 체결의 의식으로 하나님께서 아브라함과 계약 관계를 맺으셨다는 것이다. 이 계약에서 아브라함에게는 어떤 조건도 주어지지 않고 하나님께서 일방적으로 계약 의무에 매이시는 것이 되어 무조건적인 편무 계약의 형식이 되고 있다. 아브라함 계약, 다윗 계약은 신학적으로 같은 유형의 계약으로 두 계약 전승이 모두 남왕국에 기원하고 있어 아브라함 계약 사상이 다윗 계약의 모체가 되고 있다.

제사장(P)기자의 계약 사상은 바빌론 포로기에 형성된 것으로 우리나라의 일제강점기에 해당한다. 김교신의 「성서와 조선」은 바로 제사장 문서와 같은 성격을 지닌다.

제사 문서의 저자로 알려진 P기자는 전승된 제사적 자료를 토대로 하여 여기에 고대 전승 자료 J. E를 첨가하여 신학적 저작을 하였다. P기자는 아브라함의 계약 기사에 자손의 번영과 가나안 땅의 약속 위에 계약의 표징으로 할례를 첨가하였다. 창세기 17장 아브라함 계약의 특이한 사상은 "영원한 계약"(berith olam)으로 불리고 있다. 이 계약은 하나님과 아브라함뿐만 아니라 하나님과 아브라함의 자손 대대로 관계가 있는 계약이다. 이는 바빌론 포로 이후의 아브라함의 자손들에게도 적용되는 것으로 간접적으로 나타낸다. 하나님께서는 이 계약을 '내 계약'이라 하시어 계약의 주권자는 하나님이시고 계약의 영속을 보장하시는 이가 하나님이심을 강조한다. 가나안 땅의 정착을 하나님 약속의 구체적인 실현으로 이해하고 있다.

제사장(P)자료에서는 가나안 땅이 이스라엘의 영원한 소유라고 주장하는 것이 특징이다. '생육과 번성'의 신학이 잘 나타나 있다. 여기서 상징으로 '할례'가 특별히 강조되어 있는데, 할례는 이방인 사회에서 볼 수 있었으나 할례가 없는 바빌론에서 계약의 표징으로서 할례의 이행은 이방인과 구별된 이스라엘의 자아의식을 고취시켰다. 창세기 9장의 노아 계약은 계약의 상대가 노아와 이스라엘에게만 국한된 것이 아니라 범세계적인 계약으로서 노아계약은 창세기 17장의 유형과 같이 하나님의 일방적인 약속에 의해 성립되었고, 하나님 자신이 책임을 지는 편무계약이고, 조건의 여부는 무조건적인 계약으로서, 인간 측의 행위에 관계가 없이 하나님이 일방적으로 계약을 맺으시는 것이다. 그리고 시간적 제한을 초월하는 영원한 계약이다.

신학적 암흑기에서 제사장(P) 기자는 아브라함 계약신학을 통하여 포로지에서 이스라엘의 불순종으로 심판과 함께 이스라엘이 끝난 것이 아니라, 이스라엘의 불복종에도 불구하고 하나님의 계약이 영원히 존속됨을 보였다. 제사장(P) 기자는 예레미야와 같이 옛 계약을 대신하는 새 계약을 찾은 것이 아니라 영원한 계약으로 이미 맺어진 아브라함 계약에서 하나님과 영속하는 관계를 발견하였다. P기자에게서 아브라함 계약신학은 역사적 비극과 절망 상태에 처하여 있던 이스라엘에게 희망을 주고 장래를 약속하는 복음이었다. 이처럼 구약의 계약신학은 태극도 안에서 아브라함의 계약이 다윗의 계약과 상통하면서 모세의 계약을 통한 포로의 심판을 이해하면서 계속되는 하나님의 신실성의 약속을 두 계약을 통해 다시 소망하면서 제사장 계약에서 포로기 계약신학과 상통하여 흐름이 연결되는 것을 포착할 수 있게 한다.

구약의 태극신학은 또한 신약의 태극신학과 연결된다. 구약과 신약의 두 태극점이 신구약 중간사의 묵시문학과 계약신학이 중간의 매개점이 되어 역사와 신학 메시지를 전달한다. 신약의 태극도에 나타난 신학적 축은 복음서와 바울 서신이 두 축을, 중간 매개선은 비 바울서신이 위치한다. 복음서에는 마태와 누가 복음이 한 축을, 바울 서신이 반대 축을, 마가복음이 중심에서 복음서 전체를 흐르는 주류가 된다. 바울서신에서는 로마서와 갈라디아서가 중심이 되고 반대의 옥중서신이, 중간 매개로서 비(非) 바울서신류의 히브리서가 위치한다. 또 비 바울서신에서는 요한서신과 베드로전후서 등이 두 축을 형성하고 야고보서 등이 중간 매개를 형성한다.

태극신학의 영성

태극신학은 타종교, 대종교, 증산계 종교 등의 태극 사상과 주역, 정역, 대종교의 3대 경전인 천부경과 삼일신고, 참전계경 등의 사상과 이치를 참고할 수 있지만 깊이 있는 부분까지 대화를 할 필요는 없을 듯하다. 그래서 여기서는 태극도에 나타난 기독교 영성을 다루고자 한다. 먼저 자료에 대하여 살펴보자.

천부경에도 네 가지 본이 있으며, 최치원이 남긴 사적본(史蹟本), 묘향산 석벽본(石壁本), 노사 기정진의 전비문본, 이맥의 태백일사본(환단고기 수록)이 있다. 원본은 묘향산 석벽본이며 최치원이 묘향산에 새긴 것을 계연수가 발견했다고 전해진다. 삼일신고 역시 4가지 본이 있다고 한다.[6] 아마 발해 석실본이 원본인 듯하며, 그 내력은 다음과 같다. 삼일신고가 발해에 전해진 뒤 발해에서 다시 찬문과 서문이 덧붙여졌을 뿐만 아니라 이 책이 후세에 전해지게 된『삼일신고봉장기』를 통해 자세한 내막을 알 수 있다. 발해 이전까지의 전래 경위는 정확히 알 수 없으나 고구려의 개국공신으로 알려진 극재사의『삼일

---

6   천부경의 4가지 본은 다음과 같다. 1) 발해 석실본으로서 발해의 제3대 임금 문왕(737-797)이 백두산 보본단 석실에 봉장한 책으로 전문 366자를 천훈, 신훈, 천궁훈, 세계훈, 진리훈의 5훈으로 분장하였다. 현재 대종교에서 사용하고 있다. 2) 천보산 태소암본은 행촌 이암이 천보산 태소암 근처에서 발굴한 석함 속에서 찾은 책으로 전문 366자를 1왈 허공, 2왈 일신, 3왈 천궁, 4왈 세계, 5왈 인물의 5왈로 분장하였다. 3) 태백일사본은 일십당 이맥(이암의 현손)이 1520년에 편술한 태백일사에 실려있는 서본(書本)으로 이암의 소장본을 저본으로 한 것으로 추정되며, 전문 366자를 제1장 허공, 제2장 일신, 제3장 천궁, 제4장 세계, 제5장 인물의 5장으로 분장하였다. 4) 신사기본은 1908년 홍암 나철(대종교의 교조)이 백두산의 도인 백봉신사가 보낸 두암(頭岩)으로부터 친수(親受)하였다는 〈신사기〉 가운데 교화기(敎化記)에 기록된 서본으로 전문 366자가 장별 소제목 없이 5장으로 나누어져 있다.

신고독법』이 있는 것으로 보아 이미 고구려 때 한문본『삼일신고』가 전래되어 유통되고 있었음을 알 수 있다.

삼대경전인 천부경, 삼일신고와 더불어 참전계경이 있다. 고구려의 을파소(乙巴素) 선생께서 참전계경을 세상에 전하여 주시어서 우리의 얼이 숨 쉬고 있다고 말한다. 백운산에 들어가 하늘에 기도하고 천서를 얻으니 이를 참전계경이라 한다. 우리의 얼이 우리의 빛나는 역사가 숨쉬고 있는 우리의 소중하고 훌륭한 천서(天書)인 이 참전계경은 단군조선(BC 2333년)에서부터 시작하여 마지막 단제(檀帝)이신 제47대 고열가(古列加) 단제시대(BC 295년~ BC 238년)까지 전하던 것을 그후 고구려 9대 임금인 고국천왕(故國川王: 재위 179~197)때 을파소 선생께서 참전계경(參佺戒經)을 전한 것이다. 우리가 참고하여 알아볼 자료는 전래하는 자료들이 어떤 정신에서 비롯되었는가 하는 것이고, 영적 흐름에 민감하게 주목할 필요가 있다는 점이다.

구약성서와 태극신학이 어떻게 연관이 있는지 앞장에서 살펴보았다. 오경에서는 창조 신앙과 출애굽 신앙, 시내산 신앙이 상통하는 구조이었고, 예언서에는 예언자 시대와 예언자 자신과 인격, 메시지가 태극도안에서 서로 유기적으로 통하는 상태이었다. 성문서에서는 시와 지혜문학과 묵시문학, 그리고 다섯 두루마리가 태극도 문학구조로 형성되어 있다. 이러한 히브리적 타낙의 문학구조는 후대로 가면서 탈무드, 미드라쉬, 미쉬나 유대교 경전 신앙으로 변모하여 결국 미드라쉬, 할라카, 학가다의 구조 안에서 원융적 해석을 하는 태극신학과 태극도의 구조를 가지게 된다. 그래서 태극신학과 성서신학의 만남이 이뤄지면서 한국 문화 신학적 성서 해석이 가능하게 된다. 더 나아가 태극신학과 조직신학이 만나면서 한국적 신학의 내연과 외연이 확대되어 한국인의 신학으로 체질화 되는 작업이 이루어지리라 본다. 오늘날의 생태신학과 여성 신학, 한국의 독특한 정치적 지정학적 과제를 통한 통일 신학과 대화를 하면서 궁극적으로 민중신학에서 태극신학이 한국 신학으로 꽃피는 과정이 필요하리라 본다.

태극사상에서 태극신학으로, 태극신학에서 태극의 영성으로 전개할 과제가 있다. 서머셋 모음의 『서밍업』(*Summing up*)에 말한 최고의 명문장 법칙, 루시드(lucid, 명쾌), 심플(simple, 단순), 유포니(euphony, 조화)로 이 신학을 전개할 수 있는지, 그것이 관건이다. 현대 철학은 태극사상과 태극신학과 대화하며 학문적 논의를 더 심도 있게 할 수 있다. 프랑스의 현대 철학, 구조주의 철학자, 소쉬르와 데리다, 푸코 등이 포스트모더니즘 철학과 언어학과 인류학적 연구, 탈구조주의 철학 사상 등과도 대화하며 태극신학의 포괄적 성격을 확대해나가야 하리라. 현대 사회의 문제를 날카롭게 파헤친 칼 맑스의 자본론 이해도 선행되어야 하며, 인간의 본성과 자유에 대한 러시아 사상가 베르자예프, 야콥 뵈매 등에 대한 연구도 수반되어야 한다. 이에 대한 한국 환원 운동가인 강명석, 이신 박사는 번역과 논문, 연구 결과물들을 가지고 있어서 우리가 연구하는데 많은 도움을 가질 수 있다. 또한 바울 신학과 민중신학을 통해 구조주의 철학과 칼 맑스, 베르자예프의 철학이 말하고자 하는 시대정신과 인간 정신, 사회 구조들을 파악할 수 있다.

한국 철학에 있어서 태극 철학과 사상에 대하여 율곡의 성학집요와 서경덕의 사상이 논의의 중심이 될 수 있고, 현대에 들어서는 기철학에 대한 담화를 이끄는 최한기와 동양철학에 대한 담론을 내놓고 있는 김용옥의 글들이 대화할 수 있는 여지가 있다. 오적의 시를 썼던 김지하의 오늘날의 생명시, 김민기의 민중 노래, 조래영의 철학, 길희성의 종교학 등도 있다. 특히 길희성의 『보살 예수』는 붓다와 예수의 융합, 불교인에게 기독교 진리 알리기, 불교 선교를 말하는 태극신학의 대표적 모델이라고 말할 수 있다.

율곡과 퇴계의 이통기발론과 이기이원론, 사단칠정론에 대한 논쟁에서 무엇이 논점이 되고 있는지, 주자학과 헤겔의 학문적 대화와 변증법적 구조에 대한 논의가 태극신학에 중심 주제가 될 수 있다. 헤겔의 변증법적 논리는 태극의 정반합의 승화가 태극도에서 일치와 조화를 이루는 논리 구조와 융합할 수 있게 한다. 그래서 두 철학이 상호보완적 관계로 상보할 수 있으리라 본다. 기독교 문학 작품의 꽃과 같은 도스토예프스키의 『카라마조프 형제들』의 알료샤의 설교와 대심문관의 논고와 변고를 통해 악령이 무엇인지, 기독교의 영성이 어디에 있는지 보여준다. 또, 수도원의 영성(안토니 수사의 영성), 천로역정과 토마스 아켐피스의 『그리스도를 본받아』를 통해 깊은 영성의 세계를 향해 나가도록 하는데, 이것과 태극의 영성과 대화할 여지를 갖게 한다.

얼마나 삶의 현장, 피비린내 나는 노동 현장에서 민중들이 하늘의 뜻을 받들고 숭고하게 살아가는 거룩한 행위를 포착하고 현장의 신학이 되느냐 하는 것이 중요한 화두가 된다. 그것이 최고의 영적 적용이요 살아있는 기독교 영성이다. 3D 직종에서 일하고 있는 다문화 가정, 그들의 힘들고 고달픈 인생을 말하고 그들이 외쳐대는 소리를 담아내는 신학, 그 태극신학일 때 생명력 있는 민중신학의 뒤를 잇는 전통을 가져 의미 있는 일을 하고 있는 것이다. 그것이 바로 순간순간 감사, 범사에 감사하며 쉬지 말고 기도하며 항상 기뻐할 수 있는 영성이요, 평화의 영성, 하나님 나라 신학으로서 태극신학의 자리가 있다고 하겠다.

나가는 말

태극신학이 구약성서에서 태극도의 구조 안에 하나의 상통하는 개념을 표출하고 있음을 살펴보았다. 태극신학이 기독교 신학 안에서 길과 진리, 생명으로, 성부 성자 성령의 삼위일체 하나님으로, 그리고 로고스, 아가페, 카이로스의 은혜로 나타난다. 이것을 근거로 구약성서에서 태극도 안에서 오경의 창조 신앙과 구속신앙, 시내산 계약이 하나로 어우러지고, 예언서에서는 예언자 자신의 인격과 예언자 시대, 그리고 예언자 메시지가 중요한 요소로서 예언 문학을 형성하고 있음을 살폈다. 그리고 묵시문학과 지혜 문학이 하나의 태극도 안에서 구약성서를 하나의 순환 구조로 구성되는 것을 보았다. 성문서에서는 시와 지혜문학이 두 축을 이루고 다섯 두루마리(므길로트)가 중간의 태극선을 이루어서 오경과 예언서를 부드럽게 연결시켜주는 중재 역할을 하며 구약성서의 계약신학의 상통 본문 역할을 하며 이해를 용이하게 해주며 현실에 대한 문제에 많은 답을 준다.

구약성서를 하나로 묶어주는 것이 계약이다. 이 계약신학으로 구약신학의 중심과 핵심을 가지기 때문에 아브라함 계약과 모세의 시내산 계약, 다윗 계약과 제사장(P)계약 등을 태극도의 구조로 우리 문화와 비교하며 살펴보았다. 그것이 또한 신약 성서와 묵시문학 중간사와 태극의 상통 구조로 형성되고 있음도 일견(一見)하였다. 마지막으로 태극신학의 영성을 살펴보면서 서양 철학과 동양철학에서 앞으로의 태극신학의 연구 과제를 제시하며 사회과학과 철학, 문학의 차원에서 많은 연구를 해야 할 것을 생각해보았다. 태극신학이 민중의 삶속에서 배태되지 않는 한 공허한 신학 논리, 신학의 한 이야기로 변두리로 밀려나서 그저 한 구호에 지나 칠 결과를 예상할 수 있다. 따라서 오늘날의 민중과 히브리 전통을 따라 한국인의 사상과 철학의 바탕 위에 건실한 태극신학 전승을 이어가기를 바라며 결론에 대신한다.

4장
다문화와 구약성서

다문화 사회란

다문화 사회란 우리 사회에 거주하고 있는 소수민족(minority)이 다양해지고, 국제결혼의 증가로 다문화 가족 자녀들이 많이 출생하고, 한국에서 공부하기 위해 많은 유학생들이 입국·거주하며, 다문화 가족으로 인해 증가하는 사회문제를 예방하기 위해 법과 제도를 만들고 그들을 위해 서비스를 제공하는 시설이 증가하는 사회를 말한다.[1]

다문화 가족의 범위에 대하여 우리나라에서는 외국인 노동자, 결혼이민자, 북한이탈주민(새터민)을 말하고 있다. 우리나라에서 다문화관련법에서 규정하고 있는 다문화 가족의 범위의 대상은 매우 좁게 정의하고 있다. 다문화 가족 지원법 제 2조에 다음과 같이 정의하고 있다.

가. 재한외국인 처우기본법 제 2조 제 3호의 결혼이민자와 국적법 제2조에 따라 출생 시부터 대한민국 국적을 취득한 자로 이루어진 가족

---

1   김범수, 김현희, 정명희,『알기 쉬운 다문화교육』(서울: 양서원, 2010), 13-17

나. 국적법 제 4조에 따라 귀화 허가를 받은 자와 같은 법 제2조에 따라 출생 시부터 대한민국 국적을 취득한 자로 이루어진 가족이나 그밖에 재한외국인 처우 기본법 제2조 제3호의 결혼이민자, 국적법 제 4조에 따라 귀화 허가를 받은 자를 말한다.

우리나라는 다문화 사회로 급격하게 변화하고 있다. 2003년 49만 3천명으로 출산율이 급격히 감소하고 있고, OECD 회원국 중에 최저치를 기록하고 있다. 인구 전문가들은 출산율을 1.8의 수준으로 끌어올린다고 하더라도 가임여성 수가 너무 부족하여 결국 인구는 줄어들 것이며 2050년에는 1천만 명의 인구가 부족할 것으로 예견하고 있다. 우리나라 고령화의 특징은 고령화 속도가 유례없이 빠르다는 것이다. 2004년 8.7%였던 노인 인구는 2018년에는 14%로서 본격적인 고령화 사회로 진입할 것이며, 2026년에는 인구의 20% 이상이 노인인 초고령 사회가 될 것으로 전망한다.

우리 사회가 이처럼 다문화, 다국적이 된 사실은 여러 관점에서 볼 수 있다. "작년에 해외 나들이를 간 한국인은 1480만 명에 달했다. 해외 유학생도 어느새 30만 명 시대다. 국내로 들어온 외국 유학생도 10만 명에 육박한다. 비즈니스맨들의 이동은 더 많다. 그래도 순수 단일민족론을 확실하게 깨부순 것은 결혼이민자들의 이주 물결이었다. 어느새 15만 명이다. 2010년 1만 9527건을 정점으로 상승세는 꺾였지만 지난해에도 1만 4137건의 결혼이민 비자(F-6)가 발급됐다(경제신문, 2014. 2. 7일자 35면). 또 국가별로 여러 나라들이 우리나라에 들어와 다문화 사회를 만들고 있다. "베트남 새댁이 약 4만 명, 중국이 3만 5,000여 명이다. 한국계 중국인, 즉 조선족 2만 8,000명은 별도다. 몽골·미국·태국·우즈베키스탄댁도 2,000명씩 이상이다. 일본댁도 1만 1,700여 명이라니 대단한 다문화 추세다."

성서의 다문화

김혜란, 최은영의『성서에서 만나는 다문화 이야기』에서는 한국사
회가 다문화 사회라는 사실을 강조하며 한국의 지역 교회들이 목회
적으로 다문화가정을 돌보아야 한다는 사실을 말한다.[2] 강도 만난 이
웃이 오늘날의 선한사마리아의 구원이 대상임을 말한다. 성서의 다
문화 가정은 이주민이나 성서의 히브리 민족, 그 밖의 인물들이 다문
화 선교대상임을 말한다.

구약성서에서 나오는 이주민의 삶은 전체적으로 고향을 떠난 타
향에서 벌어지는 이야기들이다. 이주이야기로서 글로벌 마인드의
모습을 보여준다. 컨텍스트의 차원에서 오늘날 한국에서도 이주여
성이 많듯이 성서 역시 주로 여성들의 이야기가 나온다. 또한 적극적
으로 이주민의 삶에서 성공한 이야기가 소개된다고 본다. 구약성서
에 나타난 이주민 여성 사례를 두 가지 이야기를 살펴보자.

첫 번째 성서가 대표적으로 소개하는 이주민은 하갈이다. 그녀는
아브라함의 아내 사라의 종으로 있었다. 하갈은 이방 여인으로 사라
가 나이가 많아 자식이 없자 아브라함의 첩으로 들어가 첫 번째 아
들 이스마엘을 낳는다. 이스마엘은 오늘날 회교권의 조상으로 코란
의 대부가 된 것이다. 이주민의 입장에서 보면 하나님은 이방 여인
종 하갈도 소중하게 여겨 한 민족을 이루게 하여 귀중한 당신의 백
성, 자녀로 삼으신 것이다. 창세기 16-21장을 보면 하나님은 하갈이
도움을 청하지 않았는데도 먼저 나타난다. 성서의 하나님은 고난받

---

2 김혜란, 최은영, 『성서에서 만나는 다문화 이야기』. 이 책은 12장으로 구성되어, 성
서의 다문화배경을 12가지 꼭지로 다룬다. 한 가지 이야기를 배경이야기, 독백이
야기 - 성서이야기를 쉽게 다문화 주인공을 중심으로 재구성, 구체적 사례로 오늘
날 한국에서의 다문화 가정들의 실례를 들어준다. 마지막으로 나눔의 주제로 지역
교회들이 다문화가정들을 섬길 수 있는 방법을 제시한다.

는 자, 가난한 자, 낮은 자, 병든 자의 하나님이심을 보인다. 하나님의 섭리에서 보면 아브라함의 씨받이 하갈을 오늘날 이슬람 국가들, 회교권 민족의 어머니로 만든 놀라운 사건이다. 이는 성서가 왜 하나님의 구속사의 중요한 기록이며 하나님의 말씀이며 계시의 글인지 보여주는 대목이다.

구약성서의 다문화 이야기 하갈의 이야기에서 한국에 온 이주민에 대한 새로운 시각을 발견하게 한다. 외국에서 주로 경제적 이유로 한국에 시집온 여성 외국인들을 하나님의 시각으로 봐야 하는 이유를 들 수 있다. 성서의 하나님은 과부, 고아, 나그네, 힘없는 자들의 하나님이시다. 외국에서 온 이주민들을 귀하게 여겨야 하는 이유가 여기에 있다. 그들을 예수 사랑으로 인간답게 대접하고 한국교회의 귀한 손님으로 대접하여야 한다, 우리가 다문화와 구약성서, 하갈의 이야기를 하는 이유가 여기에 있는 것이다.

둘째로 구약성서의 이야기에서 여성의 입장에서 본 모델은 룻이다. 룻과 나오미의 이야기는 시어머니와 며느리의 갈등위기를 교회에서 설교할 때 가장 좋은 예화가 된다. 그러나 더 중요한 배경은 룻은 이주민 여성이다. 룻은 모압 여인이었다. 모압은 이스라엘과 대립관계에 있던 나라인데 그 원수의 나라의 며느리를 받아들인 것이다. 시어머니 나오미가 남편과 아들을 따라 흉년이라서 고향을 떠나 모압 땅으로 이주했다가 나중에 타향에서 남편과 아들 둘을 모두 잃고 고향으로 다시 돌아오는 이야기이다. 룻은 나중에 보아스와 결혼하여 예수님의 조상이 된다. 이방 여인이 예수님의 조상이 되었다. 룻의 이야기는 이주민이 성공적으로 정착하는 과정을 보여준다. 그리고 한국 이주민 사회에서도 자주 보게 되는 시댁과 며느리의 갈등과정을 어떻게 해결할 것인가 보여주고 있다.

다문화와 우상숭배

신앙과 종교 사이에 투쟁이 이스라엘 백성이 출애굽을 하여 가나안 땅에 정착하면서 시작된다. 가나안 땅에서 정착 생활은 농사를 짓게 하면서 가나안 문화에 적응하는 단계로 들어간 것이다. 이스라엘은 그동안 반 유목민으로서 목축을 치면서 비옥한 초승달 지역을 유리, 유회(遊回) 하는 백성이었다. 그런데 그들이 가나안 땅에 들어가니 바알 종교(Baalism)를 추구하며 풍요의 신을 섬기는 문화가 지배적인 것을 보았다.[3] 바알과 아스다롯을 섬기는 그들의 문화는 우상숭배였다(삿 2:13; 10:6; 삼상 7:4; 12:10). 주와 소유주라는 뜻의 바알과 그의 배우자 바알라트, 여주인이라는 뜻을 가진 아스다롯은 비옥한 풍요의 힘을 상징하는 것이었다. 바알과 바알라트의 성적 관계를 통해 자연의 놀라운 풍요의 비를 가져온다는 신화적 이야기를 통해 형성된 세계관이었다. 가나안 제의는 성전에서 성적 매음을 통해 풍요를 가져올 수 있다는 가치관을 갖게 되었다(신 23:18).

다문화와 신명기 신학

신명기 신학은 토라(율법)에 순종하면 복을 받고 율법에 불순종하면 벌을 받는다는 것이다. 그래서 '나외에 다른 신을 섬기지 말라'는 야웨 유일신 신앙(Monotheism)을 신명기 신학에서 보여준다. 따라서 야웨 신앙이 아닌 다른 신을 숭배하는 우상 숭배를 금지한다. 다문화 사회는 여러 다른 신들을 섬기는 문화가 지배적이다. 다문화인들은

---

3 B. W. Anderson, Understanding of Old Testament (New Jersey: Prentice-Hall, 1975), 139.

여러 종교문화를 가진 사람들이라고 말할 수 있다. 신명기 역사서 가운데 사사기는 신명기 신학에 대한 사이클을 보여준다. 하나님의 말씀에 불순종하면 이방 나라에 침공을 받고 하나님께 부르짖으면 하나님이 들으시고 사사를 보내서서 이스라엘 백성들을 구원한다는 구원순환 도식을 보여준다(삿 2:6-3:6). 신명기적 관점에 따르면 사사 시대의 각 시기에 대한 역사는 반복되는 패턴을 보여준다. 신명기 역사가의 기본적인 신학적인 확신을 보여준다. 그것은 야웨에게 순종하면 복을 받고 평화로운 시기를 가지지만 불순종하면 시련과 패배를 가져온다고 본다.

다음과 같이 역사의 교훈을 보여준다. 1) 이스라엘 백성이 애굽에서 구원하신 야웨를 믿지 않고 신앙을 버리고 악을 행하고 백성들 주변에 있는 다른 신들을 섬긴다면, 2) 그러므로 야웨의 분노가 타올라서 이스라엘 백성들을 압박하는 그들의 적들의 세력에서 구원하신다. 3) 그들이 괴로움을 받고 백성들이 부르짖으면 야웨께서 마음을 움직여서 그들의 적들로부터 구원하기 위해 사사를 세울 것이다. 4) 그러나 사사가 죽어서 다시 우상숭배에 빠지게 되면 다시 야웨가 이스라엘을 향하여 화를 일으켜서 분노하여 그가 약탈자의 손에 다시 빠지도록 이스라엘 백성을 팔려가게 하신다.

다문화와 구약 본문들

바벨탑 기사(창 11:1-9)에서 하나의 통일성 있는 문화가 하나님께서 그들을 온 지면에 흩으셔서 다수의 언어와 문화가 되었다. 바벨탑의 문화는 다문화로 가는 현상을 인간의 교만에서 비롯된 다문화 현상의 결과를 말한다. "성과 대를 쌓아 대 꼭대기를 하늘에 닿게 하여 우리 이름을 내고 온 지면에 흩어짐을 면하자 하였더니"(4절), 하나님의 영역을 침범하려는 인간의 교만, 인간 자신의 이름을 내려는 교만이 하나님의 문화를 훼손한다는 사실을 보여준다. 결국 인간의 사회성과 집단성, 통일성이 하나님 문화에 도전할 수 있다는 사실을 보여준다. 그래서 다문화 사회로, 다언어의 사회로 하나님이 흩으시는 모습을 말한다. 그러므로 바벨탑 이야기는 심판의 결과로서 다문화 사회를 낳게 한 것을 보게 된다.

족장들의 다문화 경험을 살펴보자. 아브라함은 복의 근원이 되기 위해 갈대아 우르를 떠나 하나님이 지시하는 가나안 땅으로 이주해 가는 다문화 지역으로 여행이었다. 아브라함은 하란에서 가나안 땅, 헤브론, 애굽 땅 등을 유리하는 방랑인이었다. 다시 말해 다문화인이었다. 야곱도 에서의 장자권, 축복권을 얻고 나서 형을 피해 삼촌 라반의 고향 밧단 아람으로 간다. 결혼을 하고 자식을 얻고 다시 세겜으로 온다. 야곱은 다문화인으로 여러 해 동안 아람문화 속에 살았던 것이다. 요셉은 그가 원치 않는 다문화인으로 애굽에서 살다가 하나님의 인도로 꿈의 사람이 되었고 결국 애굽 총리가 된 요셉은 다문화인였다.

출애굽기는 이스라엘 백성들이 애굽에서 종살이를 하다가 모세를 통하여 광야로 나오는 이야기는 다문화인으로서 이스라엘 사람들의 이야기다(출 1:1-19:25). 이스라엘 사람들이 출애굽하는 이유는 하나님께 예배하기 위해서 광야로 나가는 것이다(출 5:1-3). 신명기는 다문화를 반대하는 성서 본문들로 짜여 있다. 이방신을 숭배하지 말라는 것이다(신 13:6-9; 신 17:2-6). 여호수아서에 다문화인으로서 사는 여리고성의 라합은 여호와 하나님의 구원의 역사를 보고 구속사에 동참 함으로서 예수 족보의 여인이 되었다(수 2:1-6:27; 마 1:5).

사무엘상·하는 사무엘과 사울과 다윗이 블레셋이라는 민족과 전쟁하는 역사 속에 살아가는 다문화 이야기라고 볼 수 있다. 신명기 역사의 구조 속에 우상 숭배와 이방 종교에 물드는가, 아니면 순수한 야웨 신앙을 가지고 신앙 생활하느냐 하는 문제가 제기된다. 열왕기에서는 예루살렘 성전 중심의 시온주의, 메시아 중심의 세계관을 보여 준다. 다문화인들이 야웨 신앙을 가지는 이상적 상황을 말해준다. "주는 계신 곳 하늘에서 들으시고 무릇 이방인이 주께 부르짖는 대로 이루사 땅의 만민으로 주의 이름을 알고 주의 백성 이스라엘처럼 경외하게 하옵시며"(왕상 8:43).

엘리야와 엘리사는 바알 종교와 대결하는 절대 여호와 신앙을 가진 유일의 선지자이며 다문화의 종교 다원적 인간과는 다른 순수한 여호와 신앙을 추구하는 신앙이라고 볼 수 있다. 예후의 종교개혁은 바알 종교인들을 제거하는 신명기 신학의 다문화적 종교인들의 배격을 보여준다(왕하 10:18-36). 신명기 역사에 나타난 종교개혁은 히스기야 왕과 요시야 왕에게 있어서 절정에 이른다.[4] 야웨신앙의 철저성을 보여주는 것으로서 신명기 개혁을 보여주는 개혁적 왕들이 소수에 불과한 것을 볼 수 있다(아사, 예후, 요아스). 에스라와 느헤미야는 페르시아 제국의 다국적 다문화적 상황에서 지도력을 가진 서기관과 총독이 되어 이스라엘 성벽을 짓고 성전 건축을 돕는 사역을 한다. 에스더도 바사와 메대, 페르시아 제국의 다문화적 상황에서 유다인으로서 정체성을 가지고 야웨 신앙을 가지고 구원자의 모습을 가진다. 에스더서는 이스라엘 민족을 구원하는 민족 구원의 이야기이다. 이사야, 예레미야, 에스겔 등 예언서는 이방 민족에 대한 심판 예언을 보여준다. 호세아, 요엘, 아모스, 오바댜, 요나, 미가, 나훔, 하바국, 스바냐, 학개, 스가랴, 말라기 등은 이방 민족이 여호와 신앙을 가지지 않은 이방인이라는 사실로서 심판예언의 그늘 아래 있다는 것

---

4   박신배, 『구약의 개혁신학』(서울: 크리스천헤럴드), 21.

을 알 수 있다. 요나의 보편주의, 야웨가 모든 이방민족에게도 구원을 베풀기를 원하는 것을 보여준다. 앗수르 니느웨에 구원의 말씀을 선포함으로 앗수르는 멸망을 피하게 된다.

예언서는 애굽과 앗수르, 모압, 암몬, 다메섹 등 이방 민족에 대한 이스라엘 민족의 구원을 말하고 있어서 구약성서는 다문화적 상황에 대하여 비우호적 모습을 볼 수 있다. 야웨 신앙에 대한 순수성을 지킬 것이냐 아니면 우상 숭배냐는 양자 선택을 요구하는 철저한 야웨주의라고 보인다. 예언자들은 이 이방 종교, 바알 종교에 대한 강한 반대와 배격을 강조하고 있는 야웨주의자들이라고 말할 수 있다. 이는 신약에 와서 복음주의자, 오직 예수를 주장하는 온전한 그리스도인의 신앙을 말할 수 있다. 이는 오늘날 다문화 사회, 한국의 다문화적 상황에서 '누구든지 예수를 믿으면 구원을 받는다'는 예수인, 그리스도인이 요구된다. 어느 민족, 다문화인이든 참 그리스도인이 중요하며 그리스도인만이 참된 다문화적 그리스도인이라 할지라도 참 예수의 제자라고 말할 수 있는 것이다.

다문화와 세계화, 선교

다문화(Multi-Culturism)는 유럽사회에서 이미 영국이나 불란서에서 경험하며 유대인들이 게토생활로 몰리면서 급기야 히틀러 시대에는 대량학살(홀로코스트)을 당하는 경험도 하였던 것을 본다. 미국 사회는 다문화 사회의 전형적 형태를 띠고 있고 민주적 다문화 사회의 모델이 되기도 한다. 오늘 한국은 단일민족, 한 겨레라는 사실을 강조하고 애국가나 국민헌장에서 나타나기도 한다. 과거 반만년 역사동안 잠적한 다문화의 흡수력을 이제는 통합하여 새로운 국가로 거듭나고 세계화(Globalization)로 나갈 수 있는 기틀을 세울 때가 되었다.

구약성서는 다문화의 교과서며 세계화의 텍스트(Text)이다. 이미 다문화, 다국가들의 틈바구니에서 야웨 신앙을 잊지 않고 다문화의 종교적 상황을 야웨 유일신 신앙을 강조하며 야웨 종교의 토착화 작업을 수행한 모습을 볼 수 있다. 이미 앞서서 오경과 예언서를 통해 알 수 있었던바 야웨 신앙의 강조와 유일신(Monotheism, Mono-Yah-wehism) 종교의 특징을 발견할 수 있었다. 따라서 다문화 사회가 지향하는 유토피아 세상은 성서의 세계에 있다는 사실을 알고 성서가 지향하는 정신과 신앙을 견지하는 것이 다문화 사회의 목표가 될 수 있도록 한국 사회의 정책입안자들과 지도자들이 성서에서 물을 수 있어야 지혜롭고 바른 사회를 이룩할 수 있다.

다문화 사회는 선교(Mission)와도 밀접하다. 가는 선교사들에게 의해 각 나라, 각 민족들에게 복음을 들고 가서 그 지역의 문화를 수용하며 복음을 전하는 과정이 가는 선교의 특징이라고 하면 한국 사회 안에 다문화 가정은 한국문화를 수용하는 다문화인들에게 기독교 문화와 복음을 전해주는 과정을 통해 국내 선교를 할 수 있는 좋은 기회를 가지게 되는 것이다. 이들이 다시 자신의 고향에 가서 복음을 전하는 전도자로서 역할을 수반하게 되니 이는 좋은 선교의 자원이자. 선교의 토양을 이룰 수 있는 좋은 기반이 된다. 가는 선교사와 보내는 선교사의 역할이 이 다문화 가정을 통해 동시에 이뤄질 수 있는 사실을 통해 선교의 관점에서 중요한 선교 재료와 선교 대상과 미전도 종족 선교의 기반이 될 수 있는 자원이다.[5] 우리는 다문화 가정을

---

5   노봉린, 『미전도종족선교정보』(서울: 선교햇불, 1995), 부록 4-7. 미전도 종족으로서 동북아시아 중국: 중국 원난성의 다이족, 푸이족 윈카족, 주앙족, 하니족, 회족, 대만 하카족 등이다. 그 이외에 중국 리족, 리수족, 와족, 서족, 라후족, 수이족, 동화족, 나시족, 징퍼족 등이 있다. 동남아시아: 말레이시아 말레이족, 브루나이 말레이족, 싱카포르 말레이족, 타일랜드 라후족, 타일랜드 리수족, 타일랜드 소족, 말레이시아 파타니 말레이족, 서아시아: 아프가니스탄 쿠르드족, 아르메니아 그루지

통해 선교의 훌륭한 자원을 어떻게 활용하고 어떻게 접근할 수 있는지 연구해야 한다.

구약성경은 세계 민족, 온 세계로 선교사를 파송하는 선교 활동은 없으나 하나님께서 온 세계 민족을 불러 그의 백성으로 삼으러 모으신다는 사상은 창세기부터 말라기까지 나타난다. 이러한 구원의 범위와 그 세계성(Universalism)이 곧 구약 선교의 뿌리이다. 구약 성경은 특수주의와 세계주의가 나타난다고 바르넥이 지적한다. 이스라엘 민족이 세계의 중심이라는 것이 특수주의(Particularism), 하나님은 만민을 위한 하나님이라는 보편성, 세계주의가 구약성경에 나오지만 세계주의가 특수주의보다 지배적이라고 본다.[6] 모세오경의 선교는 세계적이고 에큐메니칼적이며 선교적이다. 온 세상의 이방 나라들과 이방 나라들에게 대한 하나님의 관심이 나타나고 있기 때문이다. 모세 오경에서 '이방에 가서 복음을 전하라'는 선교의 직접적 명

아 크루드족, 구소련 아제르바이젠 쿠르드족, 유럽 쿠르드족, 동리난 쿠르드족, 북이란 쿠르드족, 남이란 쿠르드족, 이란, 이라크 알레학 쿠르드족, 이라크 쿠르드족, 요르단 쿠르드족, 카자흐스탄, 키르키즈 쿠르드조그 시리아 쿠르드족, 시리아, 레바논 쿠르드족, 터키 쿠르드족, 아나톨리안 터키 쿠르드족, 쿠르디스탄 터키 쿠르드족, 뎀리 쿠르드 쿠르드족, 예지드 쿠르드 쿠르드족, 구소련 쿠르키스탄 쿠르드족, 유럽 및 서아시아: 알바니아 알바니아족, 아제르바이잔 아제르바이잔족, 터키 터키족, 투르크메니스탄 구소련의 투르크멘족, 남아시아: 방글라데시 벵갈족, 방글라데시 비하리족, 파키스탄 발로취족, 파키스탄 자트족, 파키스탄 신디족, 스리랑카 말레이족, 스리랑카 불교도, 아프카니스탄 누리스탄족, 아프가니스탄 하자라족, 아프가니스탄 푸쉬툰족, 인도 캘커타 벵갈족, 인도 캘커타 빌족, 인도 캘커타 한족, 인도 데칸족 인도 기르왈리족, 인도 곤드족, 인도 캘커타 구즈랏족, 캘커타 마라티족, 캘커타 말라얄리족, 케랄라 말라카르족, 인도 미나족, 람바디족, 쿠리치아족, 편잡족 자인족, 북부 자트족, 편찹 자트족, 편잡 자트족족, 캘커타 카나리족, 키슈미르족, 아프리카: 가나 곤자족, 가나 나눔바족, 가나 느춤부르족, 가나 맘프루시족, 가나 바글라족, 가나 콘콤바족, 기네아 비사우 풀라족, 말리 카손케족, 모잠비크 마쿠아족, 부르키나 파소 그바도고족, 부르키나 파소 다가리족, 부르키나 파소 도고세족, 부르키나 파소 디올라족, 부르키나 파소 로비족, 부르키나 파소 비리포족, 부르키나 파소 칸족, 부르키나 파소 코모노족, 세네갈 무어족, 수단 베자족, 시에라레온 얄룬카족, 시에라레온 코노족, 알제리아 아랍족, 카메룬 풀베족, 토고 콘콤비족, 남미, 북미: 볼리비아 치파야족, 볼리비아 케추아족, 캐나다 믹맥족 등이다.

6 전호진, 『선교학』(서울: 개혁주의신행협회, 1985), 39.

령은 없지만 하나님의 백성은 이스라엘에만 국한되지 않고 전세계적이며, 하나님의 역사는 이스라엘을 통하여 전세계에 알려져야 한다는 것이 오경에서 이미 나타나고 있다.

"이방인이 유대 나라에 가입된 것은 장차 이방인들이 구원받을 것을 미리 암시한 것이다. 하나님께서는 이스라엘에게 주변 국가의 문화와 종교와의 접촉에서 오염되지 말 것을 명령하셨으며, 가나안 7족을 철저히 정복할 것을 요구하셨다. 그러나 한편 이방인이 유대에 가입되는 것을 배제하지 않았다. 출애굽 때 '중다한 잡족'(Multi-Ethnic, 출 12:38)이 이스라엘을 따랐으며, 모세의 처가는 미디안 사람이었으며(민 10: 29), 갈렙과 옷니엘(민 32:14)은 유다지파로 알려졌으나, 사실은 겐 족속의 사람으로 신앙적으로는 유대인들보다 훨씬 우월하였다. 유대인들의 중요한 의식인 할례는 이방인에게도 행해졌으며(출 12:48), 동등성을 누렸다." 7

오경에는 철저한 야웨 신앙의 순종을 강조하기 위해 진멸법을 말하면서, 이스라엘 공동체가 세계성을 담지하고 있어서 혈연, 민족 공동체가 아닌 신앙 공동체임을 보여주는 것을 알 수 있다. 이스라엘 공동체가 '중다한 잡족'이라는 사실은 이를 입증하고 있다(출 12:38). 이스라엘은 곧 다문화 가족들의 모임이면서 신앙 공동체임을 보여주고 있다. 여호와 신앙을 함께 하는 사람들의 공동체, 그것이 바로 구약 이스라엘 공동체임을 계속하여 보여준다.

----

7   전호진, Ibid., 42-43.

디아스포라 공동체, 유니스포라 예루살렘 공동체

세계의 흩어진 유대인, 이스라엘 백성들은 이스라엘 역사의 위기와 재난, 이스라엘 멸망 가운데 전 세계로 흩어지며 국제화, 다문화 가정이 되는 신세를 가졌다. 유태인이 본의 아니게 국제적, 세계적 민족이 되었던 것은 디아스포라 공동체로서 여호와 하나님을 믿는 신앙 안에서 자신의 정체성을 가질 수 있었던 것이다. 이는 유태인, 이스라엘 백성들이 주전 722년 앗시리아에 의한 북 이스라엘 멸망, 주전 587년 바빌론에 의한 남 유다의 멸망, 주후 70년 로마에 의한 예루살렘의 멸망에서 유태인, 이스라엘의 존재는 역사의 뒤편으로 물러가게 되었다. 하지만 전세계로 흩어지는 디아스포라는 다문화 가정, 다문화 민족으로서 특징을 가졌고, 세계화된 유태 문화를 만드는 계기가 되었다.

디아스포라 공동체가 흩어져 간 나라에서 정착하며 그 문화에 동화되어 다문화 가족, 다문화 가정, 다문화 한 민족으로서 신앙의 자기 정체성을 잃지 않고 정착한 나라와 문화를 가진 사람들이 되었다. 그들이 수백 년을 살면서 완전히 그 나라의 백성으로 살다가 나중에 예루살렘으로 돌아가는, 시온주의에 따라 고국으로 돌아가는 역사적 순간을 맞는다. 이를 우리는 환원, 귀환(Restoration)이라 말하며, 유니스포라(Unispora), 이스라엘 예루살렘, 시온으로 돌아오는 하나님의 도성으로 돌아오는 귀국, 하나님의 거룩한 성지로 돌아오는 것, 그것을 유니스포라라 말할 수 있다. 국제화와 다문화 가정으로 살아가는 사람들이 영적, 정신적 고향, 하나님 나라로 돌아가는 공간적, 영적, 시간적 귀환을 우리는 말할 수 있을 것이다. 그것이 다문화 가정이 예루살렘으로 돌아가는 것에 비유하여 바로 다문화 가정으로 살면서 크리스천 가정으로 천국을 향하여 살아가는 진정한 유니스포라라 말할 수 있을 것이다. 그래서 이 세상의 다문화 가정들이 추구할 귀환, 진정한 본향은 하늘나라라는 사실을 인정할 때, 다문화의 현실은 모두가 유토피아 천국을 바라봄으로 차별과 구별이 없는 세상이 될 것임은 분명하다.

다문화, 민중교회, 생태, 여성신학

우리나라에 사는 이주민, 다문화 가정에 대한 문제는 민중 디아코니아(민중신학) 관점에서 외국인 노동자가 겪는 폭력 극복에 대하여 인간 존중과 인권 보호의 차원에서 외국인 노동자의 현실이 보장되어야 한다. 강도 만난 사람의 이웃이 이방인 선한 사마리아 사람이었듯 우리의 선한 이웃이 이방인, 외국인 노동자, 다문화 가정이며, 이런 관심에서 시작된다. 민중신학이 억압받는 농민과 노동자를 대변하는 것에 관심을 가지고 있듯이 민중에 대한 관심과 이방인, 외국인 노동자, 다문화 가정에 대한 관심은 상통하는 것이다.

서남동은 성서에서 말하는 민중에 대하여 말하기를 땅을 가꾸고 생산하는 일하는 사람이 바로 신이 계약을 맺었던 민중이라고 본다.[8] 성서에서 말하는 다른 민중이 도둑놈, 살인자, 협잡꾼, 매춘부 따위와 같은 사회의 찌꺼기들이 바로 그들이라고 본다. 예수 시대에서 보면 불구자, 병자, 부녀자, 고아, 창녀, 떠돌이 같은 사회의 밑바닥 계층을 말한다. 민중신학의 초점은 소외계층이며, 이 계층이 성서의 메시지의 주요한 대상이고 하나님의 역사 목표라고 서남동은 주장한다. 성서적 민중은 경제적 생산관계에 초점이 있는 것이 아니고 부정

---

8 김윤규, "한국의 외국인 노동자가 겪는 폭력극복을 위한 대책: 민중신학, 민중교회, 민중디아코니아의 관점을 중심으로", 『한국기독교신학논총 37』 (한국기독교학회, 2005), 243-247.

한 사회질서 때문에 억압당하고 착취당하고 소외당한다는 데 그 초점이 있는 것이다.[9]

또한 한국에 거주하는 외국인 노동자들이 겪는 폭력의 전형적인 현상들은 첫째 장시간 노동하는 저임금의 인권이 착취당하며 연장 근로시간으로 피해를 당하며, 둘째 저임금으로 노동착취, 임금 체불과 산업재해로 인하여 상해를 당하고, 작업장 안에서 폭력을 당하는 것이 허다한 것을 볼 수 있다. 사업주가 여권이나 여행 허가증을 뺏어서 외국인 노동자에게 돌려주지 않아서 이동하지 못하게 하는 일이 있는가 하면 여성 외국인 노동자에 대하여 성폭력을 자행하거나 창녀로 매매하기도 하는 반인권적인 추악한 행위가 있다. 이에 대한 민중을 위한 민중교회의 디아코니아로서, 외국인 노동자를 위한 상담소를 설치하고, 외국인 노동자들을 위한 마당놀이를 개최하며, 일할 수 없는 자들을 보살펴주고 의료 사업을 행하고 감옥에 갇힌 외국인 노동자들을 돕고 한국어 교육을 실시하여 다문화 가정을 보호하는 디아코니아 공동체를 만드는, 공의를 실현하는 민중교회 디아코니아 형성이 중요함을 역설한다.[10]

다문화 사회에서 여성의 리더십과 여성신학은 중요한 주제이며 연구 분야이다. 남성중심의 가부장제 권력을 구분하고 여성들의 편견을 제거하는 작업과 여성주의적 시각으로 전환하는 작업이 여성주의 신학, 페미니스트(feminist)적인 리더십이 필요함을 주목해야 한다. 여성의 경험을 중시하는 여성 리더십과 포용성, 보살핌, 관계, 감수성, 유연성 등 소위 여성성을 표방하는 여성적 리더십의 가치를 담고 있으면서도 그 한계를 넘어서 정의, 평화, 다양성, 생명과 상생이

---

9 서남동, 『민중신학의 탐구』(서울: 한길사, 1983), 177.
10 김윤규, "한국의 외국인 노동자가 겪는 폭력극복을 위한 대책: 민중신학, 민중교회, 민중디아코니아의 관점을 중심으로", 256-262.

라는 가치를 근간으로 하는 리더십이 바로 여성주의적 리더십이다.[11]모성 양식으로서의 철학적 개념은 "총체적이고, 천지인 합일의 질서를 상징하며, 관념적이지 않고 대상화되지 않은 주체적인 개념이고, 자아와 타인과의 관계주의를 넘어서 만물의 이룸을 아우르는 생태주의의 개념"이다. 여성주의적 리더십은 개인과 성의 영역을 포함하지만, 그것으로 제한되지 않고, 사회적 공적 영역으로 확대되는 리더십이자, 단순한 배려와 돌봄을 벗어나 저항과 연대를 담당하는 리더십이다. 21세기의 한국이 처한 다문화는 여성주의적 리더십에서 그 문제가 풀릴 수 있는 여지가 있다.

오늘날 다문화 사회 속에 한국인들이 어떻게 다문화 가정들을 우리 한 겨레의 한 가족으로 보고 그들과 함께 한민족 공동체, 배달민족의 한 겨레 정신을 유지하며 상생의 정신을 가지고 살아가느냐 하는 것은 중요한 우리들의 과제가 되었다. 성서의 히브리 민족의 민중의식과 야웨 신앙을 가진 그들의 정신이 이스라엘 나라를 형성하였던 것을 살펴보았다. 히브리 민족의 야웨 유일 신앙은 우상 숭배의 문화를 배격하고 신명기 신학을 강조함으로 다문화의 바알주의에서 주의해야 할 점을 보여주고, 다문화와 세계주의 그리고 선교의 고리에 유념하며, 세계화를 가지며 보편성을 가질 수 있는 문화의 특이성을 주의해야 하고, 디아스포라와 유니스포라(환원)의 관점에서 하나님 나라를 염두에 두고 다문화 가족이 지향하는 세계를 추구해야 함을 살펴보았다. 끝으로 다문화 사회의 이상적 리더십은 여성주의, 여성적 리더십이며, 민중디아코니아 공동체를 형성하려는 노력 속에 다문화 사회, 다문화 공동체를 형성할 수 있음을 알게 되었다. 구약

---

11 김혜란, "다문화와 지도력, 그리고 실천신학의 과제: 탈식민주의의 관점에서", 『다문화와 여성신학』(서울: 대한기독교서회, 2008), 214-219.

의 다문화는 경계해야 할 관점에서는 우상이지만 세계화를 이루는 문화 키워드이며 그것이 선교에 중요한 대상이자 기회가 됨을 알 수 있었다.

2부

구약신학의 세계

5장
구약의 창조신앙과 생태 영성

들어가는 말

현대의 인간은 총체적 생태 위기의 시대에 살아가고 있다. 기후의 변화로 인한 홍수와 지진, 가뭄과 태풍, 사막화 현상 등 지구의 재앙이 전세계를 위협하고 있다. 이러한 생태학적 위기에 대해 인류는 지혜를 모아, 각 나라와 정부, 생태보존단체는 범지구적 차원에서 환경 문제의 해결을 위해 온실가스 감축과 신재생 에너지 개발 등의 대응을 펼치고 있다. 심지어 동물들도 세계 각지에서 500억 마리가 학살되고 3,000만 마리의 유기견이 생기며 하루에 100개 종이 멸종되고 있다고 한다.

후쿠시마 원전사고로 핵발전소는 완전한 에너지원을 제공하는 매체가 아니라는 사실을, 체르노빌 원전 대형 사고에 이어 전세계가 다시 한 번 경각심을 가지게 되었다. 원자력 발전이 생태계에 미치는 영향, 즉 환경오염의 심각성은 이루 말할 수 없다. 바닷물의 온도 상승으로 인한 생태계 파괴, 지표면과 오존, 중독물질 배출, 산성비, 핵발전소에서 나오는 방사능 유출, 군수산업 폐기물, 농약, 화학 합성 잔유물, 핵발전소 폭발 누출사고, 중금속 폐기물 등 심각한 자연 파괴 현상들이 가중되고 있고 그 결과 생태계의 혼란은 심화되고 있다.

과거 1980년대와 1990년대의 예언적 현상으로서 생태신학을 말
하던 때에 비해, 현재 지구의 온난화, 기후변화, 생태파괴 현상은 처
참할 만큼 심각한 상태에 직면하게 되었다. 또한 개발도상국들의 개
발과 발전 이데올로기에 환경이 파괴되고 있고, 개발과 정의에 도전
을 받고 있는 세계는 심각한 인구 문제로 인한 인간불평등이 심화되
고 있다.[1] 또한 우리나라는 건축 토목 경기 활성화로 인한, 4대강 사
업의 추진으로 인간 생태계 파괴는 심각하여 졌고, 그로인한 한반도
생태계 복원에 대한 철저한 신학적 반성을 하게 되었다. 이 글에서는
이러한 문제를 극복하기 위한 성서가 말하는 창조신앙이 무엇이며,
창조질서의 차원에서 생태신학을 다루고자 한다.[2] 생태 영성의 기초
를 성서에 놓는 작업이 필요하다.[3] 그리고 우리 삶의 생태 영성에 대
한 문제를 근본적으로 다루며 창조질서 보존을 위하여, 또한 좋은 자
연 환경과 더불어 인간이 잘 살 수 있는 생태 영성 추구의 삶을 먼저
찾아보고, 구약성서에서 그 답이 있는지 구약 본문을 중심으로 생태
신학을 연구하고자 한다.

생태신학과 영성

최근에 지구 환경을 보존하려는 움직임 속에서 생태신학이 연구
되고 있다. 맥페이그는 하나님의 몸이 이 지구라고 본다. 생태학적
여성신학자 맥페이그는 어머니로서의 하나님 모델을 생명 및 전 우
주중심적 신학의 가능성의 근거로서 제시하며 또 그 빛에서 전 우주

---

1 레네 파달라, 홍인식 역,『통전적 선교』(서울: 나눔사, 1994), 165-67.
2 유재원,『창세기강해: 제1장』(서울: 대영사, 1987), 9-124.
3 조현철, "그리스도교 생태 영성을 찾아서: 성서의 생태적 이해",「신학사상」149집
   (2010, 여름), 93-123.

를 '하나님의 몸'이라는 메타포로 이해한다.[4] 생태적 환경, 이 지상의 모든 것이 하나님의 몸이라는 생각은 하나님의 피조물인 인간으로 하여금 우주를 돌보고 보호할 수 있게 한다. 이에 신구약성서에서 생태신학의 전제와 그 근거를 제공하는 본문에 대한 심도있는 연구가 진행되고 있다.

생태신학을 말하는 학자들은 맥페이그(하나님의 몸: 생태신학), 리프킨(생명권 정치학), 마티(하나님의 생태학), 류터(가이아와 하나님, 지구 치유의 생태여성신학), 머천트(자연의 죽음: 여성, 생태, 자연적 혁명), 폭스와 루퍼트 쉘드레이크(자연적 은총) 등이 있다.[5] 이들은 지구의 생태계 위기를 고발하고 생태신학적, 생태여성주의 신학의 입장에서 지구와 우주, 자연과 피조물의 관계를 말하고 창조보전의 차원에서 신학적 작업을 한다. 생태신학자들은 생태계의 위기에 대한 신학적 대안을 찾는 작업을 하고 있다.

프란츠 알트는 생태적 위기를 언급하는 것으로서, 오늘 하루의 생태 일일뉴스를 다음과 같이 보도한다.

"당신이 이 글을 읽는 오늘 하루 동안 우리는, 100가지 종류의 동식물을 멸종시키고 200만 헥타르(약 6천 5십만 평)의 사막을 만들어내고 8,600만 톤의 비옥한 땅을 침식시켜 파괴하고 1억 톤의 온실가스를 배출하고 있다."

우리가 지난 한 세기 동안 파괴한 것은 그 이전 50세기에 걸쳐 파괴한 양보다 많다는 것이다. 전 세계를 위협하고 있는 세 가지 환경 문제가 바로, 오존층 파괴, 온난화, 핵전쟁 등으로 이로 인해 지구는

---

4 이정배, 『신학의 생명화, 신학의 영성화』(서울: 대한기독교서회, 1999), 108-109.
5 Ibid., 39-249.

자멸하고 있다. 지구의 극 핵겨울 현상이 그 문제의 중심이 되고 있다. 이제 인류의 생존은 세계인들의 현재의 정신과 영혼의 철저한 방향전환에 달려있다. 그 해결책을 프란츠 알트(Franz Alt)는 '생태적 예수'에게서 찾는다. 구원자 예수에게서 생태적 구원능력을 찾으려 하고 있다. 하나님의 좋은 창조 세계를 끝없이 신뢰한 예수를 '생태적 예수'라 부르며, 생태적 예수는 미래의 생태의식과 생태적 실천에 신뢰할 만한 나침반이 되어 줄 것이라 본다. 이 나침반을 잘 보고 이용하는 것이『생태주의자 예수』라는 책의 내용이다.[6] 예수의 네 이웃을 사랑하라는 말은, 모든 피조물에게도 해당한다. 모든 생명과의 이러한 공감은 생태적 예수의 가장 핵심적 메시지이며 기쁜 소식이다. 그는 자연과 조화를 이루는 전혀 새로운 생산방식이 전제되어야 한다고 주장한다. 또한 생태적 영성을 기본으로 물, 공기, 흙을 위한 에너지문제, 생태적 교통정책, 생태적 수자원정책, 생태적 농경정책(축산포함)과 생태적 일자리, 노동의 미래 등을 희망적으로 제시하고 있다.

김경재 교수는 율겐 몰트만의 자연신학 · 창조신학을 번역한 김균진 교수의『생태학의 위기와 신학』맺는말의 요점을 다음과 같이 소개한다. "첫째, 자연을 하나의 물건으로 보지 말고 '하나님의 창조'로 보며 생태계에 대하여 '경외심'을 가질 것, 둘째, 자연의 정의는 자연 자신이 지닌 '권리'를 존중하는 것이므로, 자연을 인간의 '환경'으로서가 아니라 '공세계'(Mitwelt) 혹은 '본향'으로 생각할 것, 셋째, 자연보호법과 생태환경보호법을 만들고, 자연에 인위적으로 개입하여 자연 질서 및 순환과정을 인위적으로 변경하는 일을 피할 것, 넷째, 인간의 기본가치관의 변화를 추구하고, 새로운 절제로서 소비나 소유

----

6   손은하, "오늘의 희망메시지: 프란츠 알트의 생태적 경제기적, 생태주의자 예수",
    『새하늘과 새땅』(한국교회환경연구소, 16호, 2009년), 50-51.

중심의 삶의 스타일을 바꾸고, 금욕적 문화를 창달할 것, 다섯째, 인간(아담)은 히브리어 땅(아다마)에서 파생했고, 인간이라는 라틴어 호모(Homo)는 땅(Humus)에서 파생한 단어인즉, 땅은 하나님의 것이요, 인간 모두의 공동 자산인즉 땅을 사고파는 부동산 투기나 개인 소유는 앞으로 지양되어야 한다고 주장한다.[7]

한편, 김경재는 다음과 같이 말한다. 한국 교회에 자연 생태학적 성서해석의 과제와 종교와 과학의 만남 모델로서 상보적 대화모델, 생태학적 통일성과 유기체적 한 몸 형성을 위한 중추신경계 모델로의 전환, 정의와 가난한 자의 배려를 우선시 하는 '계약전통'과 성육신적이고 몸 영성을 강조하는 '성례전적 전통'을 동시에 보존함, 그리고 성경의 자연 · 생태적 성구에 대한 새로운 재해석 요구(창 1-2장, 호 2:18-21, 시 90편, 104편, 139편, 롬 8:18-23, 행 17:24-29, 엡 4:6, 골 1:15-20), 십자가의 영성, 교역자 양성 과정의 신학 커리큘럼에 자연 · 생태신학과목을 필수과목으로 채택하여 이수하기, 자연 파괴의 성장발전 지양, 교회 선교적 사명 중 핵심과제, 3가지 핵심 사업을 추진해야 한다고 주장한다.[8]

생명과 환경은 인간의 몸에서부터 시작하여 환경의 오염, 공해 등 환경파괴의 문제에 이르기까지 중요한 요소가 되었다. 시인 김지하는 이제 환경운동은 생명운동으로 불러야 한다고 보며 세계관의 변화가 있어야 된다고 본다. 오늘날 환경관과 자연관이 환경보호의 차

---

7 김경재, "기후붕괴와 신학적 응답: 지난 25년간 한국신학계의 자연 · 생태신학 탐구의 지형도와 오늘의 과제," 〈기후붕괴와 신학적 응답: 2009년 생태신학 세미나〉 (한국교회환경연구소, 이화여대 탈경제인문학연구단), 53-54.

8 김경재, 윗글, 56. 3가지 핵심 사업은 지구 및 한국의 신뢰할 수 있는 환경실태 보고자료의 정기적 발행, 신학적 성찰과 개선방향 제시를 하는 학술적 연구 및 대중화 사업, 그리고 구체적인 실천 과제발굴과 생활신앙지침서 제공(예: 생태계 관리, 건강과 먹거리 관리, 생활 속에서 열 에너지 관리, 자원 재활용관리, 국가예산 편성 및 집행에서 반 생태적 개발정책과 언론홍보 감시 등등)이 그것이다.

원으로 변화되어야 하며 생명의 정치화, 생명의 환경운동, 생명 운동을 벌려야 한다고 주장한다.[9] 시인은 1990년부터 이미 심각한 생태 위기에 대하여 생명운동을 벌이지 않으면 심각해지고 있다고 보고, 이런 현실과 그 사태를 고발하지 않으면 안 되는 지경에 이르러 생명운동으로 나서게 된 것이다. 그는 환경운동이 생명운동이라고 불려야 하며 동양적 풍수사상과 자연생태계의 살림 운동을 벌여 '살림'의 세상을 만들어야 한다고 주장한다.[10]

구약성서의 창조신앙과 창조질서

성경이 말하는 창조 신앙은 무엇인가. "태초에 하나님이 천지를 창조하시니라"(창 1:1). 이처럼 구약성경은 첫 구절에서, 한 처음(태초)에 하나님이 천지를 창조하였다고 선언함으로 창조세계를 말한다. 기독교인들은 하나님의 창조 세계에 대한 신앙을 기독교 신앙에 있어 중요한 요소로 받아들인다. 기독교 신앙을 네 가지로 표현할 때 창조신앙, 임마누엘 신앙, 십자가 신앙, 부활의 신앙 등을 말한다.[11] 다시 말해 기독교 신앙 안에서 창조 신앙은 이처럼 중요한 요소 중 하나이다. 하나님의 창조세계에 있어서 우주와 지구, 자연과 동물, 인간은 하나님의 피조물로서 창조질서의 구성물이다.

조현철은 성서에 나타난 생태영성의 원천이 계약신학(노아의 계약, 아브라함의 계약 창 15장, 17장, 안식년과 희년 규정 레 25장)이라고 본다. 또한 창조설화의 생태적 함의와 창조질서의 생태적 함의(호 4:1-3, 렘 9:1-

---

9 김지하, "생명과 환경", 『생명』 (서울: 솔, 1993), 150-178.
10 김지하, Ibid., 178.
11 박신배, "신앙이란 무엇인가", 『신앙과 학문』 (서울: 그리스도대학교 출판국, 2005), 21.

10, 시 107:33-42), 육화와 부활의 생태적 함의를 찾는다.[12] 우리도 창세기 이야기에서부터 성서의 생태 영성을 찾을 수 있다.

창세기는 두 가지 창조 이야기로 하나님의 창조 세계를 보여준다. 첫째로 태초 창조 이야기(창 1:1-2:4a)는 하늘이 중심이 된 천지 창조 이야기를 보여주고, 둘째의 땅과 하늘의 창조 이야기는(창 2:4b)는 땅이 중심이 된 창조 이야기로 흙으로 만들어진 인간의 모습을 보여준다. 이렇게 상이한 창조 이야기에서 말씀으로 창조된 7일간의 창조 세계는 인간이 자연과 동물을 관리하고 지배하며 다스릴 것을 말하고 있다. "하나님이 그들에게 복을 주시며 그들에게 이르시되 생육하고 번성하여 땅에 충만하라, 땅을 정복하라, 바다의 고기와 공중의 새와 땅에 움직이는 모든 생물을 다스리라 하시니라"(창 1:28). 다른 한편으론, 인간 창조 후에 에덴동산을 창설하고, 돕는 배필을 만들고 흙으로 각종 들짐승과 공중의 각종 새를 지으시고 아담이 그것들의 이름을 지어 부르는 대로 모든 육축과 공중의 새와 들의 모든 짐승의 이름이 정해졌다고 말한다(창 2:8-19). 이 창조세계 안에는 질서가 있고 인간의 창조질서 보존의 명령이 있는 것을 볼 수 있다.

창조신앙의 근거가 되는 창세기 1-2장의 이야기와 인간의 기원론적 문제(Aetiology)에 대한 이해는 창세기 3-11장까지의 원역사에서 다루고 있다. "하나님 보시기에 좋은(Tov) 창조세계"가 오늘날 창조질서의 파괴현상이 이뤄져서, 보기에 나쁜(Raa') 세계가 되었다. 생명과 죽음의 문제에서 죄를 지어 에덴동산에서 추방당하는 불행을 당하기도 하였지만, 생태 보존의 사명을 망각하고 환경 파괴를 행함으로써 생명파괴의 결과를 가졌고 결국 무분별한 자연개발과 생태계

---

12 조현철, "그리스도교 생태 영성을 찾아서: 성서의 생태적 이해", 「신학사상」 149집 (2010, 여름), 106-118.

파괴, 지구 온난화 현상과 기후이상화 현상이 일어나고 핵발전소(체르노빌, 후쿠시마 원전 등) 사고가 발생하면서 인류는 최대의 위기에 봉착하고 있다. 물론 온난화 현상이 심화되면서 이산화탄소 감소를 위한 국제간 협약과 녹색 정책, 원전 감소 정책을 실현하려고 하는 움직임이 있는 것도 사실이다. 다음은 생태신학적 방향에서 본 구약의 창조질서에 대한 본문들과 생태 영성에 대한 연구와 그 방법을 찾아보자.

창조세계보도가 구약 성경에서는 창세기에서 끝나는가. 원역사와 족장사의 시각에서 창조신학과 구원신학의 관점에서만 창세기 읽기 작업이 끝나는가. 우리는 생태신학적 관점에서 구약성서 해석작업이 있어야 함을 알게 된다. 오늘날 기후임계점의 상황에서 새로운 신학 작업이 필요한 때임을 구약학자들이 말하고 있다.[13] 생물과 무생물의 거주지인 지구세계를 "하나님의 몸"이라는 은유로 이해할 것을 제안하고 있다.[14] 우리 모두가 지구공동체의 생존을 착취하였고 억압하며 위협했음을 고백하고 지구공동체가 위험에 처했음을 시인하는 작업을 해야한다고 주장한다. 이러한 관점에서 구약성서를 바라보고 해석할 수 있는 토대가 되는 본문을 이해하고자 한다.

선악과를 따 먹지 말라는 금령(창 2:17)이 오늘의 생태적 파괴를 도래하게 했다는, 즉 선악과 금령위반으로 죽음을 맛보게 된 상태가 되었다는 것이다. 그래서 아담과 하와가 추방을 당한 후에 가인이 아벨을 죽임으로 추방을 당해서 세운 에녹 성은, 적합한 생태환경에서 쫓겨난 인류의 성이 되었다(창 4:17). 그리고 대홍수사건을 초래하는 상태까지 인류의 죄악은 극에 달하게 되었다. 인간의 마음의 계획은 항

---

13 우택주, "기후붕괴와 성서신학적 응답 1", 〈기후붕회와 신학적 응답: 2009년 생태신학 세미나〉 (한국교회환경연구소, 이화여대 탈경제인문학연구단), 5-6.
14 우택주, Ibid., 6, 재인용, 샐리 맥페이그, 『기후변화와 신학의 재구성』, 김준우 역 (서울: 한국기독교연구소, 2008), 21.

상 악할 뿐임을 보시고 땅 위에 사람 지으셨음을 한탄하시고 그 마음에 근심하시며 창조한 사람을 지면에서 쓸어버리되 사람으로부터 가축과 기는 것과 공중의 새까지 그리하겠다고 결심하신 후 심판하신다(창 6:5- 8). 대홍수사건은 오늘날의 지구온난화를 맞는 인류의 미래를 보여준 과거의 한 우주적, 지구적 생태학적 사건이었다. 대홍수 사건이 이제는 불화살, 유황불의 패망, 소돔 고모라의 멸망 사건으로 최후 종말의 날을 맞게 될 수 있음을 보여준다.

창세기 11장의 바벨탑사건은 인류 문화와 타락한 도시문명의 결과를 보여주는 것으로서 인간의 탐욕과 도시문명의 결과가 결국 커뮤니케이션의 문제와 신의 영역을 침범함으로 종말의 심판을 가져오게 한다는 메시지를 받게 된다. 자연친화적 삶을 떠난 도시 중심의 문명사회의 불행한 결과는 오늘의 생태신학적 전망에서 볼 수 있는, 또 하나의 생명의 신학인 것이다. 하나님을 아는 문화로 빨리 전환해야 하며, 도시문명, 신을 떠나 하나님의 거룩한 영역을 침범하는 것, 자신들의 이름을 높이는 교만성은 멸망을 자초하는 일임을 보여준다. 족장사(12- 50장)에서는 요셉의 지혜본문에서 풍년과 흉년의 사이클을 통한 생태 환경의 변화와 위기를 보여준다. 이를 통해 미래에 다가올 자연 환경의 변화와 기후이상 현상, 생태계의 파괴 현상을 보여준다고 하겠다. 대홍수와 바벨탑의 도시문명, 예언서에 나타난 사랑과 공의를 저버린 열방과 언약백성의 불의와 배신으로 인한 하나님의 심판이 이스라엘 민족의 멸망과 지구 생태계 파괴의 변화로 나타나는 것을 본다(신 28: 47-68; 사 5:7).

욥기 38-41장은 생태적 성서신학적 본문으로 제공된다. 폭풍 가운데 등장하는 하나님의 모습은 생태계의 파괴나 혼란으로 야기된 환경적 변화를 지시한다. 욥과 만나는 하나님은 폭풍가운데 고난 받는 욥을 보면서 지구의 폭풍 현상에서의 욥의 실존, 인류의 실존을 보고 계시며, 지구 공동체의 신음을 가만히 보시지 않고 생태계를 돌보시는 하나님으로 나타나시고 있는 것이다. 이는 욥에 국한되지 않고 지구 공동체의 대표 단수로 보이지만 인간과 지구 공동체 전반에게 나타나 이제는 귀로 듣기만 했던 존재가 아니라 눈에 보이는 존재인 주님을 만나게 되는 것이다(욥 42:5). 지구의 생태계가 파괴되고 있는 상황에서 인류로써의 욥을, 새로운 욥의 인류를 보시는 주님은 폭풍 속에서 나타나 다시 우리를 보고 생태적 구원의 말씀을 하시고 계시는 것이다. 이 생태의 구속주를 만나는 시간이 바로 오늘 이 시간에 있는 것이다.

그러면 동물의 관점에서 성서가 말하고 있는 심판과 구원의 이야기를 살피면서, 그곳에 숨겨진 생태학적 메시지를 연구해보자. 하나님이 들짐승을 보내어 징계와 심판의 도구로 삼겠다는 것(21-22장)과 동물을 정한 동물과 부정한 동물로 나누어 이스라엘 백성이 먹어야 할 것과 먹지 말아야 할 음식을 구분하고 있는 것, 또 물고기와 조류, 파충류로 나누는 것이 그렇다(레 11:1-47). 동물 제물은 소와 양, 염소와 비둘기(들비둘기, 집비둘기) 등이 사용되며(출 29:38-41; 레 1:2-5:19), 이것들은 하나님께 제사드리기 위한 제물로서 기능을 하고 있다. 동물의 첫 새끼는 정한 것과 부정한 것을 구별하여 짐승의 맏배는 바쳐야 했다(레 27:26-27). 이처럼 구약에서 동물의 기능은 다양하다.

한편, 창조 질서에 나오는 인간과 동식물의 창조 순서(창 1:11-31)와 아담이 동물에게 이름을 지어주는 관계(창 2:19-20)를 통하여 인간이 자연과 동식물을 다스리는 관계가 형성되는 것을 볼 수 있는데(창 1:20-23, 24-25), 이를 통해 성서적 세계관에서 인간이 창조 질서를 유지하고 보존하는 책임이 있음을 주지하게 된다. 구약성서의 인간과 동식물의 관계를 통하여 하나님은 당신의 창조 세계가 질서 있게 보존되고 생육하고 번성하기를 축원하고 계시는 것을 볼 수 있다. 성서에서 동물은 하나님의 주권과 계획, 섭리 속에 존재하며, 인간과 더불어 함께하며, 인간의 관리 속에 있는 동시에 인간을 깨우치는 존재로 나온다.

오늘 일부 식물과 동물의 종이 사라지는 때를 맞이하였다. 호세아의 생태적 파괴와 존폐 위기에 대한 예언이 현실화되어 나타나고 있는 것이다(호 3:3). 결국 하나님을 아는 지식이 없고 진실도 없고 사랑도 없는 시대가 되어, 저주와 사기와 살인과 도둑질과 간음, 살육과 학살이 그칠 사이가 없기 때문에, 땅이 탄식하게 되었다는 것이다. 이것은 지구적, 우주적 대 위기가 봉착하였다는 사실이다. 그리하여 이러한 시대에 이 땅과 동물의 탄식이 불가피하게 되었다는 것이 성서가 말하고 있는 현실이다.

욥기의 배경인 지혜문학의 범주에서 동물에 대한 언급은 전체 욥기의 맥락에서 볼 때 인간이 유능한 동물(하마와 악어)보다 못한 존재이며, 하물며 창조주보다는 얼마나 열등한 존재인가라는 것을 규명하는 대목이다. 이는 하나님의 세계와 존재에 대한 비교를 목적으로 하는 맥락에서 언급되고 있다. 이런 차원에서 볼 때 욥기의 동물(들나귀, 들소, 타조, 말)들은 하나님의 지혜의 차원에서 욥과는 비교도 되지 않는 뛰어난 존재임을 알게 하며, 비록 동물들이지만 그것들은 하나님의 창조 질서에서는 신묘막측하고 신비로운 존재임을 알 수 있다. 하나님은 또한 창조질서 안에서 동물들을 운영하고 생태계를 보존하시는 분이 하나님이라는 사실을 알게 된다. 생태계 안에서 하나님은 인간과 동물을 같은 수준에서 보시며 관리하고 보존하고 계시다는 것이다. 그런데 인간이 동물을 학대하고 생태계를 파괴하는 폭력자로 나서고 있다는 것이다.

하지만 구약성서에서 뱀이나 큰 용(리워야단)은 사탄이나 악의 세력으로 상징되는 경우도 있다. 홍해 바다를 가르는 모세, 하나님의 백성이 어둠의 세력을 무찌르는 것으로서 동물 리워야단과 뱀은 창조질서에서 혼란의 세력으로써 상징적 요소로서 묘사되고 있다.

한편 생태적 차원에서 인간과 더불어 자연보존의 차원으로서의 동물보호 이야기는 노아 홍수이야기에서 살필 수 있다. 노아의 방주에 들어간 동물들은 정결한 동물로 선택되어 인류의 구원과 더불어 인간과 공존하도록 선택된 동물이라는 것이다. 그렇다면 왜 식물은 방주에 들어가지 않았는가. 이는 식물은 커다란 홍수에서도 생존할 수 있으며 물이 빠진 이후에는 살아남을 수 있기 때문이다. 인류의 자연보호와 동물 보호의 차원에서 노아 방주의 이야기는 길가메쉬 서사시와 비교하여 살필 수 있다.

노아의 방주와 유사하지만 길가메쉬 서사시를 보면 서로간에 차이가 있다. 창조의 순서도 노아의 방주는 동물들을 먼저 창조한 이후에 인간이 나중에 창조되었고, 길가메쉬 서사시에는 사람이 먼저 창조되고 새와 동물이 창조된다. 노아의 방주에서는 구원의 대상이 된 암수 한 쌍을 실은 데 비해 길가메쉬 서사시는 금 은 보화를 싣고 먹이던 생물들을 모두 태웠고 식구들과 친척들도 배에 싣는다. 그리고 들짐승, 야생 동물들, 모든 기술자를 태운다. 또한 모든 씨받이 생물도 태운다.[15] 배의 규모 역시 길가메쉬 서사시에는 그리 크지 않는 조그만 배이고, 노아의 방주는 거대한 항공모함과 같은 크기가 된다. 길가메쉬 서사시에는 자신들만 구원받기 위해 다른 사람들은 태우지 않고 친척들, 모든 기술자들, 동물들을 태우는 것을 볼 수 있다. 이를 통해 노아의 구원은 인류를 보존하기 위한 방편으로 노아의 가족이 중심이 되었고, 동물들은 새로운 인류와 공존시키기 위하여 구원하였다는 사실을 알 수 있다. 노아 방주는 인류 구원의 큰 계획 속에

---

15 성서와 함께 편집부, 『보시니 참 좋았다』 (서울: 성서와 함께, 2000), 149-150.

서 많은 동물을 구원하였다는 사실을 통해 생태학적 위기 속에 새로운 인류구원의 프로젝트를 노아의 때보다 더 큰 규모로 인류의 구원 프로그램을 위해, 그리고 녹색 세상, 녹색 세계를 만들기 위한 새 방주 제작 작업을 해야 할 이유를 말한다.

나가는 말

지구가 이제는 종착역에 다다르고 있다. 지구의 생태적 환경이 종말적 상황을 맞아 어떻게 다시 좋은 환경을 찾을 수 있는가 라는 과제 앞에 이제 기독교인이 추구하는 영성은 생태적 영성이어야 하며, 이 시점에서 예수는 생태적 예수로서 우리 앞에 다가오고 있다. 지구의 온도가 점점 1도씩 올라가면서 벵골만이 잠기고 급기야 빙하가 모두 녹게 되는 결과가 일어난다. 그러면서 생기는 현상들은 놀라울 정도로 인류 생존의 큰 위기 상황이 초래하고 있고 지구의 생태계가 크게 위협받고 있음을 보게 된다. 이러한 긴박한 상황에서 우리가 취할 창조신앙과 생태 영성이 필요하고 생태신학이 시급하고도 중요한 요소임이 자명해졌다.

우리는 구약의 창조질서가 하나님의 창조와 인간의 창조질서 보존, 신의 영역을 침범하지 않고 동물과 공존하고 하나님의 명령을 수행하며 토라에 순종해야 함을 알게 되었다. 노아의 방주는 오늘날 생태적 환경을 만드는 새로운 지구 방주가 되어야 하고, 녹색방주 지구로서 거대한 생명신학의 틀 안에서 각 나라와 정부가 함께 힘과 지혜를 모아야 할 때임을 자각해야 한다. 이제 교회가 나서서 국민을 계도하고 교육해야 할 때이다. 지구의 시계가 이미 밤 10시에 오지 않았는가. 신약의 창조질서는 하늘의 징조와 시대의 징조 비유를 통해 지구 온난화 현상과 이상기후 현상을 파악하고, 생태적 위기와 온난화의 주범인 '제국'의 멸망에 대한 메시지를 통해 새 하늘과 새 땅을 녹색 국가, 녹색 경제, 녹색 성장, 녹색의 세계를 만들어야 함을 연구했다. 결국 만유의 주재인 그리스도, 우주의 그리스도를 통해 피조물의 신음과 탄식의 상황에서 그들을 구원해야 할 과제를 찾게 되었다.

결국 생태적 예수에게서 지구 구원의 길이 있음을 제시하고, 이 나침반 예수를 통해 지구 구원의 길을 알게 된다. 이제 이것은 이웃 사랑의 범위가 모든 피조물에까지 해당됨을 의미한다. 따라서 생태적 영성을 가지고 오늘을 사는 기독교인들은 무장하여 자연 보호와 생태계 복원, 자원고갈의 위기 극복, 한국 교회를 통한 생태구원 프로젝트를 마련하기 등 지구를 구원하기 위한 자구책을 찾고, 지구 공동체의 연합활동과 합동 작업이 이뤄져야 할 것을 제시해야 한다. 이제 무엇보다도 우리의 삶의 자리에서 생태적 의식을 고취하고 실천하는 일이 필요하며 생태적 예수를 전하는 삶이 되어야 한다.

6장
계약신학의 새로운 모색

들어가는 말

구약성서 전체를 하나로 묶는 통일장적 개념은 무엇일까. 이 문제
는 구약 학자들이 오래전부터 고민해온 중심 논제였다. 그리고 유대
인의 성서는 왜 구약성서이며 기독교인의 성서는 신약성서인가. 그
이유는 초대교회부터 기독교가 형성되면서 유대교와 기독교는 분
리되었고, 초대교회의 사도 시대부터 율법과 복음, 계약과 은총, 율
법과 자유라는 이분법적 분류를 통해 유대적 기독교인들에게 복음
을 전하며 기독교의 진리체계를 형성하고 이해시키게 되었다. 따라
서 성서가 형성되는 과정에서 자연스럽게 유대교의 경전은 구약성
서로서, 기독교 경전은 신약성서로 형성되었고, 계약의 개념은 기독
교 성서에서 자연스런 개념이 되었고 새 계약의 종교로서 자리를 차
지하게 되었다. 계약 신학에 대한 깊은 고민을 통하여 일정한 체계를
마련하지도 않고 역사적으로 구약성서와 신약성서로 형성되어 내려
오다가 구약성서의 새로운 연구를 통해 구약신학 연구에서 이 계약
신학이 중요한 요소가 되었다. 아이히로트와 폰라트의 구약신학에
서 계약 신학은 고전적인 연구가 되었으며, 칼빈의 계약 신학과 복음
적 신학에서 계약과 그리스도의 개념은 중요한 요소가 되었다. 또한

구약 연구에서 고대 근동의 조약과 계약 연구가 진행되면서 계약 신학 연구가 활발하게 연구되기도 하였다. 그래서 이 책에서는 이 계약 신학의 연구사에 대하여 연구하고, 계약 신학의 중요한 주제와 문제, 계약 신학의 방향에 대하여 논의하고자 한다. 특히 이 책에서는 계약 신학의 한국적 이해를 통해 새로운 이해를 시도하려고 한다.[1] 이러한 시도가 한국인의 구약신학, 한국인의 관점에 맞는 계약신학, 한국인과의 계약을 맺으시는 하나님에 대한 연구 결과를 갖지만 구약성서 신학에 새로운 방향과 계약신학의 새로운 빛을 보는 연구가 되고, 또한 기독교 개혁의 새 지평이 열리라는 기대에서 시작하고자 한다.[2]

계약신학의 연구사

기독교 신학과 신앙이 중심이 되는 책은 성서이다. 루터의 종교 개혁의 한 전형이 되었던 '오직 성서로만'(Sola Scriptura)이라는 말처럼 성서는 신앙과 행위의 최고의 권위와 기준이 된다. 성서는 구약과 신약으로 구성되어, "옛 계약"과 "새 계약"을 의미한다. 성서는 이처럼 '계약의 책'임을 말하고 있고, 계약 개념이 구약성서와 신약성서의 중심 주제가 된다. 구약의 계약신학은 19세기 말, 크레츠 쉬마르(R. Kraetzschmar)가 구약 안에 계약 형태가 두 가지 유형으로 되어있다고 발표("구약의 역사적 발전안의 계약", 1896)함으로 시작되었다. 그는 하나님과 아브라함, 다윗 사이에 맺어진 일방적인 계약 형태와 시내 산에서 모세를 통해 맺어진 쌍방적인 계약 형태를 구분하였다. 그 후

---

1 박준서, "구약 계약신학의 연구", 『구약세계의 이해』 (서울: 한들출판사, 2001), 58-81. 제사장(P)계약을 중심으로 계약신학에 대하여 논하는 것을 참조하라.
2 박신배, "히스기야 개혁의 정치, 종교적 성격과 신학", 『구약과 신학의 세계: 박준서 교수 헌정논문집』 (서울: 한들출판사, 2001), 139-156.

코로섹(Korosec)의 히타이트 제국의 국제 조약 연구가 있다("히타이트의 국제조약", 1931). 구약신학의 큰 전환점을 이룬 연구로서 아이히로트의『구약신학』이 1933년 발간되었다. 아이히로트(Eichrodt)는 계약이라는 구약의 중심 주제를 중심으로 해서 구약신학을 조직화했다. 그 후 로스트(L. Rost)는 1947년 "시내산 계약과 다윗 계약"이라는 논문에서 구약 안의 두 가지 계약 유형을 구분하고 이것의 기원과 전승을 고찰했다.[3] 북이스라엘은 시내산 계약신학 전승에 서 있고, 남 유다는 다윗 계약신학 전승에 기초해 있음을 논증한다. 이 상이한 두 가지 신학 전승은 신명기 기자에 의해서 종합되었다고 주장한다.

1950년대 중요한 논문 두 개가 발표된다. 마틴 노트(Martin Noth)의 연구("마리 텍스트 빛에서 본 구약 계약", 1953)이다. 여기서 계약을 체결한다는 말이 karath이다. 직역하면 계약을 '자른다'는 이해하기 어려운 표현을 사용한다. 노트는 유프라테스 강변 도시였던 마리(Mari)에서 발견된 토판 문서에서 이 해답을 찾아냈다. 마리 문서에 따르면 "A와 B 사이에 계약을 체결한다"는 표현은 "나귀, 양, 짐승을 자른다"고 표현되어 있다. 마리에서는 계약 체결 의식으로서 동물을 도살해서 두 부분으로 자르고 계약 체결 당사자들 두 사람이 그 사이로 걸어가는 풍습이 있다. 이러한 의식은 계약을 위반하거나 파기하는 편은 도살하여 양편으로 잘라 놓은 동물과 같이 처참한 운명을 당할 것이라는 저주의 상징이었다. 노트는 이러한 계약의 표현이 시간이 지남에 따라 동물에 대한 언급은 생략되고 "A와 B 사이에(birit) 자른다"고 단축되었다는 것이다. 그리고 마침내 "사이에"라는 birit가 명사화되어 "계약"이라는 용어로 전환되었고, 히브리어에서도, berith를 자

---

3   노희원,『구약성서의 깊은 세계: 생명을 향한 구약 신앙의 한』(서울: 연세대출판부, 2001), 176. 최근의 계약신학 연구 동향에 대하여 참조하라. 노희원은 구경의 관점에서 신명기 역사서까지 계약의 구조를 주장하고 있다. 140-187 참조하라.

른다(karath)는 표현이 그대로 유지되어 사용되었다는 설명이다.

두 번째 계약신학의 촉매 역할을 한 논문이 멘델홀(G. E. Mendelhall)의 "이스라엘과 고대 근동의 율법과 계약"(1954, 1955)이다. 그는 크로섹의 연구를 기초로 해서 시내산 계약의 모델을 찾으려고 했다. 히타이트 종주권 조약이 여섯 가지 요소가 있다는 사실과 출애굽기 19-24장에 기록된 시내산 계약의 기록이 유사하다고 주장하였다. 즉 1) 서언: 왕의 호칭의 열거, "태양이요 위대한 왕, 하타의 왕…", 2) 역사적 회고: 히타이트 제국의 봉신 국가에게 베푼 은총의 역사 회고, 3) 조약 규정: 조약의 규정이 열거되었고, 가장 중요한 것은 봉신 국가의 종주국가에 대한 절대적 충성요구와 반란과 반역의 금지이다. 4) 조약 문서의 기록, 보관, 주기적 낭독, 5) 증인목록: 조약 당사국 양측의 신들이 증인으로 등장한다. 6) 축복과 저주: 조약을 준수했을 때는 축복이, 조약을 어겼을 때는 저주가 임할 것을 선언하고 있다.

시내산 계약의 기록에도 똑같은 구조가 나온다는 것이다.[4] 서언으로 출애굽기 20:2, 계약을 맺는 하나님이 누구신가 하는 것을 밝히고 있다. 역사적 회고로서 하나님의 구원의 역사인 출애굽에 관한 언급을 하고, 계약 규정으로서 십계명과 계약 법전을 말한다.[5] 계약 문서로서 출애굽기 24:4, 7이다. 언약서를 낭독한다. 출애굽기 32장에는 십계명 돌판을 깨뜨리는 기록이 나온다. 이는 이스라엘의 우상숭배로 하나님과의 계약이 파기됨을 상징하는 행동이었고, 출애굽기 34장에 모세가 돌판을 다시 받음으로 계약 관계가 회복됨을 의미하

---

4   박준서, 『성지순례』 (서울: 조선일보사, 1993), 188-200. 오늘날의 시내산의 상황과 성경 사본에 대하여 참조하라.

5   박준서, 『구약개론』 (서울: 기독교방송, 1984), 111-116. 출애굽기 14장, 15장, 17장, 19장의 의미에 대하여 참조하라.

는 것으로 해석한다. 증인 목록으로서 히타이트 조약에서는 양국의 신들이 증인이지만 이스라엘에서는 산과 땅, 하늘, 큰 돌 등 자연물이 증인으로 호출된다. 축복과 저주로서 레위기 26장, 신명기 28장이 해당된다. 여호수아 24장 세겜 회의 장면에서도 똑같은 여섯 가지 구조를 살필 수 있다.

또한 크라우스(H. J. Kraus)와 쉬탐(J. J. Stamm), 노트(M. Noth), 게르쉬텐버거(E. Gerstenberger), 뇌처(F. Nötscher) 등은 양식비평적 평행의 비평을 통하여 조약과 계약 연구를 한다.[6] 르호르(J. L'Hour)는 시내산 계약이 세겜에서 기원한다고 보고, 세겜에서 계약 구조가 여호수아 24장이라고 보며 그 연관성에 대하여 연구한다.[7] 클레멘트(R. E. Clements)는 신명기가 예루살렘에서 기원한다고 보며, 단독성소인 예루살렘 성전 선택(bahar) 사상을 주장한다. 예루살렘 선택은 계약 개념에 중요한 요소가 되었고, 선택 사상은 야웨에 대한 절대 충성심으로 인한 예배의 중심성이 계약의 기본 개념과 밀접히 연관이 되었다는 것이다.[8] 계약과 의식(계약식사), 계약의 다른 본문들(신 32:1-18; 삼상 10:17-26; 창 2-3장), 계약과 가족(부부와 부자 관계, 사랑hesed의 용어), 계약과 상업적 계약(Contract)과의 관계 등이 연구되었다.[9] 계약과 예언자들, 이스라엘 내의 인간적 계약, 계약과 왕권, 계약과 신학 등의 연구가 계속되었고, 맥카티는 계약 연구의 동향을 구체적으로 요약·평가해 주면서 추기(追記)에서 계약 전승의 다양성과 더불어 지혜전승과 제사장의 토라 전승 등이 상호 영향을 주었다고 말한다. 다

---

6 D. J. McCarthy, 장일선 역, 『구약의 계약사상』 (서울: 대한기독교출판사, 1979), 32-36.

7 D. J. McCarthy, 장일선 역, Ibid., 38-39.

8 D. J. McCarthy, 장일선 역, Ibid., 41-42. 재인용, R. E. Clements, "Deuteronomy and the Jerusalem Cult Tradition", VT 15(1965): 300-315.

9 D. J. McCarthy, 장일선 역, Ibid., 50-55.

윗 계약과 모세 계약 관계성이 더 연구되어야 할 과제로 언급하며 모세의 계약 안에 통합되었을 것을 추론한다.[10]

덤브렐(W. J. Dumbrell)은 『계약과 창조』라는 책에서 구약 계약신학의 관점에서 노아의 계약과 아브라함 계약, 시내 계약과 다윗 계약을 다루고 포로기 상황에서 종말론, 새 계약을 다룬다.[11] 그는 아브라함의 계약은 이스라엘과 그의 백성의 창조로서, 시내산과 모세의 계약은 율법의 창조로서, 다윗 계약은 군주시대의 창조로서 창조와 계약을 주장한다. 그는 노아의 계약은 창조의 기본 패턴을 생각나게 한다고 말한다. 홍수와 홍수후의 맥락에서, 창세기 6:18의 계약과 노아의 구속적 계약을 다룬다. 창조에서 노아에 이르는 계약, 자연과 세계와 인간의 계약을 보여준다. 아브라함 계약, 창세기 15:18 계약 내용(땅과 백성)과 창세기 12:1-3의 아브라함 소명과 바벨탑 기사와의 관계, 선택적 소명, 원역사에 나타난 하나님의 반응으로서 소명과 내용, 아브라함 계약의 요약으로서 창세기 17장을 다룬다. 베스터만은 창세기 17장이 제사장(P)문서라고 주장하지만 덤브렐은 창세기 12장과 창세기 15장의 자료를 재확인하며 계약(berith) 개념의 신학적 발전이 없다고 주장한다. 다만 17장은 할례의 요구를 추가하는 자료라고 본다.[12] 그는 공시적 연구를 수행하여 아브라함의 계약의 포로기 층을 인정하지 않고 있다.

시내산 계약은 아브라함 계약 틀 내에서 한 국가로서 이스라엘이 성립하는 것이다. 출애굽기 19:3b-8과 야웨 신명의 계약 도입, 계약과 율법(출 20장, 출 21-23장)의 관계, 시내산 계약의 이스라엘 이해, 계

---

10 D. J. McCarthy, 장일선 역, Ibid., 103, 142-43.

11 W. J. Dumbrell, *Covenant and Creation: A Theology of Old Testament Covenants* (Nashville: Thomas Nelson Publishers, 1984), 11-206.

12 W. J. Dumbrell, Ibid., 75-79.

약의 구조와 재갱신(출 32-34장), 계약 구조틀 안에 죄: 희생제의, 계약 선언으로서 신명기, 신명기-땅의 삶 등을 다룬다. 야웨의 왕권과 야웨의 선택적 돌봄이 계약의 중요성이라고 강조한다. 예배(출 25-31장)는 야웨의 왕권에 대한 반응으로 나타난다. 신명기 땅의 삶을 다루며, 계약 반응으로서 예배(레위기), 땅에서 이스라엘의 반응은 율법과 사랑이다. 이것이 부족할 때 땅으로부터 추방이 이루어진다. 이것은 바로 이스라엘의 반란의 결과인 것이다. 그럼에도 불구하고 계약의 신실성은 계속되어 예레미야의 새 계약으로 마음의 할례, 마음의 계약으로 한 단계 더 나가게 된다.[13] 다윗 계약은 계약과 메시아성을 다루며 왕권의 역사적 배경, 사무엘과 군주시대의 시작, 다윗과 하나님의 왕국, 다윗의 종말론 발전을 언급한다. 정치적, 예언적 시도가 국가적 쇠퇴에 더불어 사라지면서 계약 재갱신이 포로기에 제기되어야 했다. 열왕기는 다윗의 물리적 왕조의 쇠퇴와 몰락이 포로기까지 이어지는 것을 다루면서 해석하고 있다. 다윗 계약이 포로기에 변화를 겪고 포로 귀환 후에 종말론적 희망이 형성되었고, 새 계약 이론과 연관되었다.[14]

새 계약의 형태는 포로기의 결과로서 생성되어 종말론이 형성되는 계기가 된다. 포로기전 예언자의 계약 제시로서 열왕기상 17-19장의 엘리야, 아모스, 호세아가 있으며, 그리고 예레미야 계약으로 렘 31-34장의 새 계약이 있다. 에스겔과 새 계약으로서 겔 33:21-39:29의 이스라엘 회복의 청사진, 겔 40-48장의 새 예루살렘 성전의 청사진, 즉 새 창조 계약과 에스겔의 다윗 왕조에 대한 내용이 있다. 이사야 40-66장의 새 계약신학과 수난받는 종과 계약, 이사야

---

13 W. J. Dumbrell, Ibid., 125-126.
14 W. J. Dumbrell, Ibid., 162-163.

54-55장의 계약신학 그리고 이사야 40-55장의 보편주의와 특수주의에 관한 계약 강조, 이사야 56-66장에서는 포로기 예언 편집의 성취 문제 등을 다룬다. 끝으로 포로기 이후의 계약 발전으로서 다니엘, 학개, 스가랴, 말라기 · 에스라 · 느헤미야, 지혜 문학, 왕국과 계약 등을 다룬다.[15] 바빌론 포로기에서 계약 개념의 변화를 겪고 새로운 관념의 하나님 계약 개념이 필요했음을 알 수 있다.[16] 다윗 왕조도, 예루살렘 시온 신학도 붕괴된 상황에서 신학의 변화를 겪게 되었고 새로운 계약신학이 필요했던 것이다. 마찬가지로 포로 귀환 시대에는 또 구약 계약신학의 창조가 필요했을 것이다. 포로기에는 바빌론 제국과의 이데올로기적 만남과 충돌이 불가피하였고, 귀환시대에는 페르시아 종교 문화와 격돌해야 했다. 옛 계약, 구약은 계약의 변화를 통하여 새 계약, 신약이 필요한 시대적 요구가 있었다.[17]

계약신학의 중요 주제와 방향

구약 종교에 있어서 계약의 중심성은 오랫동안 아이히로트(Ludwig Eichrodt, 1827-1892) 이전에 지지자들에게서 발견된다. 그들은 구약 성서의 계약신학은 이스라엘 종교에 있어서 후기의 결실이라고 말한다.[18] 구약의 중심 개념이 무엇이냐는 문제는 구약신학의 중요한

---

15 W. J. Dumbrell, Ibid., 201-206.
16 박준서,『이스라엘아! 여호와의 날을 준비하라』(서울: 대한기독교서회, 2001), 37-51.
17 G. von Rad, *The Message of the Prophets* (New York: Harper & Row, 1967), 202-204.
18 G. F. Hasel, *Old Testament theology* (Wm. B. Eerdmans Publishing, 1991), 139. "The centrality of the covenant for OT religion has found supporters long before Eichrodt: ... believes that the covenant theology in the OT is a late fruit of Israelite belief which is due", 262.

이슈이다.[19] 더불어 이스라엘 공동체에 대한 주제도 중요한 문제이다. 이스라엘이 출애굽을 공유한 공동체이며 하나님과 언약을 체결한 공동체, 언약 공동체라는 사실이다.[20] 프로이스가 구약신학의 중요 주제로 선택 개념을 채택한 것도 바로 공동체의 개념을 전제로 한다.[21] 구약 경전화 과정에서 공동체의 역할은 결정적이다. 구약 경전은 공동체와의 상호 관계에 의하여 경전으로 형성되었다. 이스라엘, 유다 공동체를 통해 경전은 형성된 것이기 때문이다.[22]

라이트(G. E. Wright)는 구약신학과 역사신학, 성서신학의 관점에서 신앙고백이 중요한 신학적 주제가 되고 계약신학에 대해 말하고 있다고 본다.[23] 예언자들의 윤리적 가르침은 계약에 대한 선포이다. 그래서 예언자들이 비록 계약이라는 말은 하지 않더라도 구약신학의 관심을 가지고 있는 것이다. 예언자의 윤리적 가르침의 근거로서 여러 개의 계약적 개념의 흔적이 있었다. 오랜 지파 동맹의 계약법 전통이 있었다.[24]

----

19 J. H. Hayes and F. Prussner, *Old Testament Theology: Its History and Development* (Atlanta: John Knox, 1985), 10-290. 구약신학의 발전사에 대하여 참조하라. 최근의 연구서, C. Grottanelli, *Kings & Prophets: Monarchic Power, Inspired Leadership, & Sacred Text in Biblical Narrative* (Oxford: Oxford University Press, 1999). M. Fishbane, *Biblical Interpretation in Ancient Israel* (Clarendon Press, 1988). H. D. Preuss, L. G. Perdue, *Old Testament Theology* (Continuum International Publishing Group). W. S. La Sor, D. A. Hubbard, F. W. Bush, L. C. Allen, *Old Testament survey*, 1996.
20 E. W. Nicholson, *God and His People: Covenant and Theology in the Old Testament* (Oxford: Clarendon Press, 1986).
21 H. D. Preuss, *Old Testament Theolgy. I & II*. OTL. (Louisville: Westminster John Knox Press, 1995).
22 J. Sanders, *Canon and Community: A Guide to Canonical Criticism* (Philadelphia: Fortress Press, 1984).
23 G. E. Wright, *God who Acts: Biblical Theology as Recital* (London: SCM Press, 1960), 52-58.
24 E. W. Nicholson, *God and His People: Covenant and Theology in the Old Testament* (Clarendon Press, 1986).

아이히로트의 계약신학은 시내산 계약에 중심을 두고 조직신학적
으로 체계를 잡은 후에 계약의 개념으로 구약신학의 개념을 발전시
킨다. 그는 구약신학을 3부로 구성하여 하나님과 백성, 하나님과 세
계, 하나님과 인간이라고 구분한다. 아이히로트는 구약성서를 백성
의 하나님 계시를 말한다고 한다. 하나님은 자신의 통치 안에서 자신
이 세계의 하나님이며 한 개인의 하나님이라는 것을 입증한다.[25] 그
는 처음에 사회, 제의, 계약의 하나님의 이름, 존재, 활동, 카리스마적
지도자와 행정적 지도자, 마지막 두 장에서는 계약의 파기와 심판과
완성을 다룬다. 아이히로트는 이 책의 저술 목적을 말한다. "우리의
목적은 하나님과 특별한 관계의 신앙을 위한 내용을 다루는데 있다.
그것은 근본적인 특정 안에 획기적인 지속성을 나타낸다. 이 책의 계
약신학을 종합하기 위해 세 가지 관점, 특별한 주제와 제도의 역사적
발전을 추적한다. 헤브라이적 현상과 상응하는 동시대적인 고대 근
동의 종교와 비교하고, 신약성서의 예수 그리스도 사건을 향하여 움
직이는 운동을 포착한다."[26]

아이히로트에게 있어서 구약성서의 필수적이고 중심이 되는 연속
성은 모세 계약의 근거에서 시작하여 카리스마적 직능에서 고전적
예언자에까지 이어지는 계약의 연결선이다. 아이히로트의 규범적
근본적인 개념에 있어서 중요한 것은 개인적, 영적, 성례전적(희생제
사적인 것의 반대 의미로), 도덕적인 것이다. 교차 단면적 방법(the cross-
sectional method)은 구약성서와 신약성서를 연결하는 데 어려움을 낳
았다. 아이히로트는 신약에서 구약에 이르는 발전된 방향으로 흐르
는 삶의 흐름이 있다고 말한다. 그는 자신이 신약 성서와의 필연적

---

25 Walther Eichrodt, tr. by J. A. Baker, *Theology Of the Old Testament* Vol. I
(Philadelphia, Westminster Press, 1961), 33.
26 Walther Eichrodt, Ibid., 517.

관계에 있어서 정당하게 행하려고 확약한다. "발전으로서 역사는 역사 안에 계시를 극복하는가?" 이 문제를 아이히로트는 구약신학에서 계약으로 교차단면적으로 풀려고 한 것이다.

라이트(G. E. Wright)는 구약성서의 신앙은 다신론적 환경에서 유일신론 신앙을 강조하는 책이라고 보고, 성서의 신앙은 야웨와 바알 중에 양자 선택하라는 요구를 하고 있다. 엘리야의 갈멜산 도전(왕상 18:21)과 모세의 노래(신 32장)에서도 이스라엘의 하나님의 지배적인 성격에 대하여 잘 보여주며, 우상숭배를 배격한다. 질투하시는 하나님은 예배자의 철저한 신앙을 요구한다. 하나님의 사랑에 대한 배타성과 특별성은 한 이스라엘 백성의 특별한 사랑을 보여 준다. 하나님은 많은 백성을 가지고 있지만 한 백성을 위한 특별한 사랑을 가지고 있다(창 12:1-3). 이 특별한 사랑은 그의 선택에서 잘 표현한다. 선민사상(신 7:6)은 이스라엘의 의미와 중요성을 보여준다.[27] 선택은 하나님의 의와 보편적 축복을 위하여 이스라엘을 사용한다. 선택의 교리는 구약성서 계약 용어에서 가장 구체적인 표현으로 나타난다고 말한다.[28]

계약은 법 용어에서 차용하여 특별하게 신학적으로 적용하였다. 유목민과 족장 사회에서 계약은 사람들과 집단의 법적동의나 조약을 통해 평화적 공동체 관계를 가능하게 하였다. 다윗과 요나단의 관계(삼상 18:3, 208, 23:18), 야곱과 라반(창 31:44-55), 계약 식사, 계약 의식(느 8-10장), 죄의 고백과 율법 준수, 종교적 정치적 지도에 의하여 백성들을 위한 공식적 봉인(느 9:38), 요시야 개혁 때 계약 책을 낭독하고 야웨 앞에서 계약을 체결한다(왕하 23:1-3). 여호야다 대제사장

---

27 G. E. Wright, The *Old Testament Against Its Environment* (London: SCM Pess, 1953), 42-47.
28 G. E. Wright, Ibid., 54.

6장 | 계약신학의 새로운 모색

121

의 계약 체결, 아달리야의 바알 제단을 척결하고 율법에 따라 성전제
의를 재건하고 왕을 보좌에 앉힌다(대하 23:16-21). 세겜의 계약 의식
(수 24장), 신명기는 모압에서 계약 의식 전통을 보존한다. 시내산 계
약의 비준의식(출 24:1-8)에서 율법이 읽혀지고 백성은 야웨가 말씀
하신 것을 행하고 순종하겠다고 반응하고 계약의 피를 제단과 백성
에게 뿌린다.29

최근에 앤더슨은 구약성서의 이해에서 계약신학의 전체 프리즘으
로 전승사적 방법과 고고학적 방법, 구약신학의 방법을 사용하여 종
합적인 이해를 시도한다.30 앤더슨은 구약성서를 크게 3부로 나누어
1부는 계약 공동체가 형성된다고 보며, 3장에서는 민수기 이야기에
'광야에서의 계약'이라는 제목을 붙인다. 2절과 3절에서는 시내산 계
약, 계약과 율법을 다룬다. 2부에서는 '이스라엘이 (계약을 파기하여) 열
국과 같아지다'라고 제목을 단다. 두 절에서 10절 유다와 죽음의 계
약, 모세의 토라 재발견, 계약의 다른 견해, 신명기 개혁, 계약의 갱신
을 다루며, 마지막 3부에서는 '계약 공동체가 갱신되다'는 제목으로
성문서를 다룬다. 구약성서 전체를 계약신학의 차원에서 보고 있는
것이다.

좀 더 자세히 살펴보면, 광야에서의 계약에서는 이스라엘이 처음
에는 중다한 잡족이었지만 이스라엘 민족으로 역사공동체로 형성된
다는 것이다. 즉 광야에서 공동생활을 통해 한 백성으로 역사 공동체
를 만든다는 것이다(출 12:38). 시내 반도 광야에서 출애굽한 무리들
은 '야웨의 백성'(삿 5:11, 13)이 된 것이다.31

29 G. E. Wright, Ibid., 58-59.
30 B. W. Anderson, *Understanding the Old Testament*, 3rd (New Jersey: Prentice-Hall, 1975), 19-23.
31 B. W. Anderson, *Understanding the Old Testament*, 3rd, 75.

광야로 인도하신 하나님은 이스라엘에게 애굽의 노예에서 자유를 주어 야웨를 예배하게 하도록 하였다. 광야에서 자유를 주었지만 물과 고기가 없는 어려운 상황이 되기도 하였다. 이스라엘이 특별한 백성이 되게 한 곳은 광야이다. 광야에서 은혜를 경험하였다. 이스라엘이 양식으로 불평하고 모세에게 반란하는 기간이 있고, 신앙이 결여되더라도 야웨가 도우시는 징조가 있었다. 기적의 주제로 만나와 메추라기가 하늘에서 사막으로 내리는 일이 생긴다. 만후(man hu'), 그것이 무엇이냐(출 16:15)는 백성의 질문에 '야웨가 먹으라고 주시는 빵'이다. 시내산에서 '만나'는 야웨가 매일 일상을 인도하신다는 표식(Sign)이었다. 이스라엘은 광야에서의 시위를 하며, 애굽에서의 좋은 식탁을 회상하며 불평한다. 은총과 불편의 주제가 8번 반복되고 시내산에 도착한다.[32] 거기서 하나님과 이스라엘 백성 사이에 계약 관계가 맺어진다. 하나님의 산, 성산에서 계약은 한 백성으로 이스라엘 실존의 기본이 되었다.[33] 시내 설화는 오경의 중심부분이다(A. 광야에서 이스라엘, 출 15:22-17:16; 시내산에서 이스라엘, 출 19:1-민 10:10. B. 광야에서 이스라엘, 민 10:11-20:22).[34]

출애굽기 1-24장은 이스라엘이 애굽에서 구원 받은 이야기와 시내산에서 계약을 맺은 이야기로 나뉘어 있다. 시내산 계약이야기에 앞서, 독수리 날개의 구절을 통하여, 출 19:3-6 제사장 왕국, 거룩한 민족으로 선택한 이야기를 한다. 계약의 비준으로 당나귀를 죽이는 의식(창 15:7-21)과 피의 희생을 통하여 구약의 제사 신학과 신약성서의 계약신학(고전 11:25)을 규정한다. 계약과 율법에서 십계명과 계약

---

32 B. W. Anderson, Ibid., 78.
33 B. W. Anderson, Ibid., 79.
34 B. W. Anderson, Ibid., 80. 4판에서는 '율법과 제도'에 대한 부분을 추가로 설명하고 있다.

법전, 오경의 율법자료들을 소개하고, 알트가 말하는 절대법과 판례법을 소개한다. 십계명은 긍정적인 법과 부정적인 법조항으로 나뉘어 계약 공동체의 맥락과 전통 안에서 백성들은 절대법을 통해 구체적 상황에서 무엇을 의미하는지 결정해야만 했다. 계약신학에 대한 학자들의 다양한 논의에도 불구하고 앤더슨은 고대 근동 조약이 출애굽기의 십계명과 출애굽기 19-24장의 모세 계약에 영향을 주었고, 상호관련성이 있다고 본다.[35] 더 나아가 '출애굽과 계약에서는 율법과 복음을 말하며 신약성서와의 연관을 갖고 있다. 모세의 계약은 오경의 이야기의 핵심이 되었고, 여호수아서에서 여호수아의 거룩한 역사 회고는 계약 체결과 율법 낭독을 포함한다. 금송아지상 이야기에서 계약의 파괴를 이야기 하며 여로보암 1세 때 만든 단과 벧엘의 황소상은 바알신이라는 것, 모세 시대에 만든 금송아지상은 가나안 문화와의 대결과 충돌을 말하는 것이라고 지적한다. 가나안 땅에 들어가서 십계명을 지키며 야웨의 법을 따라 살 것인가, 가나안 문화를 따를 것인가 선택하며 살아야 하는 신앙 결단이 요구된다는 것이다. 이것이 모세의 신앙으로 요약되고 유일신 야웨 종교로서 오직 야웨 신앙만이 요구되는 것이다.[36]

존브라이트는 하나님의 왕국에서 깨어진 계약과 새 계약을 언급하면서 왕국 시대에 요시야 개혁과 예레미야 예언을 통해 나라를 회복하려고 하였지만 유다의 멸망은 막을 수 없는 것이라 말한다.[37] 옛 계약은 폐하여야 하고, 새 계약을 통하여 새 백성을 창조해야 하며 인간의 마음에 기록한 율법인 새 계약이 형성되어야 했다. 주의 만찬

---

35 B. W. Anderson, Ibid., 88-89. 종주권 조약의 구조: 서언, 역사적 서문, 봉신국에 부가된 규정, 조약문서의 낭독, 조약의 증인, 제재 조치(축복과 저주) 등 6가지이다.
36 B. W. Anderson, Ibid., 95-97.
37 J. Bright, The *Kingdom of God* (New York: Abingdon Press, 1952), 98-116.

에서 그리스도 계약이 선포된다. "이 잔은 나의 피, 새 언약이다"(고전 11:25; 눅 22:20). 포로기의 신학에서는 에스겔과 예레미야, 제2이사야서(사 54:4-10)를 통해서 새 출애굽, 고난받는 종(사 53장) 등 새 계약 사상을 말한다. 그리고 후기 문헌인 유대교와 다니엘의 묵시문학을 통하여 다윗 메시아사상으로 이어지고 신약의 예수 그리스도로 이어지는 계약, 하나님 나라를 보여준다.[38]

계약신학이 후기 문헌에서는 계약신학의 위기에 대하여 다룬다. 신명기 신학의 권선징악, 보응(Retribution)이 고난받는 신앙인에게는 맞지 않는 신학적 문제를 야기하게 된다. 신정론(神正論, Theodicy)이 야기된 것이다. 왜 의인이 고통을 받아야 하는가. 악인이 잘되고, 왜 고난이 너무 오래 지속되는가. 신은 정말로 살아있는가? 크렌쇼는 계약신학과 계약의 모델 문제가 인간의 고통과 의심, 부정의 실재에서 소외되는 것에 있다고 주장한다.[39] 욥의 탄식(23:8-9; 19:5-12, 22). 아브라함의 탄식(창 22장), 예레미야 탄식(렘 20:7; 렘 15:16), 전 8:16-9:6, 시편 73편의 이유 없는 고난과 탄식에 대한 계약신학적 위기에 대하여 문제 삼는다. 하박국의 탄식과 시편의 탄식, 욥의 탄식을 통하여 그리스도 십자가의 고난의 이유를 이해할 수 있는 계약의 열쇠가 있는 것이다.

오늘날 계약신학에 대한 포괄적 연구는 거의 종지부를 찍은 듯하다.[40] 계약신학에 관한 연구가 거의 모두 거론되었다는 인상을 준다.

---

38 J. Bright, Ibid., 127-242.

39 J. L. Crenshaw, *A Whirlpool of Torment:Israelite Traditions of God as an Oppressive presence* (Philadelphia: Portress Press, 1984), 7-11.

40 Shalom, M. Paul, *Studies In the Book of the Covenant in the light of Cuneiform and Biblical Law* (Leiden: E. J. Brill, 1970), 1-10. 고대근동법과 계약법전 비교 연구 참조. G. P. Hugenberger, *Marriage as a Covenant: A Study of Biblical Law and Ethics Governing Marriage Developed From the Perspective of Malachi* (Leiden: E. J. Brill, 1994), 1-12. 말라기의 계약 연구 참조. M. Bal, ed. *Anti-Covenant: Counter-*

그러나 저자가 볼 때 계약신학에 대한 보다 심도 있는 이해와 천착에는 못 미친듯하다. 그런가하면 계약신학의 새로운 방향성을 모색할 필요가 있다. 그것이 바로 계약신학에 대한 동양적 이해이다. 이분법적, 논리적 이해에 근거한 계약신학의 연구는 인간의 깊은 이해와 동양인 유대인과 구약성서의 인식의 틀을 심층적으로 파악하기에는 충분치 못하다. 이에 한국의 태극사상의 틀을 통해서 계약신학을 새롭게 이해할 때 그동안 보지 못했던 드넓은 숲을 보고 한층 차원 높은 계약의 구조를 신선하게 조명할 수 있을 것이다.[41] 그래서 한국적 문화 개념 틀로서 계약신학을 이해하게 될 때 구약성서 전체의 거시적 맥락이 보일 수 있을 것이다. 다음 장에서는 한국문화의 태극도와 한국역사로 계약신학을 연구하고자 한다.

계약신학의 새로운 가능성

계약신학이 그동안 활발하게 논의되어 오다가 구약신학의 한 주제로 머물면서 더 이상 연구되지 못하는 이유가 무엇인가. 아마도 수많은 연구 결과로 더 이상 연구할 필요성이 없을 것이라는 게 공통적인 견해인 듯하다. 하지만 계약신학은 중요한 주제로서 계속하여 연구되어야 할 필요가 있고, 따라서 새로운 연구의 탈출구를 모색하는 것이 필요하다. 그 새로운 이해가 바로 한국적 동양적 개념의 계약신학 이해이다. 시내산 계약과 다윗 계약이 서로 상반되어 대조적인 개념으로 상통할 수 없다고 보는데 문제가 있다. 다시 말해 오경의 계

Reading Women's Lives in the Hebrew Bible (Sheffield: Almond Press, 1989), 11-24. 여성주의적 관점에서 여러 학자들이 아브라함, 드보라, 다말, 처녀 예배 제물, 입다의 딸 등을 연구한다.

41 박신배,『태극신학과 한국문화』(서울: 동연, 2009), 15-34.

약의 결론으로서 시내산 계약은 출애굽의 전승을 가지고 있고 북쪽 이스라엘의 모세 전승을 가지고 있다. 반면 다윗 계약은 후대의 왕국 시대와 그 이후 시대에 형성된 것으로 남쪽의 전승을 담고 있다. 모세의 시내산 계약은 조건적 계약으로 쌍방의 책임과 의무가 부과된 계약으로 성서의 중요한 전승을 형성한다고 본다. 반면 다윗 계약 전승은 일방적 계약으로서 무조건적인 은총의 계약으로 야웨가 다윗 왕조를 선택하였다는 영원한 계약의 형태를 띤다. 이 영원한 계약은 제사장 전승(P)에서 보여주는 것으로 이스라엘 역사에서 포로시대에 나타난 독특한 계약 형태이다. 이 모세와 다윗의 계약이 모순되고 상통할 것 같지 않지만 태극도(太極圖, Taegeugdo)에서 반대의 성격이 하나로 통하는 모습을 볼 수 있다.[42] 이러한 구조는 동양사상에서 상통하는 모습을 보여준다. 계약 구조가 한국문화와 동양사상을 잘 나타내주는 태극도에서 설명할 때 계약신학의 구약성서 기록들이 잘 이해될 수 있는 차원이 열리는 것이다.

태극도에서 시내산 계약과 다윗 계약이 상극을 이루는 것 같지만 아브라함 계약과 노아 계약에서 창세기, 오경의 계약의 종합으로 시내산 계약이 위치하면서 아브라함 계약은 다윗 계약의 전형으로서 무조건적인 계약 형태로 일방적인 야웨의 계약 체결의 성격을 지닌다. 아이히로트를 중심으로 한 초기 학자들이 시내산 계약에 초점을 맞추다가 다윗 계약을 통한 메시아 계약의 사상으로 발전되는 흐름들을 포착하게 되었다. 아브라함 계약이 연구되지 않다가 다윗 계약과 연관되어 연구하는 경향이 있었다.[43] 아브라함 계약은 노아 계약과 더불어 제사장(P)계약의 '영원한 계약(berith olam)의 의미를 가지

---

42 박신배, 『태극신학과 한국문화』, 18.
43 D. J. McCarthy, 장일선 역, 『구약의 계약사상』 (서울: 대한기독교출판사, 1979), 133- 138.

고 있다.

오경 전승의 계약, J-야웨 계약과 E-엘로힘 계약, D-신명기 계약
과 P-제사장 계약 등을 보여준다. J, E 는 고대 서사시 전승을 담고
있어서 창세기~민수기 안에 오경의 원 뿌리가 되는 전승자료가 있
다.[44] 북 이스라엘의 전승을 담고 있는 E 전승과 남 유다의 전승을 담
고 있는 J 전승의 계약은 바빌론 포로 시대의 제사장 전승(P)의 계약
에 포괄되어 나타난다. 창세기 15장의 아브라함 계약이 창세기 17장
의 제사장 전승의 계약, 바빌론 포로 신학의 특징으로 나타난다. 안
식일과 할례의 강조가 나타나서 아브라함이 할례를 시행하는 장면
이 나온다. 창세기~민수기까지의 4경의 J, E, P 전승이 신명기의 D
전승과 결합을 하면서 새로운 계약신학, 시내산 계약과 결합을 하게
된다. 출애굽기의 시내산 계약이 신명기 시내산 계약으로 다시 전승
의 결합을 거치면서 포로기 신학과 요시야 종교개혁 신학과 랑데부
를 갖게 된 것이다. 신명기와 신명기 역사서의 신명기(D) 계약과 신
명기역사(Dtr) 계약은 포로 신학에서 나타나는 새로운 포로시대의
계약 전승을 보여주는데 시내산 계약 형태(조건적 쌍방 계약)와 다윗 계
약 형태(무조건적, 일방적계약)의 결합이 나타난다. 이 오경의 계약 전승
은 새로운 형태의 예언서 계약 구조와 만나고, 성문서(역대기, 시편) 계
약 구조와 만나서 구약성서의 계약 구조를 형성하게 되는 것이다.[45]
이는 하나이지만 하나가 아닌, 여럿이지만 여럿이 아닌 통합의 태극
구조에서 설명이 되는 것이다.

---

44 B. W. Anderson, *Understanding the Old Testament*, 3rd, 18-22, 61.
45 W. Brueggemann, *Abiding Astonishment: Psalms, Modernity, and the Making of
History* (Kentucky: Westminster/John Knox Press, 1991), 21-23. 시편 78편,
89편(다윗의 시편), 105편, 106편 등 역사시편은 계약적으로 형성되었다고 말한
다. 계약의 요구에 의한 이스라엘의 순종과 야웨의 충성을 맹세하는 계약의 약속과
계약적 제재 조처를 말하고 있다.

구약의 계약 사상을 태극도에서 전체를 도식화 할 수 있다. 다윗 계약은 오경과 예언서의 계약을 아우르는 것으로서 다윗 시대와 바빌론 포로 시대를 거치면서 계약신학의 변화와 시대에 적응하는 모습을 가진다. 다윗 왕국 시대에 야웨가 다윗과 함께 한다는 남 유다의 다윗 전승을 형성하는 계기가 되고 다윗 왕가와 다윗 왕조 선택 사상과 예루살렘 시온 전승을 가지게 된다.[46] 이 태극에서 삼태극의 구조로 확장하여, 2이면서 3인 구조가 이태극이지만 표면적으로 셋의 사상과 흐름을 파악하는데 삼태극이 이해를 쉽게 할 수 있게 한다. 제사장 계약은 바빌론 포로시대에 계약 사상으로서 '영원한 계약'으로 아브라함 계약(창 17장)과 노아의 계약이 이 계약의 형태를 가진다. 이 계약 사상은 다윗의 계약이 사상적으로 변하게 한다. 시내산 계약의 조건적 계약 사상으로 바빌론 포로의 비극적 사실을 이해하는데 도움은 주었지만 희망의 신학으로서 다윗 계약 사상이 시내산 계약과 연합하여 조화를 이룬 변형과 조화의 형태를 띠게 된다. 다윗 계약 구절에서 시내산의 계약의 조건적 계약 형태를 가진 모습이 나타난다(삼하 7:12-16).

이 다윗과의 영원한 계약이 바빌론 포로 시기와 제 2성전을 거치면서 정치적 다윗 왕조와 종교적 제사장 나라에 이상적 국가를 형성하려고 하였는데 이상적인 하나님 나라의 구세주 메시아 이외에는 세상을 구원할 수 없다는 사실을 직면한다. 이것이 바로 새로운 계약, 새 계약 사상인 예레미야의 계약, 마음의 계약인 것이다(렘 31:31-33). 여기에서 신약성서의 신약(新約)인 예수 그리스도의 계약으로 이어지는 구약의 연속성과 일치성을 가지게 되는 것이다. 따라서 계약

---

46 W. Brueggemann, *David's Truth in Israel's Imagination and Memory* (Minneapolis: Fortress, 2002), 113-118. 다윗의 전승이 다양하여 자료에 대한 신빙성의 문제와 진실에 대한 문제를 다룬다.

이 여러 개 같지만 태극의 구조에서 하나로 이어지는 것이고 바로 그러한 이해가 가능한 것이다. 따라서 시내산 계약도 다윗과 아브라함 계약과 대등한 계약의 위치에서 오경의 계약 사상으로 종합하고 통합하는 계약으로서 모세의 출애굽 신앙과 북쪽의 신학전승을 포괄하는 계약의 의미를 가진다. 계약 전승의 역사성속에서 시내산 계약 전승은 심판과 축복, 은총과 징벌의 이원론적 극단의 상황에서 하나님의 선택과 구원의 계획을 이해하게 해주는 특별한 기능을 가지게 한다.

계약 전승은 지역적, 시대적 성격을 보여준다. E 계약 전승은 북쪽의 호렙산 계약 전승을 보여주면서 율법적이고 설교적인 기능을 나타내며, J 계약 전승은 남쪽의 유다의 시내산 전승을 보여주며 설화적이고 제사장적 기능을 보여준다. E 전승은 북쪽 기원의 D 전승과 통하고, J 전승은 남쪽 기원의 제사장 전승 P와 통하는 모습이다. 오경의 엘로힘 전승의 시내산 계약 전승이 요시야 시대의 신명기 개혁 D 전승으로 이어지고, 다윗·솔로몬 시대에 형성된 J 계약 전승이 바빌론 포로 시대가 되어 제사장 전승 P 계약 전승으로 흡수 통합된다. 이것이 후에 역대기(Chr) 전승으로 발전 변화된다. 따라서 우리는 문서 층의 전승 자료를 통해 시대적 으로 계약의 변화와 발전 양상을 살필 수 있다. 여기에서 구약성서의 최종 편집자 시대의 계약신학과 경전화 과정에서 공동체의 계약신학의 문제와 이슈에 대한 생각은 어떠했는지, 또 경전비평의 관점에서 J, E 계약이 D계약과 만나고, 다시 P계약, 신명기 역사(Dtr)와 역대기 역사(Chr)의 계약신학을 거쳐 구약 편집 과정과 경전화 과정에서 어떠한 계약신학이 제기되었는지 질문 할 수 있다. 포로기 이후 귀환 시대의 계약 공동체는 계약 공동체의 갱신이 문제였다고 하면 그 이후 경전화 과정까지 디아스포라 이스라엘과 로마 제국에서 살아남아야 한다는 생존의 계약으로서 이스라엘 개념과 신흥 기독교에 빼앗기지 않아야 할 경전 보존의 공동체로서 얌니아 공동체의 계약신학이 제기되었다.[47] 오늘날 새로운 역사적 세기의 당면과제 앞에 기독교인들의 성서인 구약성서와 신약성서의 계약은 무엇을 의미하는지, 새 시대의 공동체의 계약 이념이 요구되고 한국인의 계약 사상과 성서의 계약 사상은 어떻게 만나며 대화하고 같이 호흡할 수 있는지, 한국인의 성서로서 하나님의 계약 백성으로서 한국 기독교인들의 계약의식은 어떻게 체결되고 다시 계약 공동체로서 남북한이 통일이 되어 세계 시민들에게 평화의 복음을 전할 수 있는지 시대적 요구 앞에 서 있는 것이다. 오늘의 지평에서 하나님 신앙이 한국의 지평에서 새롭게 계승되고 유지되기 시작하였다고 볼 수 있다.[48]

아브라함으로 시작되는 족장사의 의미는 무엇인가. 아브라함은 이스라엘 민족과 후손에게 모범적 귀감이 될만한 선구자적 삶을 살았다. 그가 밟은 고대 근동의 땅은 후손들이 살아가야 할 삶의 경계가 되었고, 생활 세계가 되었다. 아브라함은 만국(열국)의 아비로서 신앙의 표본이 되었다.[49] 아브라함에 해당되는 한국의 신앙의 아버지가 누구인가. 이 신앙 4대의 족장은 인간의 삶과 그 의미에 대해서 잘 보여 준다. 아브라함의 계약을 통해 구약신학의 의미가 더욱 분명해지고 구약에 흐르는 구속사의 의미가 드러나게 된다.

---

47 L. Finkelstein, *New Light from the Prophets* (New York: Basic Books, 1969), 48. 초기 예언자들 시대부터 회중의 기도서 아미다(amidah)가 포로기와 포로기 이후에 생성되었다. 그 후에 포로기 이후의 예언자에서 대 회당의 사람들까지 전승되었고, 그 후에 대회당의 사람들에서 바리새파에게, 바리새파에서 탈무드의 랍비에게, 그리고 우리 시대에 전달되고 있다.

48 박신배,『새이스라엘 역사 이해: 한국역사의 관점에서』(서울: 그리스도대학교 출판부, 2009), 311-12.

49 R. Rendtorff, *Men of the Old Testament* (Philadelphia: Fortress, 1968), 17. 아브라함을 통하여 이스라엘의 하나님이 열국의 하나님이 된다는 것을 의미한다.

노아 계약은 인류의 원역사의 과정에서 대홍수로 인류를 심판하고 새 인류를 시작하게 한 아브라함의 조상이다. 다시는 인류를 물로 심판하지 않겠다는 약속이 언약의 상징 무지개였다. 이 노아에 해당하는 이가 누구인가. 오늘날 우주의 종말과 구속사의 임박한 종말을 예언하며 한반도의 위기를 극복하고 통일 한국을 이끌어갈 인물이 바로 노아라고 볼 수 있다.

P(제사장) 계약은 성서 형성에 있어서 중요한 역할을 한다. 바빌론 포로기라는 이스라엘 민족의 해체기에 오히려 신학적 반성과 신학적 작업은 더 왕성하여 제사장 신학과 제사장 전승에 의해 오경이 형성되고, 신명기 역사서, 예레미야, 제2이사야, 예레미야 애가 등 토라와 예언서, 성문서가 형성되는 시기가 되었다. 제사장 계약은 한국역사에서 무엇에 해당되는가. 일제강점 식민시대의 단재 신채호의 『조선상고사』, 김교신의 『성서와 조선』, 독립지사 33인의 「3·1독립선언서」, 김구의 『백범일지』, 함석헌의 『뜻으로 본 한국 역사』 등이 이에 해당한다고 볼 수 있다. 일제 강점기라는 민족 수난기는 한민족의 새로운 탄생에 기독교와 기독교인의 역할이 중요했고 한민족 공동체에 새로운 신학적 이념과 신앙 이해에 깊이를 더하게 하였다.

모세 시내산 계약, 여섯 개의 계약신학의 관점에서 우리 문화와 어떤 관계를 가질까. 모세의 시내산 계약은 우리 민족에게는 무엇에 해당할까. 우리 민족이 만주 땅, 돈화, 하얼삔, 치치하얼, 수분하등 송화강 이동지역과 흑룡강성 등에서 웅지를 펼치며 말 달리던 때, 발해의 성산 동모산과 광개토대왕의 능이 있는 집안시 갈석산, 환도산성, 또 민족의 성산 백두산이 바로 시내산에 해당하는 곳이다. 이곳에서 광개토대왕은 민족의 선교 사명을 위해, 유라시아 대륙의 복음 전도를 호령하기 위해 먼저 고구려의 기상을 알렸고, 만주 땅에 이미 메신저로서 말발굽을 달렸던 것이다. 백두산은 바로 이 시내산 계약이 형성된 거룩한 선교 십계명으로 바위마다 기록되어 있고, 대조영은 동모산에서 궁궐과 도성을 지어 민족의 기상을 알렸던 것이다.

시내산의 조건적 계약은 토라의 순종은 축복을, 말씀의 불순종은 저주와 죽음을 알리는 것이었지만 동모산의 계약은 후에 복음을 듣고 주를 영접하는 한민족을 통하여 유라시아 전체를 십자가 복음의 계약으로 맺어 선교 강국이 되리라는 약속을 하였다. 대조영은 고구려의 유민을 모아 고구려의 기상을 되살리고 새로운 계약 공동체로서 만주지역의 여진족과 거란족 등 소수 민족을 아울러 새로운 언약 공동체를 형성하였던 것이다. 한국의 시내산 계약은 대조영의 발해 계약이라고 말할 수 있다. 모세가 열국의 아버지가 된 것처럼 후대의 대조영 후예들도 선교를 통한 열국의 아비가 될 수 있는 것이다.[50]

다윗 계약, 다윗 왕과 영원히 함께 하겠다는 약속은 다윗 왕조와 다윗 왕가, 예루살렘 시온사상에 절대적인 영향을 미치었다. 남 유다가 오랫동안 지속되었던 이유는 이 다윗 왕조 계약신학에 영향을 받은 것이다. 다윗 가문과 함께 하겠다는 야웨의 약속, 나단의 신탁은 남 유다의 계약신학이 되었지만 바빌론 포로 시대에는 신학적 위기에 빠지게 되었다. 어떻게 다윗 왕가가 몰락되고 유다가 멸망할 수 있는가. 여기서 다윗 계약의 변화가 일어났던 것이다. 모세의 시내산 계약이 이 다윗 계약의 모순을 해결할 수 있었고, 토라에 불순종한 결과 야웨의 심판을 통한 유다의 멸망이 도래하였다는 결론을 가지게 되었다. 다윗 계약에 대한 신학적 반성을 통해 다윗 계약의 비영원성, 한시성에 대한 새로운 여망이 메시아사상으로 변천하게 되었다. 영원히 이스라엘을 구원하실 분, 그 메시아가 오리라는 기대가 다윗 계약의 변화이었다. 예언문학과 더불어 종말론 구절, 묵시문

---

50 R. Rendtorff, *Men of the Old Testament*, 24.

학이 나타나면서 새 다윗(사 11:1), 새 시온(사 1:26) 사상이 나타났다.[51] 그리고 이 다윗 계약을 통한 메시아의 도래가 바로 그리스도 예수의 초림으로 나타나게 되어 새로운 계약 사상이 실현되게 된 것이다. 이 것이 바로 예레미야의 새계약으로 이어지는 것이다.

그럼 한국의 다윗은 누구이며, 다윗 계약은 무엇인가. 왕건이 바로 고구려, 백제, 신라를 하나로 묶는 통일 국가를 형성한 인물이다. 민족의 통일을 이룰 수 있는 인물이 오늘 이 시대의 다윗이며, 통일의 이념을 제공하며 하나님나라를 이루는 것이 바로 하나님의 계약인 것이다. 다윗의 계약과 같이 오늘 복음의 나라. 주의 나라를 이 땅에 건설하는 것이 바로 그리스도의 계약, 새 계약이며, 다윗의 새로운 계약이라고 볼 수 있다.

예레미야 계약, 예언자와 계약은 하나님의 정의와 공의가 서고, 하나님 나라가 이 땅에 임하며 죄를 고발하고 회개를 촉구하는 계약이다. 리브(Rib), 법정소송 양식으로 하나님의 계약을 어긴 이스라엘 백성을 기소하는 예언자의 언설 양식은 독특한 형태를 가진다. 계약 백성으로 자리를 벗어날 때 그 죄를 고발하고 회개하라고 촉구한다. 예언자는 심판과 징벌을 예언하며 율법이 바로 설 수 있도록 예언자 직능과 역할을 감당한다. 예레미야 예언에서 마음의 계약을 말하고 새 계약을 약속한다. 이 예언이 예수 그리스도의 새 계약의 약속이었던 것이다.

한민족 문화 공동체의 관점에서 통일 한국의 새 계약 말씀은 어떤가. 북한 체제와 대한민국의 체제가 하나 되는 것, 디아스포라 한민족 공동체가 민족 통일의 중재자가 되는 작업이 중요하다. 이들이 바

---

51 G. von Rad, *The Message of the Prophets* (New York: Harper & Row, 1967), 89-94.

로 조선족, 고려인, 재일교포, 타이한, 애니깽 등 디아스포라 한국인들이다. 이들이 통일 한국의 주역이 되고 선교 한국의 미래를 짊어질 여호수아 같은 지도자가 되어야 한다. 그리고 새로운 다문화 가정들이 통일 한국의 히브리인들이 되어 하나님의 역사, 새 출애굽 운동을 하는 동력이 되는 것이다. 그들이 새로운 민중이 되어 하나님께 외치는 일을 하며 새 가나안 땅으로 인도하는 주류가 되며 그 일에 있어서 새 다윗과 새 모세와 함께 하며 예레미야의 계약을 성취하는 일, 그 거대한 흐름을 주도하는 것이 새 출애굽운동이며 민족의 살길이며 통일 선교 한국의 나갈 길이다. 이것이 새 시대의 한국의 새 계약(영원한 계약, 평화의 계약: 렘 31:31 이하, 겔 16:60; 37:26-27), 예레미야 계약이 될 것이다.[52]

나가는 말

계약신학은 구약 연구에서 멈추어서는 안 될 핵심이 되는 주제임을 다시 한번 이 연구에서 살펴보았다. 구약신학에 있어서 중요한 흐름인 계약 개념이 조직신학적 체계로 시작하여 전승사적인 연구와 고대근동의 조약 연구에서 새로운 의미를 찾게 되었다. 계약의 어원과 의미, 조약과 계약, 계약과 신학, 시내산 계약과 계약의 유형 등 활발한 구약신학과 계약신학 저작을 통하여 많은 학자들의 계약 연구가 진행되었음을 알게 되었다. 이 책의 새로운 시도, 한국 문화적 계약신학 이해가 모세의 시내산 계약과 다윗 계약의 구조에 대하여 하나의 계약이라는 새로운 이해를 가져오게 되었고, 아브라함과 노아의 계약이 두 계약을 이어주는 중간적 중재적 계약으로서 하나이지

---

52 G. E. Wright, *God who Acts: Biblical Theology as Recital*, 53.

만 하나가 아닌 전체의 계약 구조, 태극도에서 이해할 수 있는 것임을 알게 되었다.

　북쪽 전승의 엘로힘(E) 계약과 남쪽 전승의 야위스트(J) 계약이 신명기(D) 계약과 포로기의 제사장(P) 계약에서 하나로 이어지는 통합적 계약의 전승이 되는 것을 살펴보았고, 삼태극의 구조에서 다윗 계약과 아브라함계약, 노아 계약, 시내산 계약, P 제사장 계약, 예레미야 계약 등 6개가 상통하는 모습을 보았다. 고대 서사시 계약 J · E가 제사장 계약 P와 상극을 이루면서 신명기 계약이 중간에서 전체를 아우르는 계약 구조도 살펴보았다. 이러한 연구를 통해서 한국문화의 계약 구조로서 한민족의 시조 단군과 삼국시대의 시조 동명왕(주몽), 온조, 박혁거세, 발해의 시조 대조영, 삼국을 통일한 고려의 시조 왕건 등을 계약의 지도자로 보았다. 그리고 이러한 한국의 계약 구조가 오늘날 분단의 문제에 어떤 빛을 줄 수 있는지 제시하였다. 북한 체제와 남한 체제가 통일을 이루고, 외국인 다문화가정과 디아스포라 한민족 공동체가 하나로 계약 공동체를 이루어 선교 한국으로 거듭나는 것이 중요한 새 계약 공동체임을 제안한다. 이 글은 한국인의 구약신학, 한국인의 계약신학, 한국과 계약을 맺으시는 하나님에 대하여 연구하였다. 이러한 이해가 정체기에서 계약신학의 새로운 탈출구가 되어 새롭게 계약신학 연구가 활발하게 논의될 수 있기를 바란다.

7장
열왕기하 18~20장의 편집과
전승 신학 연구

들어가는 말

히스기야 종교개혁에 대한 기사가 있는 열왕기하 18-20장 본문의 편집 상태와 전승을 분석하고 해석하는 것이 이 장의 목적이다.[1] 히스기야 본문에서 히스기야 시대의 초기 역사서 전승과 요시야 시대 전승, 그리고 포로기 시대 전승을 찾아내는 작업을 할 수 있을까? 신명기 역사서의 연구에 시발점이 되게 한 마틴 노트(Martin Noth)의 연구 이후로『신명기-열왕기하』의 저작 시대와 저자에 대한 문제는 많은 이론을 낳게 하였다. 바빌론 포로지에서 단일 저자가 신명기 역사서를 기록하였다는 노트의 견해는 고전적인 연구가 되어, 이 연구의 빛에서 2중 편집설이 기본적인 연구 이론이 되었다.[2] 이는 크로스와 프로반과 프리드만이 주장하는바, 요시야 시대에 1차 편집이 이루어졌고, 포로 시대에 2차 편집이 이루어졌다는 이론을 말한다.[3] 그 후에 3중 편집이론이 나와 히스기야 시대에 1차 편집이 이루어졌다

----

1 히스기야 종교개혁의 기사가 있는 본문은 신명기 역사서 본문 이외에 역대기하 29-32장, 이사야 36-39장이다.
2 박신배,『구약의 개혁신학』(서울: 크리스천헤럴드, 2006), 13-16.
3 박신배, "신명기역사 연구사 연구",「그리스도대학교 교수논문집」7집 (그리스도대학교 출판국, 2007), 91-115.

는 주장이 제기되기도 하였다.[4] 이러한 신명기 역사 연구를 통하여 히스기야 시대와 요시야 시대, 포로 시대에 중요한 전승층이 있다는 사실을 알게 되었다. 우리는 먼저 히스기야 시대의 상황을 반영하는 것과 요시야 시대, 포로기 시대 상황을 반영하는 것을 구별하는 작업이 선행되어야 한다.

이 글에서는 3시대를 중심으로 히스기야 기사의 편집 단계를 나눈다. 특히 히스기야 시대와 포로기 시대의 전승층과 그 신학을 추적하며, 히스기야 개혁의 특성을 다각도로 연구하고자 한다. 그리고 더나아가 폭넓은 구약시대의 맥락에서 종교개혁의 전승이 어떻게 변천되었으며, 히스기야 개혁 전승이 갖는 의미가 어떤지 찾아보는 것으로써 종합적이고 입체적인 연구를 하고자 한다. 지금까지의 단편적인 연구의 한계를 뛰어넘는 히스기야 개혁 기사의 포괄적인 연구 결과를 산출하고자 하는 것이 이 장의 목표이다.

열왕기하 18-20장의 편집 단계

메이스는 열왕기의 편집은 두 차례에 걸쳐서 이루어졌다고 주장한다. 그는 두 시대에 열왕기의 편집 과정이 4단계에 걸쳐서 이루어졌다고 주장한다.[5] 그의 이론을 먼저 살펴보면서 히스기야 시대의 편집층과 2중 편집과정, 마지막 포로기 최종 편집 과정의 상황을 추정할 수 있다. 메이스의 열왕기의 편집 과정설을 소개하면 다음과 같다.[6] 첫 번째, 초기 단계에서 히스기야의 개혁과 북왕국의 몰락의 맥

---

4   오택현, 『신명기와 신명기역사』 (서울: 크리스천헤럴드, 2007), 103-113.
5   A. D. H. Mayes, *The Story of Israel between Settlement and Exile* (London: SCM Press, 1983), 133-149.
6   A. D. H. Mayes, *The Story of Israel between Settlement and Exile*, 136-137.

락에서 구성되었다고 하였다. 이것은 이스라엘 통치자들에게 사용된 심판 공식의 특별한 형태에서 나타난다고 하였다. 두 번째 단계는 왕정 시대의 역사가가 요시야 시대까지 확대되어간 때였다. 이 단계의 특징은 다윗 왕을 이상적인 왕으로 제시하는 것이었다. 신명기 역사가는 사무엘하 7장에 표현된 다윗왕가에 대한 호의적인 태도와 같이 요시야 통치 기사와 요시야 개혁을 결론으로 끝냈다. 세 번째 단계는 후기 신명기 기자의 저작으로 보여지는 데, 왕정 시대에 대한 부정적인 태도를 보이는 사무엘상 12장에서 발견된다. 열왕기상 17장은 신학적인 심판이 표현되어 있는데, 유일한 야웨 예배의 필요성과 율법이 강조되었다. 열왕기의 마지막 편집 단계는 어두운 비관주의를 벗어나서 미래의 희망의 빛이, 이스라엘을 위한 야웨의 목적이 주전 587년의 멸망에서 성취되지 않았다는 후기 신명기 기자의 근본적인 신념을 보여준다.

메이스의 2중 편집의 4단계는 설득력 있는 이론으로 볼 수 있고, 특히 메이스가 히스기야 시대에 신명기 역사서 편집에 1단계가 이루어졌다는 지적은 설득력이 있다. 다만 우리는 히스기야 시대의 상황이 관심의 대상이기 때문에 메이스의 첫 번째 단계를 논의하고자 한다. 그러므로 히스기야 시대에 신명기 역사의 초기화 단계가 이루어졌다는 사실은 역사적 정황에서 추론할 수 있고, 또한 히스기야의 역사적 기사를 3개의 전승이 보도되고 있다는 사실과 느후스단의 전승의 실존, 그리고 왕하 18-20장의 히스기야의 대신들(사람들)을 통하여 입증된다. 따라서 메이스의 신명기 편집의 전승 단계는 유추할 수 있는 좋은 모델이 된다. 이러한 전승 단계를 모델로 하여 압축하면 다음과 같이 2중 편집설로 나타낼 수 있다. 두 시대 편집을 추정하면 다음과 같다.

히스기야 시대 초기 신명기 역사서 단편들

히스기야 시대: 왕하 18: 4, 8-9, 10b, 11, 13b / B1 - 18:17-25, 26-37
절. B2-19: 8-37(9-11, 14, 16-18, 20, 22-23, 32-34), 20:1-
11, 16, 19절.

1, 2차 편집 - 요시야(1차), 포로기 시대 편집(2차): 왕하 18:1-3, 5-7 치
세. 10, 12, 13a, 14-16 역기사 / B1 - 21, 26a, 32, 34
절. B2-19: 7, 12-13, 15/ 19, 21(시온), 24-31, 35-37절.
20:12- 15, 17-18, 20-21절.

여기서 우리는 히스기야 기사(왕하 18-20장)에 대한 히스기야 시대
의 전승과 요시야 시대의 전승(일차 편집), 포로기의 전승(이차 편집층)
을 먼저 구별하여야 한다.[7] 먼저 히스기야 시대 전승층과 포로기 전
승층을 구별하고자 한다.

두 전승층으로 나누는 근거는 다음과 같다. 먼저 왕하 18-20장
에서 히스기야 시대를 반영하는 전승층은 그 시대의 역사적 상황
을 반영하는 구절들이다. 열왕기하 18장 4절에 나오는 히스기야 개
혁 기사는 히스기야 시대의 상황을 반영하고 있고, 8-9절 앗시리아
의 팔레스틴 지역 침략 기사와 10b 사마리아 함락 기사, 11절 앗시
리아 이주정책, 13b와 산헤립 침공 기사인 B1기사[8] - 18장 17-25
절, 26-37절; 그리고 이차 침공 기사로 보이는 B2기사 - 19장 8-37
절(9-11, 14, 16-18, 20, 22-23, 32-34절) 등은 히스기야 시대의 전승이다.
또한 그것은 앗시리아의 산헤립 왕의 침략 일차 기사이며, 열왕기하

---

7 이 장에서는 신명기 역사서의 2차 편집설(크로스, 넬슨)의 입장에서 히스기야 시
대의 초기 신명기 역사층이 있다고 본다.
8 B1, B2는 스타데의 자료 구분으로 오늘날도 이 분류가 통용되고 있다. 저자는 B1,
B2 자료가 산헤립의 일차, 이차 침략을 나타낸 것이 아니라 일차 침략으로서 두 번
의 이중 침략을 말하는 것으로 본다.

20장 1-11절의 히스기야 병 치유기사 등도 히스기야 시대를 반영하고 있다. 이 구절들은 히스기야 시대의 전승을 담고 있다.

한편, 포로 시대 전승층은 신명기 사가의 설명과 신학적 해석이 담겨있다. 그 구절들은 포로 시대 상황을 반영하는 구절들이다. 이 구절들은 열왕기하18장 1-3절에 나오는 치세 형식과 5-7절의 신학적 설명이 있고, 10(치세 형식)절, 12(신학적 설명)절, 13a(치세 형식) 등이다. 그리고 14-16절은 산헤립 침공 A1기사로서, 산헤립의 2차 침략 기사로 보여진다. 즉 이는 사건의 순서가 아닌 포로기 기자의 중요성의 사건 배열로 신학적 해석이 먼저 들어간 산헤립 왕의 2차 침공의 극적인 구원 사건을 먼저 기록한 것이다. 따라서 사건의 순서와는 다른 역(逆) 기사라고 볼 수 있다.

앗시리아 산헤립 침공 기사인 B1기사[9](21, 26a, 32, 34절)와 침공 기사 B2기사(19장 7절, 12-13, 15절, 19, 21[시온], 24-31, 35-37절) 등은 산헤립 침략 일차 기사의 신학적 설명이다. 그리고 열왕기하 20장 12-19절(바빌론 사절단 기사), 20-21절 등은 신학적 설명, 치세형식 등으로서 포로기 전승층이라 볼 수 있다. 물론 히스기야 시대의 전승층이 후대의 요시야 시대의 편집자에 의해 일차 손질 작업이 있었다.

히스기야 시대의 초기 신명기역사가(Dtr0)는 히스기야 종교개혁과 산헤립 침공의 극적인 구원 전승을 기록하였다.[10] 오늘 우리가 가지고 있는 성서 본문은 이러한 전승층들을 포괄하고 있어서 정확히 그 전승의 결합을 다만 추정할 수밖에 없는 상황이다. 산헤립 침략 기사와 히스기야 개혁 기사, 랍사게의 제의중앙화 언급 등의 전승이

---

9 쉬타데(B. Stade)가 히스기야 전승을 문학적으로 분석하여 A자료는 왕하 18:13-16이라고 칭하고, B1은 왕하 18:17-19, 19a, 36f.이고, B2은 19:9b-35라고 명하고 두 전승이 평행을 이룬다고 밝힌다.

10 박신배, "북이스라엘 전승과 초기 신명기 역사", 「신학논단」 43집 (연세대학교 신과대학 · 연합신학대학원, 2006), 275-297.

대표적으로 기록되어 있다. 이 히스기야 기사에서 종교적 개혁과 정치적 개혁의 특성을 가진 개혁의 신학을 살필 수 있다. 히스기야 시대 전승층의 정당성을 확보하기 위해선 히스기야 시대를 반영하는 전승층을 밝혀야 한다. 여기서 느후스단 전승은 히스기야 시대의 제의중앙화 개혁의 한 조치라는 것을 개혁의 맥락에서 볼 수 있다.

최종 본문의 상태를 통해 포로 시대의 신명기 편집자의 최종 전승층을 알 수 있다. 본문에 나타난 히스기야 이야기의 구성을 살펴보면 이야기의 전체 내용을 살필 수 있다. 율법(토라) - 히스기야의 개혁 - 산헤립의 침공 - 히스기야 기도 - 이사야 예언 - 히스기야 병 - 이사야 치유 예언 - 바빌론 사절 - 이사야 예언의 순서 등으로 열왕기하 18-20장의 본문이, 신명기 역사서의 전체 맥락에서 구성되었다. 좀 더 본문을 자세히 살펴보면 토라와 예언, 정치와 제의라는 요소의 구성으로 나타나고 있다.[11]

왕하18-20장의 구성 요소

왕하 18장 1-3절: 치세 이야기, 4-6절: 제의 개혁, 7-8절: 영토확대 이야기, 9-12절: 북이스라엘 멸망 이야기, 토라, 13-37절: 산헤립 침공 이야기, 22절: 제의중앙화 결과 산헤립 침공-제의, 정치, 토라.

왕하 19장 1-7절: 이사야 예언 요청 이야기, 8-13절: 산헤립의 편지 이야기, 14-19절: 히스기야의 기도, 토라, 20-37절: 이사야의 예언-앗시리아의 결말-정치, 토라, 예언.

왕하 20장 1-11절: 히스기야 병 이야기, 12-13절: 바빌론 사절, 14-19절: 이사야 예언, 20-21절: 치세 이야기-정치, 예언.

---

11 박신배, 『구약의 개혁신학』, 250.

최종 본문의 구성을 통하여 포로기의 신명기 역사가의 신학적인 의도를 알 수 있다. 완전히 토라에 순종할 때 하나님의 심판을 피하고, 포로에서 회복할 수 있는 길이 열림을 제시하고 있다. 또한 포로에서 귀환하여 회복된 땅에서 제의 순수화를 신학적으로 강조할 때, 토라의 완전한 실행을 통하여 귀환 공동체에게 이상적인 종교적 공동체를 제시하고 있다. 생활(정치)에서 하나님의 뜻이 실현되는 것은 어떤 의미인가. 과거에 예언자를 통하여 예언했던 것은 반드시 이루어진다는 신명기(역사) 신학을 보여준다.[12] 최종 본문의 맥락에서 누가 이 메시지를 받을 것인가. 포로 역사에서 그 역사의 의미를 찾아서 '포로지에서는 우리는 누군가'라는 질문을 통해 신명기 역사가(제사장)는 신명기 역사를 기록하고 있는 자들과 듣는 청중임을 암시한다. 히스기야 시대의 초기 역사가는 실로 제사장 중심의 히스기야 사람들로서 '제의중앙화 개혁운동에 참여한 자' 그리고 '산헤립 침공에 대응한 개혁가'의 입장에서 포로기 신학을 제공하고 있고 히스기야 시대에는 '제의중앙화 개혁운동'을 한 운동가들과 제의 개혁신학의 기록자라고 볼 수 있다.

열왕기하 18-20장 전체 3장에 걸친 히스기야 이야기는 신명기 역사의 구조를 대표적으로 잘 보여준다. 제의-정치-토라-예언-정치-토라-예언-정치-예언 등의 결합을 통하여 볼 때, 중심부의 구성이 이사야 예언자가 위치하여 이야기 전체의 중심이 무엇인지를 보여준다. 하나님의 예언자의 입을 통하여 역사 한다는 것을 신명기역사가는 의도하고 있는 것을 알 수 있다. 열왕기 전체를 통하여 볼 때 히스기야 개혁기사는 전체 구조를 축약해 놓은 대표적인 이야기가 되

---

12 박신배, "요시야 개혁과 신명기 역사", 「그리스도대학교 교수논문집」 창간호 (그리스도신학대학교 출판부, 2002), 138.

는 것을 알 수 있다.[13] 따라서 신명기 역사가는 히스기야 개혁 이야기를 그의 전체 역사 이야기에 모델로 이야기하며 다윗과 솔로몬이 보여주는 완벽한 통일 왕국의 이상향 제시를 통해 회복할 통일왕국의 첫 효시를 히스기야 왕으로 보고, 다윗의 믿음을 가장 잘 본받은 자로서, 솔로몬의 제의를 회복할 첫 번째 왕으로 본다. 이러한 정치와 제의의 잘 구성된 구조가 열왕기하 18-20장의 히스기야 기사이다. 이러한 이유로 신명기 역사서에서는 요시야의 이야기 보다는 히스기야 기사가 더 신명기 역사가의 초점이 되고 있다.[14]

히스기야 개혁의 특성

히스기야 종교개혁이 어떠한 개혁이었는지, 역사적 차원과 신학적 차원에서 살펴볼 수 있다. 히스기야 개혁의 특성에 대하여는 P의 개혁인지, D의 개혁인지 정치적 개혁인지, 종교적인 개혁인지 논의의 문제가 되고 있다.[15] 히스기야 개혁 기사에 나타난 역사적 차원에서 나누어 볼 때, 히스기야 시대에는 제사장적인 특성을 가진 P의 개혁이라고 하면, 요시야 시대에는 신명기 신학과 신명기적 신학의 개혁이었음을 알 수 있다. 포로기에는 제사장적인 특성이 강한 신명기 신학이 결합된 개혁으로 발전되었다. 이데올로기의 차원에서 히스기야 시대에는 히스기야 개혁의 성격이 종교적이면서 정치적 개혁으로서의 포괄적인 특성을 가진다. 제의중앙화의 종교개혁의 목적은 국가적 독립의 목적을 가진 정치적 개혁으로 나타났다.

---

13 박신배, "요시야 개혁과 신명기 역사", 138-139.
14 박신배, 『구약의 개혁신학』, 251.
15 박신배, 『신명기 역사에 나타난 히스기야 개혁의 전승사 연구』(연세대학교 대학원 신학과, 2000), 3-8.

이 히스기야의 포괄적인 개혁은 요시야 시대에는 강력한 정치적 목적을 가진 종교개혁의 특성을 더 가지게 되었다. 대대적인 종교개혁으로서 열왕기하 21장에 기록되고 있다. 포로시대에는 종교개혁의 의미가 역사 재해석을 통해 제의 순수화를 강조하는 신학의 요청이 필요하여 종교 순수화의 의미를 가지게 된다. 또한 종교개혁의 목표가 무엇을 지향하고 있는가 하는 문제에 당면한다. 히스기야 시대에는 앗시리아의 제국 정책에 의해 종교적 압박과 정치적 조공의 부당한 요구에 대응하여 저항하고 독립하려는 의지로 제의 개혁을 한다. 이것이 요시야 시대에는 토라의 발견(신명기 12-26장)이라는 역사적 사건을 통해 요시야 왕의 종교개혁의지의 기폭점이 되어 남북통일과 다윗 왕가의 회복이라는 역사적 사명을 완수하려는 것이 강하게 작용되어 토라 나라의 실현을 목표로 한다. 바빌론 포로 시대에는 히스기야 종교 기사의 의미가 변화되어 종교개혁의 목표가 포로 귀환의 역사적 사명을 달성하는 것이었다.[16]

어떻게 포로의 상황에서 고국의 산하를 밟아 보느냐는 역사적 대망을 충족하기 위해서 히스기야와 요시야 왕의 종교개혁 기사는 의미 있는 역사 읽기의 중요 본문이 되었다. 예루살렘으로 제의 처소를 중앙화 시키는 제의 중앙화의 요구(신명기 12장)는 솔로몬 시대의 종교개혁의 요구이기도 하지만 히스기야·요시야 시대의 종교개혁의 요청이었다.[17] 앗시리아의 종교 강압 정책의 요구로 더 이상 예루살렘 제의 시행이 어려워지는 상황에서 히스기야는 종교개혁을 통하여 정치적 독립을 목표로 하였고, 요시야 시대는 더욱 전면적이고 포괄적인 정치개혁을 목표로 하는 대대적인 제의중앙화작업과 종교개

---

16 박신배, "제의중앙화와 전승사연구", 「그리스도대학교 교수논문집」 4집 (그리스도신학대학교 출판국, 2004), 132-133.
17 박신배, "제의중앙화와 전승사연구", 133.

혁을 시행하였다. 제의중앙화의 기원이 히스기야 시대라고 하면, 요시야 시대에는 제의중앙화 실현과 확대가 이루어 졌다. 바빌론 포로 시대에는 제의중앙화 형태가 변형된 제의 순수화를 요구하는 신학적 변화를 가지게 된 것이다. 우리는 전승사적 차원에서 히스기야 종교개혁과 요시야 종교개혁의 역사적, 신학적 차원의 의미가 다른 것을 살필 수 있다.

히스기야왕이 남왕국 유다에서 다스리던 때의 제국은 어떤 나라이었는가? 앗시리아 제국이 레반트 지역을 점령하여 통치하던 시대이다. 앗시리아 제국 정책은 종교 강압정책으로서 봉신국(Vassal state)과 종주국(Province)에게 앗시리아의 종교를 강요하였다.[18] 그래서 히스기야 전후의 왕들인 아하스 시대나 므낫세 왕 시대는 예루살렘 성전에, 유대교인들이 제일 싫어하는 이방신상(앗수르신)을 들여와 제의의식을 실행하기도 하였다. 이러한 제국의 종교 정책에 반대하여 종교개혁을 일으킨 왕들이 바로 히스기야, 요시야 왕이었다. 요시야 왕 시절에 제국의 통치는 앗시리아와 애굽이었다. 애굽은 앗시리아의 쇠퇴를 꾀하여 고대 근동에서 세력을 확대하려고 하였다. 애굽이 앗시리아와 전쟁을 하기 위해 팔레스틴을 지나는 길목을 차단하려고 므깃도에 올라가서 막으려다가 불운하게 남 유다의 요시야 왕이 전사한 사건은 이 상황을 보여준 것이다.

"요시야 당시에 애굽 왕 바로느고가 앗수르 왕을 치고자 하여 유브라데 하수로 올라가므로 요시야 왕이 나가서 방비하더니 애굽 왕이 요시야를 므깃도에서 만나 본 후에 죽인지라"(왕하 23:29).

----

18 박신배, "앗시리아의 유다 침공 연대문제와 신학", 「신학과 목회」 29집 (영남신학대학교, 2008), 190-196.

유다의 포로 시대는 바빌론이 고대 근동의 지역을 제패하던 때이다. 북이스라엘이 패망한 이후 남 유다 홀로 200년간 존속하다가 주전 587년 멸망하기까지 한 나라로 남아있게 되었다. 그러다가 히스기야와 요시야 왕의 종교개혁과 독립 운동이 수포로 돌아가면서 국가의 기운이 다하여 결국 바빌론 제국에 의해 망하여 포로시대를 맞이하게 된 것이다. 결국 이스라엘 나라가 역사 속에 사라지게 한 바빌론은 가장 강력한 나라이었음을 알게 한다. 제국사와 이스라엘 역사는 이처럼 함께 진행하고 있음을 알게 된다. 제국의 종교 정책과 정치, 경제 정책이 별개로 운영되지 않고 하나로 이어지고 있는 결과를 볼 수 있다. 히스기야와 요시야왕의 종교 정책과 정치·경제·문화 정책이 하나로 이어지어 제의중앙화 시행과 종교개혁이 이루어진 것이다.

그러면 북 이스라엘이 멸망하고 나서 북 이스라엘의 신앙 전승이 어떻게 남으로 내려왔고, 북 이스라엘의 전승은 무엇이었는지 살펴보자. 모세의 신앙 전승 중 모세 계약 전승이 북 이스라엘에는 중심이었다. 여로보암은 단과 벧엘에 성소를 마련하여 출애굽 전승의 신앙 전통을 유지하며 야웨 신앙을 이어갔다. 북 이스라엘에는 느후스단(Nehustan)이라는 청동뱀, 모세의 불뱀 신앙 전통이 민간에는 많이 퍼져 있었다.[19] 이 느후스단의 전통이 히스기야 시대에는 남 유다에 편만하여 있었다. 그래서 히스기야는 이 느후스단 신앙이 야웨 신앙과 배치된다고 보아서 종교개혁을 하였다(왕하 18:4). 또한 출애굽기의 계약책 전승이 히스기야 때 유다에 내려왔고, 이것이 요시야 시대에 성전 청결 시에 발견된 율법책이었다. 이 책을 발견하고 요시야는

---

19 박신배, "히스기야 개혁의 신학적 특성과 역사적 의미", (연세대학교 대학원, 2000년), 47-50.

종교개혁을 시행했던 것이다(왕하 22:3-20).

이렇듯 북 이스라엘의 느후스단, 계약책 전승이 히스기야 시대에 내려와 자리잡고 북 이스라엘의 전승이 씨앗을 뿌리게 된 단계에서, 요시야 시대에는 그 씨앗이 자라 남 유다 전승과 결합하여 통합이 되어 종교개혁의 꽃으로 활짝 만개하게 된 것이다. 그래서 대대적인 종교개혁이 일어나 많은 우상들과 우상전승들이 사라지게 되는 계기가 된 것이다(왕하 23:4-25). 이때가 유다(이스라엘)가 유일하게 통일 이스라엘로 갈 수 있었던 절호의 기회였다. 그 후에 바빌론 포로시대에는 남 유다 전승만이 남아 레위 사독 중심의 신앙 전승만이 보존되게 되었다. 유다 궁전과 성전에서 활동하던 제사장 그룹들이 포로로 붙잡혀 가서 그곳에서 신앙 전승을 이어갔다. 이스라엘이 귀환한 후에는 레위인 중심의 제사장 나라, 성전 제사장 제도를 마련하게 되었다. 결국 북 이스라엘 전승은 남 유다 전승에 편입되어 그 근간에서 영향을 미치는 무명유실(無名有實)한 상태가 되었다고 봐야 한다.

이러한 역사적 과정을 통해 신명기 역사서는 형성된다. 전승의 통합과정이 이뤄지며 제사장 중심의 서기관과 레위인들이 역사를 편찬하고 저작하게 된다. 히스기야 시대에는 신명기 법전, 원신명기(신 12-26장)를 기록하여 초기 신명기 역사서를 쓰게 된다. 그 초기 신명기 역사서는 초기 신명기 역사가(Dtr0)에 의해 저술되어 히스기야 시대에 기록하였다. 그 율법책이 요시야 시대에 발견되어 일차 편집 작업을 하게 되었다는 사실이 밝혀진다.[20] 이것이 바로 제 1차 신명기 역사서 편집(Dtr1)이었고, 요시야 종교개혁의 강령이 되었고, 나중에 바빌론 포로 시대에 전체 신명기 역사서 편집의 근간이 된 역사서이

---

20 박신배,『신명기 역사에 나타난 히스기야 개혁의 전승사 연구』(연세대학교 대학원 학위논문, 2000년), 96-97.

다.[21] 최종적으로 포로 시대에 여호야긴의 석방 기사로 끝맺는 역사서 결론을 장식함으로 편집 작업이 끝났음을 알린다. 바빌론 포로지에 있는 청중들에게 역사의 의미를 이야기 하고 곧 포로 생활이 끝나고 고향으로 돌아갈 수 있다는 희망의 메시지를 전해주며 귀환 시대가 열림을 알리고 있다. 이를 통해 신명기 역사서의 2차 편집(Dtr2)이 되었음을 보여준다.

끝으로 신명기 역사서의 중요 인물이 누구인가 살펴고자 한다. 이는 역사가의 모델 인물을 통해 역사서가 누구를 닮아야 함을 말해주고 있다. 다윗은 신명기 역사가가 이상화시킨 인물이다. 다윗의 동일 성격, 동일화 인물로서는 히스기야 왕, 요시야왕이었다. 신명기 역사서에서 히스기야에 대한 이해가 전승사적 기록에 따르면 다르게 표현되었다. 히스기야 시대에는 역사적 히스기야에 대한 기록을 하였고, 요시야 시대에는 1차 편집 작업에서 요시야 왕에게 반영된 히스기야, 즉 재현된 히스기야로서 요시야왕의 역할을 보여준다. 그리고 마지막 편집시대에는 히스기야 기사에서 케류그마된 메시지, 다윗의 역할과 신학화된 히스기야상(像)이 그려지고 있다. 그래서 포로지에 있는 이스라엘 유민들에게 신앙이 좋은 다윗, 종교개혁을 행했던 히스기야, 요시야 왕을 본받기를 기원하고 있다.

우리는 지금까지 포괄적으로 히스기야 개혁의 특성을 종합적으로 이해하였다. 기록의 차원을 입체적으로 그리는, 전승사적 과정을 이해하는 차원은 히스기야 개혁과 그 개혁 기사에 대한 이해가 다를 수 있음을 전제한다. 즉 역사적으로 히스기야 왕이 실제로 시행했던 종교개혁과 제의중앙화작업이 기록의 과정에서 신학화 되고 역사서의 사관에 맞게 각색이 되었을 것임을 보여준다. 그러면 위에서 논의한

---

21 박신배, "북이스라엘 전승과 초기 신명기 역사", 290-293.

것을 도해하면 다음과 같다.

<표 1> 히스기야 개혁의 특성

제국	앗시리아	앗시리아, 애굽	바벨론
북전승	발아: 느후스단, 출애굽의 계약책 전승	흡수 통합	남유다 전승만 (레위 사독 중심)
신명기 역사서 저작 과정	초기 전승	1차 편집(Dtr1)	2차 편집(Dtr2)
히스기야 상	역사적 히스기야	재현된 히스기야	신학적 히스기야

히스기야 전승의 이해

우리는 앞서 히스기야 개혁의 특성에 대하여 전승사적 관점에서 살펴보았다. 이제 열왕기하 18-20장의 본문이 히스기야 시대에 갖는 역사적 의미와 편집 시대인 바빌론 포로기에 갖는 의미에 대하여 살펴보고자 한다. 역사적 히스기야에 대한 관점은 히스기야에 대한 기록에서 역사적으로 히스기야왕이 종교개혁을 하고, 산헤립 침공에 임하여 제의중앙화 작업을 하고 있고, 앗시리아 산헤립왕의 군대장관 랍사게의 연설을 들을 때의 상황을 보도하고 있다. 역사적 기록을 후대에 편집 시기에 부가한다. 그래서 신명기 역사가는 그 기록에서 신학적 해석을 한다. 그것이 바로 케류그마적 히스기야 상(像)이라고 할 수 있다. 그래서 우리는 성서 본문을 보면서 신학적 인물과 역사적 인물을 대별하여 살필 수 있고, 신학적 해석이 가미 된 것을 알 수 있다.

두 번째 히스기야 개혁의 의미는 어떤가. 산헤립 침공, 즉 앗시리아 침공의 상황을 예측하고 대비하여 산당의 성소를 폐쇄하고 종교,

정치, 경제적 요소의 내용을 포괄한 제의중앙화 개혁을 실시하여 국력을 집중하고 강력한 중앙집권체제를 강화한다. 그것이 바로 제의중앙화작업이었다.[22] 예루살렘 수도 집중화 작업을 통해 성전과 궁전 중심의 경제 체제와 정치 체제, 종교 체제를 공고히 마련한 것이었다. 그래서 히스기야 개혁의 의미는 종교, 정치적 개혁이었다.[23] 이개혁의 의미가 신명기 역사서 편집 시대인 포로기에는 다른 의미를 가지었다. 그것이 포로민들에게 히스기야 개혁 기사가 자신의 시대에 맞는 정황에서 재해석되었다. 즉 포로 귀환의 역사적 사명과 의미로 받아들여졌다. 그래서 히스기야 개혁은 귀환개혁이었던 것이다.[24]

히스기야 본문에 주요한 전승군이 있다. 히스기야가 종교개혁을 일으켰다는 종교개혁 전승(왕하 18:4; 22), 히스기야 종교개혁 시행과 제의중앙화운동 등이 그 전승들이다. 그리고 종교개혁의 결과로 맞이하는 산헤립 침공과 산헤립 군대의 장관 랍사게의 연설 본문이 그 중요 본문이다. 이것은 히스기야 종교개혁과 제의중앙화의 파장이 산헤립 침공이라는 국가적 위기 상황을 초래하게 되었다는 것을 보여주는 것이다. 시대가 바뀌어 요시야 시대와 바빌론 포로 시대를 맞이하고 사건의 해석을 해야 하는 편집 시대에는, 바빌론 사절단 방문 전승이 포로 시대에는 무슨 의미인지 알 수 있는 상황이 되었다. 그래서 바빌론 사절단에게 보물고, 내탕고를 보여준 사건이 포로 상황으로 연결되어 지고 결국 포로지에 히스기야의 후예들이 있게 된 역사적 사실을 말해주고 있다. 이로써 히스기야 이야기의 전승들이 히

---

22 박신배, "제의중앙화의 역사성과 신학", 「신학사상」 146집 (한국신학연구소, 2009), 10-25.

23 박신배, "앗시리아와 이스라엘의 종교이념 연구", 「구약논단」 23집 (한국구약학회, 2007), 147-162.

24 박신배, "히스기야 기사에 나타난 환원신학", 『사강 기준서박사 화갑기념 논문집』 (서울: 그리스도신학대학교 출판국, 2001), 192-203.

스기야 시대와 바빌론 포로 시대에 역사적 차원과 신학적 차원에서 결합된 모습을 보여 준다. 물론 요시야 시대의 1차 편집의 작업의 흔적을 찾아내기는 쉽지 않지만 토라의 기준, 토라 발견으로 대대적인 종교개혁의 편린을 찾을 수 있게 한다.

산헤립 침공의 역사적 사건과 그 사건을 기술하는 내용은 차이가 있다. 히스기야 시대의 역사적 침략의 보도는 침략 전승을 포로 시대의 편집자의 신학의 관점에서 기록하고 있다. 산헤립 침략 전승은 연대적으로 B1-B2-A1의 순으로 일어난다. 하지만 기록 단계에서는 주전702-689년에 일어난 일차 침공의 기사가 두 번에 걸쳐서 침공하게 되고, 그 이야기가 B1, B2 기사로 나타난다. 침공 기사는 B1 기사(21, 26a, 32, 34절)와 B2기사(19장 7절, 12-13, 15절, 19, 21[시온], 24-31, 35-37절)이다.[25] 2차 침공은 열왕기하 18장 13-16절에 기록되어 있다. 이는 사건의 순서로 기록되어 있지 않고 포로 기자의 관점에서 중요한 극적인 구원 사건을 먼저 기록하게 된 것이다. 포로기 신명기 편집자의 신학적 해석이 먼저 들어간 결과, 2차 침공의 극적인 구원 사건을 먼저 기록한 것이다. 따라서 사건의 순서와는 다른 역(逆) 기사적인 편집이라고 볼 수 있다. 그래서 주전 689년의 사건이 먼저 기록되고, 주전 702년의 일차 침공 사건이 나중에 기록된 것이다.[26]

---

25 한동구,『신명기 개혁 운동의 역사: 열왕기하 16-23장』(서울: 도서출판 B&A, 2007), 74-75. 하드마이어는 히스기야 기사를 7부분으로 나누어 A1, A2, A3, A4, E1, E2, E3등으로 분류한다.
26 박신배, "앗시리아 산헤립 왕의 유다 침공기사 연구",「한국신학논총」6집 (한국신학교육연구원, 전국신학대학협의회, 2007), 52-63.

<표 2> 히스기야 개혁의 특성

전승사적 이해 이념	히스기야 시대 P의 개혁	요시야 시대 D의 개혁	포로기 P(d)개혁
이데올로기	종교 · 정치적 개혁	종교개혁을 통한 정치개혁	종교개혁 (제의 순수화)
개혁의 목표	앗시리아에 저항과 반란	토라의 나라 건설	포로 귀환
제의중앙화	제의중앙화의 기원	제의중앙화 실현, 확대	제의 순수화로 변형

히스기야 왕의 전후 왕들과의 관계는 어떻게 기술하는가. 신명기 역사가는 히스기야 왕과 관련하여 인물의 치적 상태를 기술한다. 히스기야 왕과 비교하여 그 역사적 평가와 신학적 평가를 달리하여 기록하였다. 히스기야 왕과 요시야 왕은 종교개혁을 시행하여 아하스 왕과 므낫세왕이 반종교개혁 작업을 하여 우상숭배를 한 것을 기술하며 그들의 정치적 치적은 대단하였다는 역사적 평가를 한다. 나중에 포로기 편집 시대에는 종교개혁과 제의중앙화작업 등의 토라개혁운동을 벌인 히스기야 왕과 요시야 왕이 아하스 왕이나 므낫세 왕보다 훨씬 야웨 경외와 신앙에 뛰어남을 평가하고 있다.[27] 역사적 평가와 신학적 평가가 상이하게 다른 것을 신명기 역사서 전반에 걸쳐 보여주고 있다.

우리는 이처럼 히스기야에 대한 이미지와 종교개혁의 의미, 히스기야 전승의 종교개혁 이야기와 산혜립 침공 전승, 바빌론 사절단 방문 전승 등이 시대마다 다르게 나타나고 있는 현상을 포착하였다. 또한 산혜립 침공 전승도 연대적으로 표현된 것이 아니라 신학적으로

---

27 박신배, "신명기 역사서의 제의 개혁과 신학", 「구약논단」 19집 (한국구약학회, 2005), 95-112.

중요한 사건을 강조하여 앞에 기술하였다는 역기사적인 표현 양식을 살필 수 있었다. 히스기야 전후 왕들의 치적 평가가 역사적 관점에서 표현된 것이 아니라 신학적인 관점, 야웨 신앙의 관점에서 평가되고 있는 사실도 발견하게 되었다. 그리고 전승의 의미가 히스기야 시대와 포로기 편집자 시대에 각각 다르게 나타나고 있음을 알게 되었다. 그러면 전반적이고 포괄적으로 종교개혁의 전승이 거시적 차원에서 어떻게 변천되는지 살펴보자.

<표 3> 왕하 18-20장(히스기야 전승)의 이해

전승의 의미	히스기야 시대		포로기
히스기야 상	역사적 히스기야		케리그마적 히스기야(포로기)
개혁의 의미의 변화	제의 중앙화	종교·정치적 개혁	귀환 개혁
히스기야전승	18:4, 22	랍사게 연설 전승 산헤립 침략 전승	바벨론 사절단 전승
산헤립 침략 전승	연대적 순서 B1-B2-A1 주전 702-689년		역기사적 기술 A1-B1-B2 주전 689-702년
히스기야 관련 인물의 치적 비중 관계	역사적 평가 히스기야, 요시야 〈 아하스, 므낫세		신학적 평가 히스기야, 요시야 〉 아하스, 므낫세

종교개혁의 전승, 히스기야 개혁 전승의 맥락

구약성서에 종교개혁의 전승이 어떻게 변천되고 발전되는지, 그리고 또 그 종교개혁의 전승의 발아와 발전, 성장과 저작화, 정경화의 과정을 더듬어보는 것은 의미가 크다. 히스기야 개혁의 전승은 그 자체로서 형성된 것이 아니라 복잡한 전승의 과정을 통해 형성되었기 때문이고, 또한 신앙 전승은 연면히 흘러서 후대에 영향을 미치기 때문이다. 예루살렘에서만 제의 처소를 정하고 그곳에서 예배를 드리라는 제의중앙화에 대한 강조(신명기 12장)는 어떻게 시대별로 변화하였는지 살펴보자.

제의중앙화 전승이 광야 시대에는 모세의 지도력으로 언약의 종교가 된다. 시내산에서 십계명 돌판을 받고, 언약궤를 중심으로 한 성막 종교를 만든다. 이 성막을 중심으로 출애굽 공동체가 형성되고 이스라엘 백성이 광야를 순회하게 된다. 사사 시대에는 법궤를 중심으로 한 중앙 성소가 있었지만 지파 동맹 체제(암픽티오닉 Amphictyonic)로 제의중앙화의 요소가 잠재된, 국가 비상 사태에는 중앙성소의 개념을 갖게 되었다. 그러다가 예루살렘으로 다윗이 수도를 천도한 이후, 솔로몬의 예루살렘 성전과 지방 성소가 혼합된 형태로 존재하게 되었다. 성전을 건축하기 전 솔로몬이 기브온 산당에서 제사를 지내던 것은 이를 잘 보여준다(왕상 3:3-6). 히스기야 시대에는 솔로몬에게 명령했던 제의중앙화 시행이 역사적으로 실제 처음 시행했던 때이다.

그래도 지방에는 여전히 산당 종교가 성행하였고, 완전한 제의중앙화가 실시되고 종교개혁을 철저하게 행했던 때는 요시야 시대이다. 제의중앙화를 통한 포괄적인 종교개혁이 제국으로부터 정치적 독립이라는 목표가 성취되지 못하자, 남 유다는 속주로 전락하여 결국 포로로 잡혀가는 신세가 되었다. 그래서 바빌론 포로 시대는 신명기 역사가가 역사를 재구성하여 포로 신학을 창출하게 되었다. 제의중앙화의 신학은 성명(姓名) 신학으로 바뀌어 야웨의 이름을 두실 곳이라는 개념으로 예루살렘 성전을 표현한다(신명기 12장)[28]. 성명(姓名)

---

28 박신배, 『신명기 역사에 나타난 히스기야 개혁의 전승사 연구』, 76-77.

신학은 성전이 사라진 시대에 회당 중심의 영성화 단계로 변화되어, 포로 시대의 지방 성소의 회당 개념이 생성되기도 하였다. 역대기 시대에는 성전 재건을 목적으로 한 예루살렘 제사장과 성전 중심의 공동체가 형성되어 책과 제사장의 나라의 개념으로 제의중앙화의 개념이 변화하게 된다.

신명기 역사서에는 다윗의 역할 모델(Role Model)이 변화되어, 토라의 순종한 역사적 상이 시대마다 변하는 것을 볼 수 있다. 광야 시대에는 모세가 이상적인 인물에서 사사시대에는 집합적인 사사 상으로서, 기드온이나 삼손과 같은 영웅적 신앙 인물이 역사가의 카리스마적 인물이었다. 이것이 왕정시대에는 다윗왕이 이상적인 상이었지만 분열왕국 시대를 거치며 히스기야 왕이 역사가의 나침반과 같은 인물로서 이상화 되었다. 그것이 요시야 왕에게 와서 히스기야 왕이 본받을 왕이 되었다. 그래서 야웨 종교개혁가로서 이상화되어 요시야 왕은 히스기야 왕을 닮아 종교개혁을 일으킨 왕으로서 다윗의 전승을 이어가는 인물이 되었다. 그러나 바빌론 포로 시대가 되면서 다윗 왕정의 혈통, 왕조가 그친 것과 같은 시기였다. 다윗 왕조와 예루살렘의 멸망이 이루어지나, 남 유다가 존속하고 유지되는 신학적 대응이 필요하게 된다. 그래서 케류그마적 신학화된 인물로서 히스기야 상이 나타나고, 역대기 시대, 즉 성서 완성 시대에는 영광화된 히스기야 상이 나타난다. 그 후에 더욱 이상화되었고, 메시아 상으로 변화되는 과정을 요세푸스의 역사서에서 찾아볼 수 있다.[29]

종교개혁의 대상이 누구이고, 종교개혁의 목적이 무엇이냐는 문제는 고대 근동의 제국이 어떤 나라였느냐 하는 문제와 직결되었다.

---

29 F. Josephus, tr. by, W. Whiston, "Antiquities of the Jews", *Josephus* (Michigan: Kregel Publications, 1983), 210-211.

광야 시대, 모세의 출애굽 시대에는 애굽이 제국이었다. 그 후 사사 시대에는 블레셋이 강력한 철기 문화를 가진 민족으로서 레반트(팔레 스틴) 지역에 강력한 위협 세력이 되었다. 다윗 시대에도 블레셋이 위 협적 강국이었지만 여러 열방들(모압, 암몬, 시리아 등)이 대적자 관계에 서 이스라엘을 괴롭혔다. 그러다가 히스기야 시대에는 주지했던 바, 앗시리아가 강력하게 고대 근동의 지역을 장악하며 남 유다를 압박 하였다.[30] 요시야 시대에는 애굽이 앗시리아를 쇠퇴케 하는 주역으 로 역할을 담당하며 신흥 바빌론과 손을 잡고 팔레스틴 지역에 영향 력을 미치었다. 바빌론이 유다를 멸망케 한 후 고대 근동 제국의 새 주인으로서 세계를 호령하였다. 그 후 이스라엘을 귀환케 하면서 종 교적 관용정책을 시행하며 레반트 지역을 다스리던 제국은 페르시 아 제국이 되었던 것이다.

제국의 역사 속에 이스라엘의 주 전승인 출애굽 전승이 어떻게 변 화하는지 살피는 것은 이스라엘 역사와 종교사에 중심 전승이 변천되 는 것을 연관하여 알 수 있다. 북 이스라엘 전승이 광야 시대에는 모 세의 전승으로써 씨앗되었다. 모세의 놋뱀(느후스단, 청동뱀) 전승은 광 야에서 이스라엘 백성들이 병 치유되는 사건이 되어, 유전된 기적 전 승을 형성하게 된 것이다. 이스라엘 역사의 결정적인 사건이었던 출 애굽 사건과 기적, 모세의 전승은 시내산에서 계약 체결을 수립하면 서 십계명 계약 전승으로 만들어져 세겜 전승으로 이어지게 된다. 이 것이 다윗 왕정시대에는 다윗 계약전승과 만나면서 통일왕국의 계약 의 통합이 이루어진다. 그러다가 분열 왕국이 되면서 전승이 나뉘어 북 이스라엘의 모세 전승과 남 유다의 다윗 전승으로 나뉘었다.

북 이스라엘이 멸망되면서 히스기야 궁정으로 내려온 북전승(느후

---

30 박신배, "앗시리아와 이스라엘의 종교 이념 연구",「구약논단」23집, 157-9.

스단, 출애굽 계약책 전승)이 남 유다 전승과 결합된다. 이는 다윗의 궁정에서 첫 번째 결합되었고, 히스기야 시대에는 두 번째 전승의 결합이 이루어진 것이다. 이것이 요시야 왕 시대에는 신명기 법전 발견, 신명기 개혁 운동으로 이어져 전승의 발전이 이루어지게 된 것이다. 그러다 포로기에는 신명기 역사가 남 유다 전승으로 유지되다가 레위 사독 중심의 시내산 계약 사상과 다윗 선택 사상이 융합되어 포로기 신학을 창출하게 된다. 레위 사독 중심의 남 유다 전승이 강조되고 포괄하면서 귀환 시대에는 사독제사장 전승으로 유다의 신학과 유대교로 발전하게 된다. 역대기 시대에는 다윗 선택 사상, 메시아사상으로 발전되어 유대교의 종교로서 유다 전승이 홀로 계승·발전되는 상태가 된다.

신명기 역사서가 어떻게 형성되었는지, 그 과정을 추적하며 신명기 역사 운동이 확대되는 과정을 살필 수 있다. 처음 광야 시대에는 십계명 돌판 두개로 시작된 역사 운동이 사사 시대에는 언약책(출애굽기 21-23장)이 형성되는 성장기가 된다.[31] 다윗 솔로몬 시대가 되면서 해외 교류와 종이 제작술이 발달되어 문서 활동이 활발해진다. 그래서 헌법으로서의 언약책의 작업이 확대된다. 그 후 히스기야 시대에, 요시야 왕의 성전에서 발견된 언약책이 발견된다. 이 책이 언제 기록되었는가. 그것이 바로 히스기야 시대에 초기 신명기 역사가(Dtr0)가 기록했을 가능성이 높다. 이것이 제1차 신명기 운동(Proto-Deuteronomy, 원시신명기법전)이다. 히스기야 개혁 운동에서 비롯된 신명기 역사서 초기 작업이 요시야 시대가 되어서 더욱 활발한 역사서 기록 작업이 전개되었다. 이를 2차 신명기 운동(신명기법전, Dtr1)이라 말하며, 최종적으로 신명기 역사 편집 작업이 바빌론 포로시대 이뤄

---

31 박신배, "북이스라엘 전승과 초기 신명기 역사", 282-293.

지는데 중요한 역할을 하였다. 신명기 역사편집(Dtr2)이 포로 시대를 통하여 대대적으로 역사 편찬 작업을 하게 된다. 이는 어려운 시대에 창조적 저술 작업이 이뤄지고 있음을 알 수 있다. 마지막으로 역사서 형성과 오경 형성의 시대인 역대기, 오경의 저작 편집 시대인 제2성전 시대에는 '토라와 역대기역사'가 최종 편집되어 제사장 제도가 마련된 시대이었다.[32]

마지막으로 종교개혁의 전승과 문서화 작업이 어떻게 완료되는가. 그 끝에서 신학적 이념(이데올로기)과 종교개혁의 의미를 새겨보면 다음과 같다. 모세 광야시대의 종교개혁은 애굽으로부터 출애굽의 해방의 의미를 가진다. 예배드리기 위해 광야로 나가야 할 이유를 갖고 바로에게 가서 출애굽의 사명을 말하며 설득한다. 사사 시대에는 신정통치의 종교개혁 작업을 사사들을 통해 이뤘고, 다윗 시대에는 왕정 통치 시대에 다윗의 시편, 성전 종교 준비의 작업을 위한 야웨 종교의 국가 종교화 작업을 하게 된다. 그 후에 히스기야 왕의 남 유다 시대에는 앗시리아 제국에 독립하려는 역사적 과제에서 제의중앙화라는 작업을 한다. 이는 종교적 개혁과 정치적 개혁을 동시에 하려 했던 제사장(P) 성격의 종교개혁이었다. 요시야 시대에는 신명기 개혁(D)을 행하여 대대적인 종교개혁을 시행하여 산당을 폐지하고 이방 신상을 파괴한다(열왕기하 23장). 요시야 시대는 종교개혁을 통한 정치 개혁을 행하여 철저한 종교개혁을 하였다고 할 수 있다.

바빌론 포로 시대에는 신명기역사개혁(P+D)이 이루어 져서 신명기 역사서의 구성 요소가 '제의 + 토라 + 정치 + 예언'의 구조로 형성하여 예루살렘으로의 귀환을 목표로 한 신명기 역사 저작을 행한다.

---

32 박신배, "역대기 역사에 나타난 개혁 연구", 「그리스도대학교 교수논문집」 2집 (그리스도 신학대학교 출판국, 2003), 52-67.

이것이 바로 귀환 개혁으로서 성격을 지닌 신명기 역사서 저작, 신명기 역사적 정치개혁이라고 할 수 있다. 다시 말해 귀환 정치 개혁이라고 할 수 있다. 그리고 역대기 역사 시대에는 레위(사독) 중심의 제사장의 종교개혁이라고 말할 수 있다. 종교개혁의 전승은 레위 사독 제사장의 가치관과 종교관으로 형성되어 유대교로 나가는 길목의 정형화된 신학적 이념이 형성되게 된다.

이와 같이 종교개혁의 전승은 끊임없이 변화하며 히스기야 종교개혁의 전승을 낳았고, 신명기 역사서의 저작을 산출하였다. 이것을 종합적으로 광야 시대부터 역대기 제2성전 시대의 발전과정으로 이해할 수 있다. 그러면 히스기야 개혁 전승의 맥락에서 전반적으로 살펴볼 때 다음과 같은 표로 도출 될 수 있다.[33]

〈표 3〉 종교개혁 전승의 변천

시대 \ 주제	광야 시대	사사 시대	다윗 시대	히스기야 시대	요시야 시대	신명기 역사가 시대 (포로)	역대기 역사 시대
제의 중앙화 전승	언약궤, 성막	암픽티오니(지파동맹)의 중앙성소	예루살렘(성전)과 지방성소 병행 (솔로몬의 기브아)	예루살렘 성전의 부분적인 중앙화	성소의 완전한 제의중앙화(철저한 종교개혁)	성명 신학으로의 제의중앙화(영성화)-지방성소의 회당화	예루살렘 제사장과 성전 중심의 공동체

---

33 박신배, 『신명기 역사에 나타난 히스기야 개혁의 전승사연구』(연세대학교 대학원, 2000), 76. 이 장에서는 제의중앙화 전승과 북왕국의 전승, 신명기 역사서의 성장 과정에 대하여 기술한다. 현 장에서는 히스기야의 상과 관련제국, 신학적 이념에 대하여 포괄적으로 표시한다.

히스기야상	히스기야의 이전 모델			역사적 히스기야	재현된 히스기야	케리그마의 히스기야	이상화(영광)된 히스기야
	모세	집합적 사상상(기드온)	다윗				
관련 제국	애굽	블레셋	주변 왕국(열방)	앗시리아	애굽	바벨론	페르시아
북왕국 전승	광야 전승(놋뱀, 출애굽)	시내산 계약(십계명) 전승 세겜 전승	다윗 계약 사상	느후스단, 출애굽의 계약 책 전승 흡수(원신명기 형성)	두(놋뱀, 계약책) 전승의 통합(신명기법전)	남유다 전승만 존재(레위 사독 중심)시내산계약사상과 다윗선택의 융합	제사장 전승(유다전승) 다윗 선택사상의 메시아 사상화
신명기 역사서의 성장과정	십계명	언약책의 성장기	헌법으로서의 언약책	1차 신명기 운동(Proto-D, 원시 신명기법전)	2차 신명기 운동(신명기법전, Dtr1)	신명기 역사 편집(Dtr2)	토라와 역대기 역사
신학적 이념(이데올로기)	모세의 광야 종교개혁	사사의 종교(神政)개혁	다윗 정치 개혁	히스기야 개혁(P) - 종교, 정치적 개혁	요시야 개혁(D) - 종교개혁을 통한 정치 개혁	신명기 역사 개혁(P+D) = 제의 + 토라 +정치+예언 구조(귀환 정치 개혁)	레위(사독) 제사장(P+Ch)의 종교 개혁

나가는 말

우리는 이 장에서 지금까지 열왕기하 18-20장의 히스기야 기사
의 편집 신학과 전승사 신학을 종합적으로 이해하였다. 열왕기하
18-20장의 편집에서 2차 편집이 이루어졌다는 사실을 밝혔다. 히
스기야 시대의 원신명기 역사, 초기 신명기 편집이 이뤄졌고, 이것이
초기 신명기 역사가에 의한 초기 신명기 역사서(Dtr0)라는 것을 규명
한다. 요시야 시대에 1차 편집이 있었고, 바빌론 포로 시대에 2차 최
종 편집을 통해 포로기 신학의 관점이 신명기 역사서 전반에 지배하
고 있음을 알게 되었다. 히스기야 시대와 포로기 편집층의 구별을 통
해 각기 역사적 히스기야와 신학적 히스기야에 대한 이해가 다름을
알게 되었다.

최종 본문을 통해 신명기 역사가의 포로 시대의 역사 이해는 예언
이 중심이 된 토라와 정치(생활), 제의 등의 요소로 구성되었음을 연
구하였다. 히스기야 기사가 요시야 기사보다 전체 신명기 역사서의
구성에 있어서 더 모델이 되고 있음을 알게 된다. 히스기야 개혁의
특성에 있어서도 포괄적이고 종합적인 종교개혁이 요시야 종교개혁
이었지만 정치적 목적을 가진 종교개혁의 의미를 알게 되었고, 편집
시대인 바빌론 포로기의 귀환의 목적을 가지고 종교개혁 기사를 보
는 청중과 독자들이 있음을 규명한다. 제국과 제국의 종교정책에도
영향을 받고, 이스라엘의 전승이 남 유다에 흡수되고 레위 사독 전승
으로 남게 되는 역사적 과정도 추적하였다. 역사가의 모델이 된 다윗
과 히스기야, 요시야 왕의 역사적 의미도 연구하여 히스기야 개혁을
종합적으로, 그리고 전승사적으로 신학적 이해를 하였다.

다시 히스기야 전승의 역사적, 신학적 차원에서 히스기야 시대와
포로기 시대의 의미가 어떻게 차이가 나는지 연구한다. 히스기야에

대한 상과 히스기야 개혁의 의미 변화, 히스기야 이야기 전승, 산헤립 침략의 전승, 그리고 히스기야 왕의 전후 왕들과의 관련 등을 비교하여 역사적 차원과 신학적 차원에서 이해의 차이를 구별하였다. 결국 이러한 전승의 이해는 거시적 종교개혁의 맥락에서 이해될 수 있음을 6개의 항목으로 규명하였다. 제의중앙화의 전승과 히스기야상, 연관된 제국과 북 이스라엘 전승, 신명기 역사서의 변화과정과 신학적 이데올로기(이념) 등의 관계를 시대별로 전승의 발전 과정을 추적하였다. 광야 시대와 사사시대, 왕정 시대, 히스기야 시대, 요시야 시대, 바빌론 포로 시대와 역대기 시대 등으로 나누어 살펴봄으로 전승의 변화와 발전 단계를 살필 수 있었고 종교개혁 전승의 의미를 알게 되었다.

열왕기하 18-20장의 편집과 전승의 신학은 복잡하게 엮어 있는 것을 알 수 있었다. 이 장에서는 신명기 역사의 종교개혁을 역사적 차원과 신학적 차원에서 이해하였다. 또한 각 시대 마다 전승 층의 의미를 찾아서 해석하였다. 이곳에서 밝히지 못한 오늘의 상황에서 종교개혁이 갖는 의미를 포착하는 것, 그리고 그것을 적용하는 것은 또 얼마나 많은 시간의 누적이 필요할지 독자의 공간과 몫으로 남긴다.

8장
역대기의 다윗, 사울 패러다임
-역대기상 10-12장을 중심으로

들어가는 말

이 장에서는 역대기 역사에서 중요한 신학적 중심 이슈가 무엇인 지 살펴보며, 역대기 역사 전반에 흐르고 있는 패러다임이 무엇인 지 역대기상 10-12장을 중심으로 연구하고자 한다. 여기에 나타난 사울과 다윗의 주제가 역대기 역사서 전반에서 반복되는 패러다임 의 역할을 하고 있는데, 그 신학적 의미가 무엇인지 살피며 또 역대 기 역사 신학에 있어서 중요한 모델이 될 수 있는지 타진하고자 한 다. 역대기상 10-12장은 역대기상 전체 이야기 중 서론의 위치를 가 지고 있기에, 사울과 다윗의 주제가 전체 역대기 역사에서 해석학적 틀을 제공할 수 있는지 연구하고자 한다.

신명기 역사서는 포로지에서 쓴 것으로 포로기 신학의 성격이 있 다. 이와 달리 역대기 역사는 포로지에서 돌아와서 팔레스틴에서 기 록하였다. 그래서 역대기 역사서는 제2성전 시대의 배경에서 그 신 학적 성격을 가진다. 따라서 그 당시의 유다의 정치적, 역사적 상황 이 어떠한지, 역대기 기자는 자신의 공동체에게 역대기상 10-12장 을 어떤 의도를 가지고 그 역사적 교훈을 하고자 하였는지, 역대기 역사 전체의 '온 이스라엘'의 의미는 무엇인지, 역대기 역사의 사울과 다윗의 상(像)과 사무엘상, 하에 나타난 사울과 다윗의 차이는 어떠한지 비교연구하며, 역대기상 10-12장이 전체 구조 속에서의 배열 의도는 무엇인지, 또 역대기 역사서에서 역대기와 에스라, 느헤미야서의 통일성의 차원에서 하나로 흐르고 있는 신학적 개념을 찾고자 한다.[1] 이러한 문제를 제기하며 역대기 역사에서 다윗과 사울의 패러다임 연구를 통해 역대기 신학을 연구하고자 한다.

역대기 역사의 연구사 및 대상 10-12장의 신학적 문제

역대기 역사에 대한 통일성의 문제, 즉 역대기 저자(역대기 역사가)의 일치 문제와 신학에 대한 문제를 선결적으로 다루어야 한다.[2] 왜냐하면 그래야 역대기상 10장의 주석적 문제를 다루는데 있어 역대기의 한 전망을 이해할 수 있기 때문이다. 역대기의 범위와 관련한 통일성의 문제는 세 번의 학문적 토론이 있어왔다.

1920-1930년대에 오경 자료 연관설(펜타토닉 기원의 자료설)로서 역대기상에 있어서 오경의 P자료의 전통을 잇는 기초설화가 있다는 것이다. 일련의 개작의 흔적들이 있다는 것(역대기를 신명기를 포함한 펜타토닉에 조화시키려는 태도: 헤넬과 로스타인주석, 1927)이다.[3] 오늘날 오경의 제사장 자료와 역대기, 히스기야 제의 개혁과 연관되어 연구되고 있는 것도 이와 관련이 있다.[4] 웰치(Welch)는 이와 정반대의 의견으로서

----

1   D. Kidner, *Ezra & Nehemiah* (Illinois: Inter-Varsity Press, 1979), 19-27. 키드너는 에스라-느헤미야의 주제는 하나님과 하나님의 백성, 은혜의 수단으로서 제의와 기도와 모세의 율법이라고 본다.
2   H. G. M. Williamson, *Israel in the Books of Chronicles* (Cambridge: Cambridge Univ. Press, 1977), 37-59. 이스라엘의 개념이 〈역대기-에스라-느헤미야〉 통일성을 가지는 것이라는 것을 그리스번역본, 어휘와 이데올로기 등으로 논증한다.
3   G. H. Jones, *1&2 Chronicles* (Sheffield: Sheffield Academic Press, 1993), 4.
4   Rolf Rendtorff, "Chronicles and The Priestly Torah", *Texts, Temples and*

역대기의 작업 시기는 포로 후기 회복 이전이라고 주장한다. 역사가는 망명생활을 하지 않은 공동체의 일원에 의해 쓰인 것이라고 본다. 역대기상 1-9장뿐 아니라 제사장 문서(P)의 영향력을 무심코 드러내는 모든 구절들도 이차적인 것으로 여기게 된다. 웰치의 연구서는 P의 관점을 갖고 있는 개정자의 작품을 분류하는 것으로 되었다. 본래적인 역대기는 신명기 문서(D)를 권위있는 법전으로 받아들이는 공동체에서 자신의 책을 편집했다.[5]

폰라트(G. von Rad)는 다소 과격한 헤넬과 로스타인에 대한 반응에 대하여 역대기에 관한 신명기의 중요성을 강조한다. 신명기적 역사에 자신을 기초하고 분리된 자료로서가 아니라 현재의 모습으로서 오경을 알고 있던 작가를 예상할 수 있다.[6] 역대기는 그럼에도 불구하고 2차적 편집 방법에 부속되며 레위인들의 위치와 연관되어 있어서 특히 관련이 있다. 노트(Noth)와 루돌프(Rudolph)는 역대기를 작가 한 사람의 작품으로 이해한다. 그럼에도 후대에 편집이 있다는 증거들이 제시되었다.[7] 노트와 루돌프는 역대기 1-9장에서 비록 역대기를 위해 기본적인 핵심은 간직하고 있지만 2차적인 자료들을 많이 찾아냈다. 다윗의 통치에 관한 언급에서도 많이, 특히 역대기상 23-27장에서, 그리고 15-16장에서 부분적으로, 그리고 나머지 부분(역대기하)에서는 거의 없다. 이러한 절들에 있어서는 후대 부가에 대한 가능성에 대해 불분명한 용어로 언급하는 것이 몇 개 있다.

따라서 역대기의 통일성 문제를 역대기-에스라-느헤미야의 발전

Traditions, ed. M. V. Fox, N. Shupak, (Indiana: Eisenbrauns, 1996), 259-266.

5 S. Japhet, "the Supposed Common Authorship of chronicles and Ezra-Nehemiah Investigated", *VT* 18(1968): 332-372.

6 H. G. Williamson, *1 and 2 Chronicles*, 12-13.

7 S. Japhet, "the Supposed Common Authorship of chronicles and Ezra-Nehemiah Investigated", 345.

가설과 연관시키는 이론이 제기되었다. 크로스(Cross)는 역대기의 세 가지 분리된 판에 대해 주장한다. 가장 최근에 편집한 역대기 역사가는(Chr3, 주전 400년) 역대기-에스라-느헤미야 모두로 구성하였다. 두 번째 역대기 기자(Chr2)는 에스드라서 1과 요세푸스에서 그 증거로 사용해서 주장한다(주전 450년), 끝에서 에스드라서 1의 포라게(원전) 전체를 포함한다(Chr3에 뺀 이야기). 역대상 1-9장을 역대기의 좀 더 초기의 판으로 인정하지 않는다.

두 번째로 프리드만(Freedman)이 주장하는데 역대기의 최초판(역대상 10장-역대하로 구성, Chr1)이 만들어지고, 두 번째는 성전건축 시기에 생겨났으며, 스룹바벨 아래에서의 왕국의 회복 제안과 함께 성전의 회복을 지지하기 위해 역대기가 생겨났다고 본다. 역대기의 저작 시기에 대한 이론은 오늘날 프리드만과 크로스의 견해가 대표적이다. 프리드만은 역대기가 처음에는 주전 515년에 역대기상 10장부터 역대기 하까지로 구성되었다가 나중에 성전 건축 시기인 주전 425년에 스룹바벨 아래에서 왕국의 회복과 함께 성전의 회복을 지지하기 위해 에스라서, 느헤미야서가 추가 편집되었다고 주장한다. [8]크로스는 최근에 세 개의 분리된 책의 편집 과정이 있다고 주장한다. 제1편집(Chr1)은 주전 520년, 제2편집(Chr2)은 주전 458년, 제3편집(Chr3)은 주전 400년경에 이루어졌다고 보았다.[9]

----

8 J. Rosenbaum, "Hezekiah's Reform and The Deuteronomistic Tradition", *HTR* 72 (1979), 23-43. 일부학자들은 역대기와 에스라, 느헤미야가 전부 주전 400년에 편집되었다고 주장한다.

9 J. Rosenbaum, "Hezekiah's Reform and The Deuteronomistic Tradition", 26. Chr1 — 주전 520년, 대상 10장-대하 34 + 에스드라서1서 1:1-5:65 포라게, Chr2 — 주전 458년, 대상 10-대하 34 + 에스드라서 포라게, Chr3 — 주전 400년, 대상 1-9+대상 10:1-대하 36:23 + 히브리 에스라-느헤미야. 역대기-에스라-느헤미야 모두로 구성된 것.

제펫은 역대기 역사 연구의 최근 연구 세 가지를 소개하고 있다. [10] 벨튼(P. Welten)의 "역대기 역사와 역대하 10-36장을 다룬 역대기에서의 역사의 묘사"연구를 주목하고, 노오스(R. North)와 클라인(Ralph W. Klein)의 연구를 언급하였다. 그중에 벨튼의 연구는 역대기하 10-36장의 부가된 부분에 대한 문학·언어적인 분석방법으로 연구한다. 벨튼 논문의 결론의 요지는 군주 시대에 대한 지식이 역대기에서는 극소수이고, 르호보암, 웃시야, 히스기야 시대의 자료는 세 개의 짧은 단락으로 나타난다고 연구하였다. 벨튼은 역대기하 10-36장의 다른 모든 부가된 것은, 3세기 초반 역대기 시대의 상황에 반응한 것으로서, 하나의 만들어진 자유로운 역대기 기자의 고안이라고 본다.[11] 이처럼 시기적으로 학자들의 이론이 차이가 나고 있지만 제2성전 건축 시기,[12] 페르샤 제국 시대에 역대기 역사서가 기록되었음을 알 수 있다.[13] 역대기상하, 에스라-느헤미야의 전체 역대기 역사 구조 속에서 역대기상 10-12장의 주석적 문제를 다룰 수 있음을 알게 된다.

김회권은 역대기 전체의 주제가 하나님 나라라는 차원에서 통일 신학을 전개하는 것이라고 주장한다.[14] '온 이스라엘'의 주제가 그러한 사마리아와 귀환 공동체의 통일을 강조하는 것이라 본다. 앞서서

---

10 S. Japhet, "Historial Reliability of Chronicles", *JSOT* 33 (1985), 83-107.

11 S. Japhet, "Historial Reliability of Chronicles", *JSOT* 33 (1985), 98.

12 D. J. A. Cliñes, "Haggai's Temple Constructed, Deconstructed and Reconstructed", ed. by T. C. Eskenazi and K. H. Richards, *Second Temple Studies: 2 Temple Community in the Persian Period*, JSOT Sup. 175 (Sheffield: Sheffield Academic Press, 1994), 60-87.

13 Paolo Sacchi, *The History of the Second Temple Period* (Sheffield: Sheffield Academic Press, 2000), 46-113. 고레스 칙령 이후에 스룹바벨과 에스라, 느헤미야 시대의 상황을 연구하며, 포로기 직후의 상황부터, 유대교 사독시대, 그 후의 변화를 살필 수 있다.

14 김회권, "역대기의 민족화해신학", 「신학사상」 152집 (한국신학연구소, 2011), 10-44.

살펴었듯이 다윗의 '온 이스라엘'의 지도자로서 왕권은 통일 신학뿐 아니라 제2성전 시대에 제사장 나라, 성전 중심의 종교적 공동체를 형성하려는 역대기 기자의 신학적 의도를 이미 주지하고 있다. 신명기 역사는 그 신학적 주제, 구성적 틀(예언 + 제의 + 토라 + 정치) 중에서 예언을 강조하는 신학적 특성을 가지고 있다고 하면,[15] 역대기 역사는 그 신명기 역사의 구성적 틀 중에 제의(종교적 · 제사장적 주제)를 강조하는 신학적 특성을 가지고 있다. 사울의 불순종과 다윗의 순종이라는 신앙적 차원이 제의적 차원에서 강조하고 있다. 그래서 온 이스라엘의 통일은 제의적 통일성에서 성취되는 것임을 제시하고 있다. 이러한 관점을 주석적 문제에서 다루어보자.

역대기상 10-12장의 주석적 · 신학적 문제

사울의 죽음 기사(대상 10:1-14)는 삼상 31장에 기초하고 있다. 그 중에 13-14절의 사울 통치의 평가는 추가되었다고 본다.[16] 세갈(M. H. Segal)은 "왕국이 이새의 아들 다윗에게 돌리기 위한 결론에 의해서만 삽입되었다"고 주장한다.[17] 로스타인과 헤넬(J. W. Rothstein, J. Hanel)은 사울과 다윗의 인물 대조로서 다윗이 사울보다 우위에 있는 것은 마치 빛이 어두움보다 앞서는 것과 같다고 주장하였다. 윌리(T. Willi)는 사울이야기를 가져온 것은 나단 예언(대상 17: 13)을 암시하는 것으로 사울의 왕권과 대조를 이루게 하려는 것이라고 주장한다. 제펫(Sara Japhet)은 문학적 관점에서 다윗 왕국의 연속성을 보여

---

15 박신배, "열왕기하 18-20장의 편집과 전승 신학 연구",『그리스도대학교 교수논문집』10집 (서울: 그리스도대학교 출판국, 2010), 84-87.

16 H. G. Williamson, *1 and 2 Chronicles*, 92.

17 Saul Zalew, "The Purpose of the Story of the Death of Saul in 1 Chronicles 10", *VT* 39. 449.

주기 위해 과거의 이야기를 하려고 한다고 보았다. 엘름스리(Elmslie)는 사울 기사는 '다윗 통치의 서곡'으로서만 의미를 갖는다고 보거나 기껏해야 이어져 나오는 다윗 성공의 뛰어남을 강조하기 위한 어두운 장식(금박 foil)으로 본다(von Rad, H. J. Boecker). 최근의 연구들은 이 장이 역대기 기자 자신의 관점에서 한 목적을 가지고 있다고 보았다(K. Koch, Mosis, P. R. Ackroyd). 모시스(Mosis)의 주장은 일반적으로 많은 동의를 얻고 있는데, 사울 기사가(대상10장) 포로기 상황의 패러다임(Paradigm)을 보여주는 장이라고 하였다.[18]

월리암슨(Williamson)도 같은 입장에 서서 "역대기 자신의 시대 이스라엘은 왕권이 상실되고 국가독립을 강렬하게 소망하는 시대라고 규정하여야 한다(identify)고 보았다. 따라서 다윗이 구원의 역할을 성취하는 것으로 역사가를 제시하려는 것이라고 보았다.[19] 이러한 포로기적 상황은 역대기상 다음 장(11장)의 회복(restoration)의 주제와 평형을 이룰 수 있다.

역대상 11-12장의 주석적 문제는 다윗을 왕으로 세우는 이야기(11:1-12:40)가 다루어진다. 역대기 11-12장 두 장에서 여러 번 다윗을 왕으로 세우려는 역대기 기자의 의도를 묘사한다(11:1-3, 10; 12:23, 31, 38). 사무엘하에서 다윗이 점차적으로 지파를 연합하여 '온 이스라엘'을 형성하는 책임이 있는 것으로 그리는 것에 반해 역대기에서는 온 이스라엘이 다윗을 왕좌에 앉히려는 책임을 가진 것으로 본다. 이러한 주장은 잘 짜인 구조로 역대기상 1:10; 12:25; 38-40은 역대기 기자 자신의 구성으로 보여진다. 다윗의 왕권, 다윗이 이스라엘의 왕이 되는 것은 사무엘서와 역대기를 통하여 하나님의 섭리이자 계

---

18 H. G. Williamson, *1 and 2 Chronicles*, 92.

19 H. G. Williamson, *1 and 2 Chronicles*, 93.

획 속에 있는 것이었다. 다윗은 목동으로서, 시편기자, 왕으로서 하나님의 마음을 온전히 좇았던 사람이다.[20] 역대기는 제의 중심의 성전 건축 준비자로서 다윗 왕을 그리고 있다.

다윗의 기름 부음(11:1-3) 장면을 살펴보자. 다윗의 이스라엘을 치리하는 왕으로 기름 붓는 기사는 사무엘하 5:1-3에 아주 비슷하게 기록되어 있다. 그러나 역대기의 기사는 사울의 사망 기사 다음에 바로 나오기 때문에 이스보셋 왕국의 몰락 기사(삼하 2-4장)를 지나친다. 이 짧은 왕 즉위 기사에서 역대기 기자는 역사를 하나님에 의해 결정되는 극복의 관점에서 보고 있다. 3절에서는, '사무엘로 전하신 말씀대로'는 동자반복(homoioteleuton)의 글자(Israel... Samuel)이며, 사무엘서에서는 이 구절이 탈락되었다. 그렇지만 신명기 역사서에서 탈락되었다고 주장하더라도 역대기 기자가 이 부분을 추가하였다. 왜냐하면 예언 말씀에 따라 역사의 방향을 일반적인 관점에서 아주 가깝게 부합시키기 때문이다. 이 예언 말씀은 2절 b부분의 신학 구절보다는 나단의 신학(삼하 7:7-8;대상 17:6-7)과 훨씬 가깝다.[21] 신명기 역사에서 토라를 강조하는 어휘가 역대기역사에서도 반복되고 있다. 역대기 기자는 초기 역사 기록들에 대한 광범위한 지식들을 알고 있었다고 추론할 수 있다(삼상 15:28; 16:1-13). 특히 이 추가 부분은 2b의 표현을 강조한다. 다윗의 통치가 이스라엘을 위하여 하나님이 선택한 결과라는 것이다.

역대기 역사에 있어서 구성적 틀(예언, 토라, 정치, 제의)에서 제의를 강조하는 것임을 알 수 있다. 신명기 역사가 구성적 틀(토라, 제의, 정치, 예언)에서 예언을 강조하고 있는 것과 대조적이다. 물론 예언자, 예언

20 F. W. Krummacher, *David: King of Israel* (MI Grand Rapids: Kregel, 1994), 7.
21 H. G. Williamson, *1 and 2 Chronicles*, 97.

적 요소가 역대기 10-12장에서 결핍된 것처럼 보이지만 엔돌의 여인, 신접한 자에게 찾아가는 사울의 부정적 요소는 거짓 예언자의 모습으로 나타나고 있다. 제사장과 정치적 지도자 다윗의 신앙적, 제의적 요소가 예언자의 변형된 형태로 역대기에서는 나타나고 있다.

역대기상 10-12장의 구조 문제

역대기상 10-12장이 역대기와 역대기 역사 전체 구조 속에 어떠한 입지를 가지고, 어떤 역할을 하는지 살펴보는 것은 역대기 신학의 구조를 찾는 데 있어서 중요한 일이다. 역대기 기자는 사울과 다윗의 패러다임의 주제를 가지고 역사를 구성하고 있다. 족보로 시작하는 역대기 역사의 서론부에, 유다 자손의 계보(대상 2:3-8)에 이은 베냐민 자손(대상 8:1-12)의 족보가 나온다. 그리고 사울왕의 가족 족보가 역대상 8장 33-40절까지 기록되어 있다. 또 사울의 족보가 역대기 10-12장 바로 직전, 역대기상 9장 35-41절에도 기록되어 있다. 이는 역대기에서 전체 12지파의 족보를 요약적으로 표현해주는 이스라엘 지파 명단에 서론적인 서술이다(대상 2:1-2). 따라서 사울과 다윗은 온 이스라엘, 즉 이스라엘 전체 지파, 남북 지파의 대표로서 전(全) 이스라엘이 한가족임을 나타내는 표현 도구이다. 역대기에서도 사울과 다윗은 하나이면서 다른 여호와 신앙의 단면을 보여주는 신학적 의미를 가지고 있는 것이다.

역대기상의 구조를 단순히 1-2부로, 이스라엘 민족의 족보(대상 1-9장)와 다윗의 역사(10-29장)로 나누어 보는 입장에서, 사울의 죽음(10:1-14)과 다윗왕의 등극(11:1-47), 다윗의 등극식에 참여한 용사들

(12:1-40)로 나눈다.[22] 사울과 다윗, 솔로몬이라는 전체의 핵심 이야기 구조에서 사울과 다윗 패러다임의 역사신학을 계속하여 보여주며 신앙과 불신앙의 주제로 이어가는 역대기 역사의 전체 구조라는 측면에서 이야기를 살펴보아야 한다. 역대기상 10-12장의 구조를 살펴보면 다음과 같다. 1) 사울 왕의 죽음과 장사(대상 10:1-14), 2) 다윗의 헤브론에서 이스라엘의 왕이 됨(11:1-3), 3) 예루살렘의 정복(11:4-9), 4) 다윗의 용사들(11:10-47), 5) 베냐민 지파의 다윗 추종자들(대상 12:1-7), 갓 지파 추종자(대상 12:8-15), 6) 베냐민과 유다의 다윗 추종자들(대상 12:16-18), 7) 므낫세의 다윗 추종자(대상 12:19-22), 8) 다윗의 병력 목록(대상 12:23-40), 유다자손, 레위자손의 군인 수(대상 12:24-28), 베냐민 자손 군인 수(대상 12:29), 에브라임과 온 이스라엘 지파 군인 수(대상 12: 30-40) 등이다.

이를 통해 사울과 다윗의 패러다임에서 다윗의 유다 지파는 온 이스라엘의 대표성을 가지는 지파로서, 다윗의 왕권은 온 이스라엘의 대표권을 가지며 왕권의 정통성과 정당성을 가지는 존재임을 밝히고 있다. 사울의 불순종과 배교는 블레셋이라는 이방 민족으로부터 침략을 당하는 불행한 역사를 답습하는 결과를 가지지만, 다윗의 순종과 금식, 주님(만군의 하나님)의 임재, 하나님의 군대, 용사들이 함께 함으로써 이스라엘에 기쁨이 넘치게 된다는 역사적 교훈을 보여준다. 그러면 여기서 역대기상 10-12장의 전체 구조를 자세하게 양식적 언설을 중심으로 파악한 드 브리(Simon J. De Vries)의 구조를 살펴보면 다음과 같은 구조를 살필 수 있다.[23]

---

22 임태수,『역대상: 대한기독교서회 창립 100주년 성서주석』(서울: 대한기독교서회, 2007), 60-64.
23 Simon J. De Vries, *1 and 2 Chronicles* (Michigan: William B. Eerdmans, 1989), 117-134.

역대기상 10-12장의 배열 의도와 패러다임 신학

역대기상 10-12장의 구조는 블레셋에 대한 사울과 다윗의 패러다임 구조가 분명하다.[24] 역대상 11장부터 29장까지 전체의 구조에서 볼 때 왕권과 제의의 반복된 구조가 나온다. 사울과 다윗의 패러다임이 전체 이야기 속에서는 왕권과 제의라는 이야기의 구조로 연결되고 있음을 알 수 있다.

역대기 역사가에 있어서 3명의 왕이 중심의 위치에 있다. 사울왕은 역대상 10장에 기술되고 있고, 다윗왕은 역대기상 11-29장, 솔로몬왕은 역대기하 1-9장에 기록하고 있다. 이를 통하여 역대기 기자는 이 세 왕을 그의 역사 기록에 중심을 두고 있음을 보여준다.[25] 그 중에서 본문 10-12장은 사울 왕과 다윗 왕의 기록이 있는, 두 왕이 동시에 기록되어 있는 중요한 부분이다. 전체 구조 속에서 볼 때 역

---

24 블레셋에 대한 사울과 다윗의 패러다임
　(가) 블레셋의 승리와 사울의 실패(10:1-14)
　　　블레셋 군대의 공격과 사울의 죽음(1-6)
　　　블레셋의 거주와 다곤신(7-10)
　　　길르앗 야베스 사람들과 사울의 시체(11-12)
　　　사울의 죽음과 다윗의 등장(13-14)
　(나) 정치적 군사적 지도자 다윗(11:1-9)
　　　a) 11:1-3 헤브론의 다윗
　　　b) 4-9 예루살렘의 다윗
　(다) 온 이스라엘의 왕 다윗 (블레셋과의 역전, 11:10-12:40)
　　　a) 10-21 블레셋의 패퇴와 다윗의 용사(I,II)-헤브론
　　　b) 22-47 애굽 사람의 운명과 다윗의 용사들(III)
　　　c) 12:1-7 시글락에서 다윗에게온 용사들
　　　d) 8-15, 16-19 예루살렘에서 다윗에게온 용사들
　　　e) 20-22 시글락에서 다윗에게온 근대 장관들
　　　f) 23-37 헤브론에서 다윗 왕위 즉위를 위한 군대들
　　　g) 38-40 금식과 희락

25 E. L. Curtis & A. A. Madsen, *The Books of Chronicles* (Edinburgh: T&t Clark, 1976), 180. 커티스와 메디슨은 다윗의 역사를 두 부분으로 나눈다. 그의 통치기사(10-22장)와 성전 건축 준비와 성전의 배열과 기구들 (21-29장).

대기의 패턴을 '제의'와 '왕권'의 축에서 볼 수 있다. 사울은 충실한 야웨의 제의 이행에 실패하고 하나님의 왕조 계승과 왕권 수호에 실패한 왕이었다면, 다윗은 순수한 야웨의 제의 실현과 다윗 왕조 계승과 왕권 수호에 성공한 왕으로 그리고 있다. 역대기 역사의 저작에서는 계속 왕권과 제의가 반복하며 교체하여 나타났다.[26]

　　이러한 맥락에서 이 본문은 '왕권'에 속하는 것으로 다윗의 왕권이 확립되는 것을 본다. 이 본문은 역대기 역사서의 서론에 위치하여 전체 역사의 범례(paridgm)를 제공하는 역할을 한다. 사울의 기사는 부정적인 측면을 반영한다면 다윗의 기사는 긍정적인 측면을 반영한다는 것이다. 또한 사울의 기사는 포로시기를 반영하고 다윗 기사는 '회복'을 의미한다는 것이다.[27] 역대기 역사는 왕권과 제의의 구조에서 다윗을 제의와 왕조의 건립자로서 묘사하고 있다.[28] 역대기 역사의 신학적 구조는 더 큰 구성적 틀에서 볼 때, 신명기 역사의 구성적 틀과 같이 예언과 정치, 토라와 제의라는 이야기 구성에서 제의를 강조하고 있는 역사 이야기임을 왕권(정치)과 제의의 구조에서 증명하고 있다.

　　다윗왕의 기사(11-12장)는 '온 이스라엘'의 왕이 된다는 주제를 부각하며 교차대구법적(chiastic pattern) 구조로 본문이 구성되어

26　G. H. Jones, *1 and 2 Chronicles* (Sheffield: Sheffield Press, 1993), 38.
　　왕권과 제의(대상11-29장)
　　왕권　온 이스라엘이 다윗을 지지하고 예루살렘을 수도로 세움(대상 11-12)
　　제의　법궤로 이전 하려는 시도(대상-13)
　　왕권　야웨가 군사적 승리를 줌(대상-14)
　　제의　다윗이 법궤를 운송하는 데 성공하고 성전 직무를 임명함(대상 15-16)
　　왕권　군사력 승리들(대상 17-28)
　　제의　성전 건축 준비(대상 21-29)
27　G. H. Jones, *1 and 2 Chronicles* (Sheffield: Sheffield Press, 1993), 33-34.
28　William Riley, *King and Cultus in Chronicles*, JSOT Sup. 160, (Sheffield: JSOT Press, 1993), 53-54.

있다.[29]

사울이 죽은 이후에 다윗이 바로 즉위한다(대상 11:1-3). 그리고 다윗은 헤브론의 남쪽 지파의 왕이 된다. 다윗의 통치가 일반적으로 지지를 받기 위하여 외부지역과 북 이스라엘 지파가 지지하며 '온 이스라엘'이 예루살렘의 여부스 도시중심에서 지지 받는다(대상 11:4-9). 다윗 지지자들의 목록은 이러한 지지를 강화시킨다. 그래서 첫 번째 다윗의 용사 두목의 목록(대상 11:10-47)이 나오고, 두 번째 목록(대상 12:23-40)은 헤브론에서 다윗 추대와 군대 계수와 지지자들 목록이 제시되고 있다. 여기서 역대기상 11-12장의 구조는 연대기적 순서를 따라 배열되어 있지 않고,[30] 역대기의 주제에 따라 '온 이스라엘'의 다윗 왕 지지를 보여 주기 위한 목적에서 배열하고 있는 것이다. 역대기 기자는 다윗 왕을 온 이스라엘을 다스리는 왕으로 백성들의 일반적인 지지를 받고 있는 자로 묘사하려 하고 있다.

블레셋에 대한 사울과 다윗의 패러다임도 세 가지 주제로 나타난다. 첫째, 블레셋의 승리와 사울의 실패(10:1-14) 주제에, 블레셋 군대의 공격과 사울의 죽음(1-6)과 블레셋의 거주와 다곤신(7-10) 이야

----

29 H. G. Williamson, *1 and 2 Chronicles* (Grand Rapids: W. B. Eerdmans, 1982), 105.

역대기상 11-12 구조

헤브론	11:10	a
시글락	12:1	b
다윗성	12:8	c
다윗성	12:16	c'
시글락	12:20	b'
헤브론	12:23	a'

30 H. G. Williamson, *1 and 2 Chronicles*, 105. 교차대구법적 패턴이 정확히 짜여있다(dovetails). 삼상 27:6에 보면 시간적으로 다윗은 시글락에 거주한다(삼상 27:6). 그에 앞서 헤브론에서 즉위하고 그 앞서 '다윗성'에 머문다(삼상 22:1-5, 23:14, 23:29 (24:1). 11장의 연대순에 따르면 (a) 16-18, 다윗성. 다윗 (b) 8-15 다윗에게 온 용사 (c) 1-7 헤브론의 왕 즉위 (d) 19-21 브나야의 공적 등이다. cf) J. W. Rothstein and J. Hänel, 역대기상, 243.

기, 길르앗 야베스 사람들과 사울의 시체(11-12), 사울의 죽음과 다윗의 등장(13-14) 등의 구조로 기술하고 있다. 둘째, 정치적 군사적 지도자 다윗으로서, a) 11:1-3 헤브론의 다윗, b) 4-9 예루살렘의 다윗이야기를 구성한다. 다윗은 정치적 지도자로서 남 유다지파의 왕으로서 다윗과, 온 이스라엘의 정치적 지도자로서 예루살렘 수도 이전과 통일 왕국의 왕으로 옹립된 것을 기술한다. 셋째, 온 이스라엘의 왕 다윗(블레셋과의 역전)을 7가지 주제로 구성하고 있다. 블레셋과 희락, a) 10-21 블레셋의 패퇴와 다윗의 용사(I, II) 헤브론, g) 38-40 금식과 희락, 그리고 애굽의 운명과 헤브론에서 왕즉위 이야기가, b) 22-47 애굽 사람의 운명과 다윗의 용사들(III), f) 23-37 헤브론에서 다윗 왕위 즉위를 위한 군대들, 그리고 시글락에서 다윗의 용사들과 근위 장관들 이야기과 짝을 이루며, c) 12:1-7 시글락에서 다윗에게 온 용사들, e) 20-22 시글락에서 다윗에게 온 근위 장관들, 마지막 예루살렘의 용사들 이야기로 구성된다. d) 8-15, 16-19 예루살렘에서 다윗에게 온 용사들.

사울과 다윗, 다윗과 블레셋의 구조에서 다윗의 왕 즉위와 다윗의 군대, 장관의 명단 등의 요소는 사울과 다윗의 패러다임을 형성하는 중요한 구성요소임을 알게 된다. 역대기 역사의 전체 구조에 사울과 다윗의 패러다임이 서론적 역할을 하고 있음을 알게 된다. 솔로몬은 다윗의 후계자로서 성전 완성자, 제의적 종교적 공동체의 대표적 인물 역할을 계속하게 된다.[31]

---

31 배희숙, 『역대하』, 대한기독교서회 100주년 기념 (서울: 대한기독교서회, 2010), 211.

나가는 말

역대기 역사를 통하여 사울은 매장지가 언급되지 못하고 왕족의 무덤에 묻히지 못하는 이유를 언급조차 하지 않고 있는 것을 볼 수 있다. 이를 통하여 사울의 위치를 알 수 있었다. 사울은 다윗 왕조의 전조(前兆)를 보여주는 인물이지만 왕실의 무덤에는 속하지 못했던 존재임을 무의식적으로 지시하고 있다. 이미 살펴본 대로 역대기 기자는 헤브론-시글락-다윗 성-시글락-헤브론의 장소를 교차대구법적 구조로 언급하며 다윗의 삶의 여정에서 블레셋과 이스라엘의 정치적 군사적 승패의 역할이 다윗의 왕권과 리더십에 있음을 문학적 구조와 역대기 신학에서 보여주고 있음을 확인하였다. 역대기 역사의 구조에서 사울과 다윗의 패러다임은 극명하게 대조적으로 차이를 지게하며 다윗의 승리와 정통성 확보라는 차원에서 강조하고 있음을 알게 되었다. 제의와 왕권의 구조를 반복적으로 강조하면서 다윗의 제의적인 자리에서 정치적 왕권의 구조를 통일한 왕으로서 온 이스라엘의 왕임을 증명한다. 특히 온 이스라엘이 다윗을 왕으로 모시는 장면을 제시한다.

그래서 역대상 10-12장이 다윗과 사울의 패러다임과 전체 역대기 역사의 서론으로 역할을 하고 있음을 살필 수 있었다. 사울과 다윗의 역할은 전체 역대기 역사의 해석의 틀을 제공하며 역사 해석의 도구가 되고 있음을 연구하였다. 신명기 역사, 사무엘 상하에서 다윗의 기사와 사울의 기사를 그대로 가지고 와서 역대기 역사의 신학적 틀에서 재편성하고 신학화하여 재구성하였음을 살피었다. 또한 신명기 역사와 역대기 역사의 기록 시점의 차이로 신명기 역사를 포로지에서 포로 시대에 기록하여 유다의 멸망의 원인이 하나님의 심판이라는, 그리고 이스라엘의 회개라는 차원에서 기술하였다고 하면,

역대기 역사는 포로지에서 돌아와서 팔레스틴에서 유다의 성전을 재건하기 위해 썼다고 볼 수 있었다.

그래서 유다의 정치적, 역사적 상황이 어떻게 변화되었으며 역대기 기자는 자신의 공동체에게 역대기상 10-12장을 성전 중심의 종교적 공동체를 형성하려는 의도로 썼다는 사실, 그리고 온 이스라엘의 의미는 종교적 공동체로서 제사장 나라의 백성의 자격과 제의 회복과 통일 왕국 실현을 최대한 종교적 제의에서 내포되어 나타내려고 하였다는 것을 알 수 있게 한다. 다윗은 블레셋이라는 적대세력을 극복하는 왕이자 사울의 왕위를 계승하고 극복하는 정치적 지도자로서 역할을 가진 자로서 신명기 역사와는 차별이 나는 역대기 역사 신학의 특징을 보여주고 있다고 하겠다.

9장
구약 역사서, 여성신학 연구
- 이경숙의 신학을 중심으로

들어가는 말

구약학자로서 교단에 서서 교수하고 연구하는 자리에 서 있다가 후배 교수에게 자리를 내 주고 은퇴한다는 것은 뜻 깊은 일이며 자연의 순리에 순응하는 길이다. 모세와 여호수아로 이어지는 구약의 전승을 생각하니, 그 일은 하나님의 섭리라는 생각도 든다. 여성 구약 박사 1호이며, 괴팅엔대학 한국인 박사 1호라는 선구적 위치에 서서 한국 여성신학과 구약학 연구 분야를 이끌었던 이경숙 교수는 후학들에게 선망의 대상이 되었던 것을 본다. 이 글에서는 이 교수의 구약 역사서 연구 분야를 중심으로 여성신학의 관점에 대하여 논의를 하려고 한다. 먼저, 여성 신학과 페미니즘, 여성주의 비평에 대하여 살피고 여성신학의 한국적 맥락에서 연구한 결과에 대하여 연구하고자 한다.[1] 여러 논문들 중에 특히 구약 역사서(신명기 역사, 역대기 역

---

1 구약 역사서의 여성신학의 논문 주제를 일별하면 다음과 같다. 이경숙, "다윗 왕조에 관한 신명기 기대와 비판", "솔로몬 성전과 법궤", "여성신학과 한국 교회: 성서기자의 눈으로 본 여성의 유형 - 열왕기를 중심으로" 논문이 역사서 논문이지만, 그 외에 여성에 관한 문제를 다룬 논문 중에 역사서(신명기 역사와 역대기 역사서)부분들을 뽑아보면 다음과 같다. "전쟁을 막아낸 지혜로운 여인", "사울이 방문했던 엔돌의 무당", "모세와 사무엘에 버금가는 민족의 구원자 드보라", "사울의 후궁 리

사) 논문을 중심으로 하지만, 이경숙은 신명기 역사와 역대기 역사를 학문적 차원에서 다루기보다 여성 중심에서 다루고 있다. 따라서 이 글에서는 여성해방이라는 차원에서 여성신학과 여성비평적 방법론으로 연구한 이경숙의 신학 내용을 주로 논의하며 하나님이 여성을 창조한 목적과 이유, 그리고 신약 성경에서 보여준 여성의 가치와 위치, 교회의 질서 안에서 여성의 존재이유를 찾고자 한다.

여성신학, 여성주의 비평, 여성신학적 성서해석 방법론

여성주의 비평(feminist criticism)은 성서 본문 안에 들어 있는 저자의 가부장제 이데올로기를 포착하여 남성의 관점으로 저술한 것에 문제의식을 갖는 것이다. 남성의 관점을 갖고 남성의 가치체계를 규범적으로 받아들이도록 강요한 남성 중심의 본문을 통해 독자가 가부장제 이데올로기에 동의하고 남성 관점을 보편적인 것으로 보고 그러한 남성 경험을 규범적으로 보게 만드는 것이다.[2] 여성주의 비평가는 성서 본문의 정체성에 대해, 성 역학관계에 주의를 기울이며 성서 읽기 과정과 본문이 자신의 반응을 통제하는 미묘한 방식에 주목한다. 그리고 남성화 과정을 꺼려한다. 독자 반응-비평처럼 "본문이 무엇을 하는가?"에 관심을 갖고 있고 본문 안에 "설득의 수사학"이 있다고 보며, 성의 정치학(sexual politics)의 역학관계를 파악하려고 한

스바 말없는 항거", "다윗을 유혹한(?) 밧세바", "요시야 종교개혁의 동반자", "동족과 복수에 희생된 삼손 부인", "여성의 연대성을 강조하는 입다의 딸 설화", "아탈랴의 정치적 운명", "한나의 슬픔과 기쁨 그리고 신학" 등이다. 여성신학 논문 45개 중에 대부분은 대한기독교서회에서 발행되는 「기독교사상」지에 게재된 논문들이다.
2　유연희, "어디서 와서 어디로 가는가?(창 16:8): 페미니스트 비평과 하갈과 사라 이야기(창16장과 21장)", 「구약논단」 제23집(2007. 3), 102.

다.[3] 여성주의 비평적 성서 읽기는 가부장제에 대한 일종의 방어전으로서 본문의 이데올로기를 비판적으로 평가하고 본문의 가부장제틀에 대항하여 성서읽기를 한다. 성서본문의 남성중심적 이데올기를 해체하고 등장인물을 통해 독자에게 전달하려는 화자의 남성 이데올로기를 거부하려는 작업이다.

　구미정은 여성신학의 가능성을 모태에서 보고, 한국교회와 예배의 문제점을 지적하며 '무덤에서 모태로'라는 주제로, 여성되기를 주장한다.[4] "무릇 모든 '되기'(becoming)가 윤리적이기 위해서는 항시 '소수자 되기'여야 한다는 게 예수의 가르침이다." 남성 신학—기계들이 여성이 되기를 바라고, 여성신학—기계들과 접속하라고 한다. 생명체의 동종교배가 아닌 이종교배를 통해 강해지는 것처럼 여성신학하기로 모태의 생명력을 가진 신학이 되기를 주장한다. 벨 훅스가 구상하는 페미니즘처럼, 페미니즘 혁명은 물론 인종주의, 학벌주의, 제국주의가 종식되는 것을 기대하고, 인간 모두가 평등하게 창조되었다는 진리를 현실에서 성취하여 페미니즘의 세상이 평화로운 세상임을 말한다. "페미니즘은 우리 모두에게 좋은 것이라"(Feminism is for Everybody)고 주장한다.[5] 박경미는 한국 여성주의적 성서해석은 이데올로기 비판과 자기 반성, 의심의 해석학과 신뢰의 해석학, 궁극적으로는 하나님에 대한 '예와 아니오'의 그 영원한 모순 속에, 그 막힘과 트임 속에 몸을 실어 성서살기, 예수살기의 새 지평을 여는 것이라 본다.[6] 여성신학이 갖는 생명력과 그 성격으로 신학의 포괄성을 가지

3　유연희, Ibid., 102-103.
4　구미정, "무덤에서 모태로 - 한국교회의 환골탈태를 위한 대안적 상상력", 「신학사상」 제145집 (2009 여름), 한국신학연구소, 245-267.
5　구미정, Ibid., 261. 재인용, 벨 훅스/박정애 옮김, 『행복한 페미니즘』 (서울: 백년글사랑, 2004), 12-13.
6　박경미, "오소서, 창조자의 영이여! - 한국교회와 여성주의적 성서해석", 「기독교사

고 있는 것을 알 수 있다.

이경숙은 "여성 해방과 성서 해석"에서 성서를 바라보고 해석하는 입장에 대하여 다섯 가지로 정리한다.[7] 첫째 유형은 성서가 여성 해방에 걸림돌이 됨으로 성서 자체를 포기해야 한다는 포기설이다. 이들은 기독교를 포기하는 탈기독교적 여성 해방 신학자, 급진 과격파라고 칭함을 받는다.

두 번째 유형은 중도적 온건노선으로 성서에 대해 아주 옹호론적인 태도를 취한다. 대부분 한국 여성신학자들은 이 부분에 속한다. 성서 자체는 여성 억압적이 아닌데, 남성들에 의해 잘못 해석되었으며, 여성들은 이제 이러한 왜곡된 사실을 바로잡고 본래 메시지를 되찾아야 한다고 본다. 이 방법에 대하여 이경숙 교수는 옹호하며 한국 상황에서는 교회 여성의 충격을 최소화하면서 여성 해방적 시각을 열어주기에 적합한 방법이라고 한다.

세 번째 유형은 '수정모델'로서 성서 안에 가부장적 문화가 면면히 흐르고 있다는 인식에서 출발하여 성서 안에 숨겨지고 왜소화된 여성 지도자의 모습을 들여다보고 숨겨져 있는 훌륭한 여성을 밝혀내려고 한다(이영미, 유연희, 김호경).

네 번째 유형은 '해방모델' 혹은 '갈등모델'로서 성서 속에는 여성 억압의 현실이 아주 생생하게 포함되어 있다고 본다. 여성 억압의 참혹한 이야기들이 있는 성서를 경전으로 받아들이는 데는 걸림돌이 된다. 그래서 여성 성서신학자 피오렌자는 '의심의 해석학' 혹은 '기억의 해석학'이라는 해석학의 틀로 성서 해석을 시도한다. 성서 이야기

상』제 470집 (1998, 2월), 대한기독교서회, 27.
7   이경숙, Ibid., 189. 재인용, "여성해방과 성서해석", 장상/소흥렬 엮음,『신학하며 사랑하며』(서울: 문학과지성사, 1996), 67-81; 이경숙,『구약성서의 하나님 · 역사 · 여성』(서울: 대한기독교서회, 2000), 268-292.

들이 과거의 역사 속에서 여성들이 당했던 비참하고 굴욕적인 상황을 우리로 하여금 '기억하게 하고' 해결하도록 초대하는 이야기라고 해석하였다.[8]

다섯 번째 유형은 극단적인 방법으로, 성서 안에서 여신 숭배 흔적을 찾거나 여성의 몸을 찬양하는 연구이다. 이 방법은 민중들이 여신 숭배를 하였다는 것이 당연히 여성의 위치를 높여 주는 것이라고 본다. 하지만 꼭 그런가라는 반문을 통해 극단적인 방법을 부정하는 것은 설득력이 있다고 본다. 이제 새로운 교회와 창조의 질서의 차원에서 여성신학하기 해석 방법이 필요한 시점이라고 본다.

김애영은 페니미즘의 용어정의에서부터 여성해방적 예배 연구를 통하여 여성신학의 논의를 이끈다. 페미니즘(Feminism)이라는 말이 '여권주의' 혹은 '여성해방주의'라는 말로 사용되며, 1960년대 이래 페미니즘의 제 2의 물결의 시기에 정치, 경제, 문화, 심리 전반에 걸쳐 총체적인 여성 해방을 추구하였던 여성해방운동이 일어났다고 지적한다. 그리고 이때에 주도적으로 그리스도교 여성 해방 운동에 앞장 선 신학자들이 레티 M. 러셀, 로즈마리 R. 류터, 엘리자벳 S. 피오렌자 등이라고 본다. 그녀는 '여성해방적 예배'(feminist liberation worship)라는 용어를 사용하여 정의롭고 평등한 인간 공동체와 생태—정의(eco-justice)형성의 비전을 제공하며 세계 사회 변혁의 동기와 실천/이론을 제시하려고 한다.[9]

양명수는 "폴 리쾨르의 해석학과 해석학"이라는 논문에서 철학적, 조직신학적 방법으로 여성신학의 방법론을 논의한다.[10] 리쾨르의 해

----

8 이경숙, Ibid., 190. 재인용. E. S. 피오렌자/김윤옥 역, 『돌이 아니라 빵을』 (서울: 대한기독교서회, 1994). 54-59.
9 김애영, "여성해방적 예배의 추구와 전망", 「신학사상」 제146집 (2009, 가을), 한국신학연구소, 133-161.
10 양명수, "폴 리쾨르의 해석학과 여성신학", 「신학사상」 제149집 (2010, 여름), 한국

석학이 해방신학이나 여성신학 같은 이데올로기 비판을 중시하는 신학에 영감을 준다. 신앙의 영성을 중시하면서 비판적 신학을 하기에는 그의 해석학이 중요한 역할을 한다고 본다. 쉬나이더스는 통합의 해석학을, 맥페이그는 새로운 모델을 통한 여성 해방의 신학을 마련하기 위해 리쾨르의 해석학을 이론적 기반으로 사용했다고 밝힌다. 파멜라 앤더슨은 로고스 중심의 철학보다는 신화의 은유 세계에서 여성의 새로운 역할을 찾기 위해 리쾨르 이론의 도움을 받았다고 주장한다. 신학이나 신앙은 성서라고 하는 은유의 세계에 바탕을 두고 있기에 여성신학이 성서를 버리지 않고 신학하면서 리쾨르의 해석학적 통찰력을 적용할 때 설득력이 있을 거라고 제안한다.[11] 다른 한편, 여성신학은 생태여성주의, 생태학과 여성주의가 결합되어 발전하여 생체 기술학과 사회 생명학 등을 다루며 우주 기원적 관점에서 창조적 진화를 다루기도 한다.[12]

한국여성신학과 한국신학

여성학이 신학에 미친 영향에 대하여, 장상은 여성신학의 미래 연구 방향을 잘 예측하였다고 한다.

"오늘날 여성 해방신학은 기독교 전승이 여성해방적이냐는 관심에서 여성해방적 전승이 무엇이냐는 질문으로 옮겨가고 있다. 다시 말하자면, 여성신학의 초기에는 성서와 전통적 기독교 신학의 가부장적 요소를 비

신학연구소, 163-208.

11 양명수, Ibid., 204-205.

12 Ivone Gebara, "Ecofeminism", L. M. Russell/J. S. Clarkson(ed), *Dictionary of Feminist Theologies* (Kentucky: Westminster John Knox Press, 1996), 77-78.

판하며, 기독교의 여성해방적 가능성을 규명하는데 모든 노력이 집중되었다. 그 다음에는 여성신학의 방법론 모색으로 옮겨졌으며, 이제 여성신학은 신학의 규범 또는 전거 자체를 재검토하는 데로 방향이 잡혀지고 있다. 이에 따라 기독교 전승 외의 전승이 여성해방의 자료로 사용되며, 뿐만 아니라 여성해방을 구원의 실재 그러므로 여신 종교의 등장이나 여성신학의 과격성이나 다양성은 자연스러운 경향이다. 여성신학의 그와 같은 경향성은 다원화 시대, 포스트모던의 시대, 혼합 종교의 시대의 한 징표로서도 이해할 수 있다."[13]

이경숙은 21세기를 살고 있는 저자의 입장에서 적중하였다고 평가하고 있지만 여성신학의 방향성의 굴곡된 입장이 될 수 있음과 여성신학에서 경계해야 할 중요한 대목임을 가리키고 있는 것을 간과하고 있다. 또한 이경숙은 "한국 여성신학의 발자취와 미래: 주제별 고찰과 내일의 과제"에서 여성신학의 위치를 말하며 자신의 여성 신학을 말하고 있다.[14] 여성신학의 태동과 한국 여성신학의 역사를 소개하면서 여성신학은 민중신학, 문화신학, 통일신학, 생태신학, 아시아 신학과 그 맥을 같이한다. 이런 점에서 여성신학은 태극신학과 대화할 여지가 많다.[15] 단지 여성신학은 신학과 교회의 문제들을 여성의 관점을 가지고 다룬다는 점에서 차이가 있다고 본다. 여성신학은 대안 신학의 형태로 출발하여 전통 신학의 내용이 남성 중심적이고

---

13 이경숙, "창세기 2-3장에 들어있는 신화적 요소와 그 신학적 메시지: 여성신학적 관점에서", 『성서 · 여성 · 신학』 (서울: 한국신학연구소, 2005), 27-28. 재인용; 장상, "기독교 여성관의 재발견", 창간호 (한국여성신학회, 1985), 93-121; 장상, "여성신학과 창조신앙의 의의", 『한국여성신학의 과제』 (서울: 한국여신학자협의회, 1983), 44-62.
14 이경숙, "한국 여성신학의 발자취와 미래: 주제별 고찰과 내일의 과제", 『한국기독교신학논총』 제50집 (2007), 175-214.
15 박신배, 『태극신학과 한국문화』 (서울: 동연, 2009), 99-123.

여성 억압적으로 굴절되고 왜곡되어 있음을 지적한다. 그리고 여성 신학의 내용은 이론 중심적이기보다는 실천 중심적이다. 여성이 살아가고 있는 삶의 현장과 그 경험 전체를 포괄한다. 그래서 그 내용은 한국 교회의 현실이나 성서 해석만이 아니라, 민족의 통일, 정치, 사회, 경제, 성, 환경, 생태, 빈곤의 문제까지 여성의 삶과 경험에 영향을 미치는 모든 분야를 비판적인 시각에서 다룬다. 여성신학은 포괄적이고 간(間)학문적이다. 또한 여성신학은 성서본문에도 여성 해방에 기여하는 경우, 외경이나 민담, 전설, 역사 이야기 등 기타 자료들도 다룬다. 전통 신학이 성부와 성자를 강조한다면, 여성신학은 성령을 특히 강조한다고 주장한다.[16]

여성의 해방이라는 관점에서 이경숙은 한국 여성의 경험에서, 한국 여성신학은 '한국 민중 여성신학'이라는 정체성을 가진다고 보며 한국 여성의 고난의 경험에서 시작된다고 본다.[17] 이우정은 "한국 전통문화와 여성신학"이라는 논문에서 민중 여성의 삶 속에 나타난 그들의 고난과 항거의 역사를 밝히고, 한국 민중 여성이야말로 한국 역사의 주체라고 소개한다. 또 최만자는 한국 민중 여성신학은 서구 여성신학과 차별되는 성, 민족, 계급 모순이 중층적으로 경험되고 있는 한국 여성 경험의 특수성이라고 말한다.[18] 한국 여성의 고난의 경험에서 출발한 여성신학은 예수의 그리스도론에 대하여 다양한 해석을 내놓게 된다. 그리스도의 고난에 동참한 여인들이 참 그리스도인이라는 것(선순화), 최영실은 한국 여성신학을 "한의 질곡에서 생명으로 피어나는" 신학이라고 본다. 이은선은 여성이 그리스도가 될 수

----

16 이경숙, Ibid., 181. 재인용, 이경숙,『구약성서의 하나님 · 역사 · 여성』(서울: 대한 기독교서회, 2000).
17 이경숙, Ibid., 182-183.
18 최만자, "한국여성신학 - 그 신학 새로 하기의 어제와 내일",『여성의 삶, 그리고 신학』(서울: 대한기독교서회, 2005), 139. 재인용.

있는 가능성에 대하여, 강남순은 예수의 고난이 여성의 고난과 똑같이 일치한다고 한 것은 아니라는 사실을 강조하고 있고, 같은 맥락에서 정미현도 예수 고난의 유일회성으로 그것을 반박하는 내용을 소개한다.[19] 여성신학의 체험과 고난 경험, 여성 그리스도론에서 더 나아가 성서해석에 대하여 어떤 입장인지 살펴보자.

여성신학의 주제를 이경숙은 영성과 몸과 성, 평화와 생명의 영성, 교회의 민주화, 민족통일을 위한 신학화 작업과 실천, 성서, 여성의 역사와 문화, 종교적 경험 등 다각적으로 다룬다. 특히 민족 담론에 대하여 논의한 부분에서 임희숙은 성서의 가르침에 따라 민족을 신학의 주제로 전면화하는데 문제가 있다고 본다. "민족은 신학의 한 고려 사항이지, 그것 자체가 신학의 지평일 수는 없다." 이경숙과 최영실은 민족에 대하여 성서학자로서 논의를 진행하는데 주로 각 민족이 특징과 차별성을 인정해야 하며 강대국이 약소국을 억압하면 절대적으로 맞서 싸워야 한다는 근본적 여성신학의 입장을 피력한다. 한편, 김판임은 세계적 보편주의 입장에서 민족주의를 넘어서는 것에 대해 주장한다. "바울의 민족애와 민족주의"라는 논문에서 사도 바울은 강한 유대인으로서 민족애를 지니고 있었으나 동시에 민족주의를 극복하는 구원 이해를 지녔다고 분석하고 있다.[20] 또한 세계

---

19 이경숙, Ibid., 183-184, 재인용, 선순화, "한국 여성의 경험에 대한 여성신학적 고찰", 한국여성신학회(편),『한국 여성의 경험』(대한기독교서회, 1994), 17-18. 최영실; "한의 질곡에서 생명으로 피어나는 한국 여성신학",「신학사상」제100호 (1998, 봄), 한국신학연구소, 122; 이은선, "한국 여성그리스도의 도래를 감지하며", 기독여민회 엮음,『발로 쓴 생명의 역사, 기독여민회 20년』(서울: 대한기독교서회, 2007), 116-117; 이은선 "유교와 그리스도교",『포스트모던 시대의 한국 여성신학』(경북왜관: 분도출판사, 1997), 33-35; 강남순, "아시아와 한국이 여성신학",『페미니즘과 기독교』(서울: 대한기독교서회, 1998), 362; 정미현, "예수인가 바리데기인가",『한국여성신학』(2005, 가을; 한국여성신학회), 95-122, 110-111.

20 이경숙, Ibid., 207. 재인용, 임희숙, "세계화 시대의 민족담론과 여성신학", 한국여성신학회 엮음,『민족과 여성신학』(여성신학사상 6집; 서울: 한들출판사, 2006), 39; 김판임, "바울의 민족애와 민족주의", 한국여성신학회 엮음,『민족과 여성신학』

화 시대에 여성들이 민족에 대하여 어떤 관심을 가지고 그 방향성을 모색하여야 하는지 여성 신학자들의 모색을 소개하고 있다(양현혜, 양미강, 김엘리, 정희성).

여성신학이 생태신학으로, 생태 여성주의로 포괄되고 발전될 것을 도로테 죌레는 1998년 기독교사상 좌담회(이경숙, 채수일, 도로테 죌레)에서 밝혔다.

"저는 여성신학의 노선 중에 가장 중요한 것으로 생태 여성주의를 들고 싶어요. 녹색당 여성주의자들이 많이 이 방향으로 가고 있고, 여성신학 쪽에서는 나와 루이제 쇼트로프 교수, 또 그녀 밑에서 박사학위 논문을 쓰는 젊은 여성들이 이쪽 방향으로 가고 있어요. 문제는 여성 해방신학에 대한 것입니다. 모권제적인 낭만주의자들은 점차 물러나지요. 또 그들이 주장하는 모권제가 더 나았는지는 확실한 것도 아니잖아요. 나는 부권제도 모권제도 원치 않고 무정부를 원한다고 하지요. 지배 제도가 무슨 소용입니까? 이런 종류의 과격한 여성주의는 별 의미가 없어요. 이들은 문화적으로 상당히 고립되었고요. … 자본주의적, 기술만능주의적 부권제가 세계를 얼마나 파괴하는지가 명백해지기를 바라요. 모두가 이것을 인식해야 한다고 생각합니다. 우리가 필요로 하는 대전환은 생태학에서 시작할 것입니다."[21]

아시아 여성신학의 정립을 위해 근본주의와 민족주의로부터 탈피(피오렌자), 한국 기독교의 유교화, 샤먼화, 도교화, 불교화로부터 독립(정현경), 여성신학을 위한 역사비평적 방법 연구와 서구의 학문과 우

(여성신학사상 6집; 서울: 한들출판사, 2006), 89-104.
21 김선희, "도로테 죌레 좌담회(죌레, 이경숙, 채수일)", 「기독교사상」 제 475집 (1998, 7월), 대한기독교서회, 76-77.

리의 전통 모두 연구(이경숙)해야 하며, 중국교회는 문자주의적 성서 이해로부터 자유로워야 한다(곽푸이란)고 주장한다.[22]

여성신학이 희년을 맞아 한국교회와 한국 사회 속의 과제를 말한다. 여성들이 한국 교회 안에서 희년을 선포함으로써 가난하고 상처받은 영혼, 갇힌 자들을 위한 예언자들의 외침이며, 민족과 사회를 치유하는 것이며, 불신과 편견으로부터 해방이라는 사실을 주장한다.[23] 또한 구약의 제의법에서 여성 억압적 차원을 거론하며 여성의 시각에서 새로운 성서연구 방법을 찾아야 한다고 제언한다.

"여성의 올바른 위치 정립"이라는 글은『여성들을 위한 신학』(이우정 편저, 한국신학연구소)라는 책의 서평이다.[24] 여러 여성신학자들의 견해를 소개하며 논란이 되는 여성신학의 쟁점들을 소개하고 있다. 특이한 점은 여성으로 표현된 하나님의 상을 부각시키며 여성의 모태로부터 하나님의 자비로 전이되는 과정, 어머니 가슴의 평온을 하나님의 보살핌으로 해석(필리스 트리블, "은유의 전이 - 모태에서 자비로")하는 것과 여자와 남자가 평등하게 창조되었다는 것, 하나님의 칭호가 양성적 칭호로 대치되어야 한다(메리 데일리)는 것 등이다. 한국 여성신학은 한국 여성 문제가 풀리는 것을 목적으로 추구되고 있다. 이는 하나님의 사랑 안에서 인격적 관계와 신앙문제로 풀릴 수 있음이 전제된 것이리라.

---

22 이경숙/피오렌자/곽푸이란/정현경, "아시아 여성신학 정립을 위한 제언",「기독교사상」제 456집 (1996, 12), 대한기독교서회, 69-87.
23 이경숙, "희년을 향한 한국 여성신학의 과제",「기독교사상」제371집 (1989, 11), 대한기독교서회, 77-88.
24 이경숙, "여성의 올바른 위치 정립",「기독교사상」제334집 (1986, 10), 184-188.

여성신학, 구약학 연구하기

여성신학의 준거를 위한 성서의 여성 인물과 주제에 대한 연구를 살펴 볼 수 있다. 이경숙은 미리암 연구에서 여성 억압의 본문들 중에 미리암 기사는 대표적인 것으로 언급하고 있다.[25] 가부장적 위계질서의 희생자로서 미리암을 보며, 여성 지도자의 역할을 부정하는 것으로 해석한다. 여성의 정체성에서 볼 때 여성 억압의 본문들을 어떻게 하나님의 메시지로 받아들일 것인가 하는 문제를 제기한다.

여성 중심적인 시각, 여성주의 비평에서 구약읽기 작업을 하기에 구약 역사적 해석과 문제점보다는 이경숙에게는 여성의 시각, 여성 해방적 관점이 더 중요한 것이다. 룻과 나오미, 보아스의 텍스트도 시형제 결혼, 고엘 제도의 남성 중심적 성격을 본문의 문제로 삼는다. 현대의 시점에서 이 제도는 거부되어야 하고, 고대 성서 시대에도 문제가 있었던 것이라 평가한다.[26] 그래서 이 세 사람의 인물이 서로 신실한 관계를 통해 공동체의식으로 결속되었기 때문에 보아스의 역할이 그리 중요한 것이 아니라고 해석한다. 그녀는 여성 해방적 의미에서만 그 의미 있는 것을 찾고 있다.

여성신학자 이경숙은 창세기 2-3장 연구에 있어서 기독교 2000년 동안, 남성중심적 해석으로 말미암아 여성의 위치를 매우 격하하였다고 말한다.[27] 성서는 본래 여성이 남성과 평등함을 말하고 있다고 보며, 성서기자는 창세기 2-3장에서 고대 근동의 신화를 빌려 이

---

25 이경숙, "출애굽의 여성 지도자 미리암", 「기독교사상」 제412집 (1993, 4), 179-185.

26 이경숙, "공동체 의식으로 서로 신실한 룻, 나오미, 보아스", 「기독교사상」 제424집 (1994, 4), 168-177.

27 이경숙, "창세기 2-3장에 들어있는 신화적 요소와 그 신학적 메시지: 여성신학적 관점에서", 『성서 · 여성 · 신학』 (서울: 한국신학연구소, 2005), 52.

를 신학적으로 설명하려고 노력하였다고 본다.

"우리가 성서를 하나님의 말씀으로 믿는다는 것은 신화적 내용을 하나님의 말씀으로 믿는다는 것이 아니라, 하나님이 성서 기자를 통해 주신 신학적 메시지를 하나님의 말씀으로 믿는다는 것이다. 따라서 우리는 남녀의 불평등, 그리고 남녀의 고통스러운 삶이 하나님이 원하는 것이 아니라, 모두 우리의 교만 내지는 불복종에서 나왔다는 창세기 2-3장의 신학적 진술을 깊이 새겨야 할 것이다. '가부장제를 고발하고' 남녀평등사회를 이룩하는 것이 우리의 과제로 남는다."[28]

그 연구의 결론에서 언급한 말 중에서 남녀평등사회로 나가기 위한 담론으로서 결어는 인상 깊다. 그 신학적 메시지는 믿을 수 있지만, 그것의 신화적 내용을 믿을 수 없다는 전제는 평신도 신앙인, 경건한 신앙인들이 동의할 수 없는 대목이다. 신화나 동화적 내용을 빌려서 성서 기자가 표현하려는 신학적 내용을 주장함으로써 성서의 내용이 신화나 동화라고 보는 입장은 축자영감설을 따르고, 문자적 해석을 하는 보수적 신앙, 보수적 교단 신학의 입장에 있는 신학자나 신앙인은 납득하기 힘든 부분이다. 보편타당성을 가진 구약신학적 논의를 좀 더 설득력 있는 논지와 논리로서 여성신학적 담론을 펼치는 것은 어떤가? 초기 여성주의 비평의 담론에서는 파격적인, 신화적 해석으로 평가하는 것이 후기에 가서는 새롭게 해석하는 변화가 일어났을 것이다.

"이스라엘의 조상 사라와 베두인의 조상 하갈 이야기: 창세기 16

---

28 이경숙, "창세기 2-3장에 들어있는 신화적 요소와 그 신학적 메시지: 여성신학적 관점에서", 52.

장과 21장을 중심으로" 연구는 여성신학의 프리즘을 가늠하는 중요한 논문이다. 시작하는 말에서 여성신학의 정의를 들면서 강남순의 정의를 수용한다. "인기를 끌기 위해 이슈를 위한 이슈를 창조하는 신학의 장난"이 아니라 성차별, 종족차별, 계급차별 등을 비판하려는 신학적 노력이다. 그리고 여성신학은 인간 사이의 평등과 함께 모든 피조물간의 평등, 즉 자연과 인간과의 조화와 평등도 강조한다. 전통적인 입장에서 사라를 지지하던 해석의 방향에서 베두인의 조상 하갈이라는 제목을 통해서 보여주는 것처럼 하갈의 입장에 서서 성서해석을 하려고 한다. 가부장적 제도 속에서 억압당하는 하갈은 사랑의 종이라는 신분에서 해방됨으로서 오늘날 일부다처 제도를 비판하고, 하갈의 해방을 보여준다. 베두인의 조상이라는 것은 야웨의 구원이 이스라엘에만 머무는 것이 아니라는 것을 보여주는 것이다.[29]

"이스라엘 집을 세운 라헬과 레아(창 29:31-30:24; 35:16-20)" 연구도 이스라엘 12지파 형성의 어머니, 두 여인의 연합과 갈등, 연대를 강조한다. 레아의 고통과 아픔과 더불어 라헬의 고통도 알고 들어주지만 늦게까지 숨어 계시는 하나님이심을 언급한다. 두 여인의 연대를 통한 편안하고 안정된 라반의 집에서 떠나는 작업은 오늘 새로운 공동체를 건설할 준비를 하는 것이며, 새로운 세상과 평등한 사회를 낳고 키우고 살릴, 사회와 민족의 어머니가 될 각오를 다져야 함을 지시한다.[30] 여기서 여성들의 갈등과 반목이 아닌 창조적 작업을 위한 연대를 강조하는 여성신학의 단초를 제시한다.

"다윗 왕조에 관한 신명기 역사가들의 기대와 비판"이란 글은 여

---

29 이경숙, "이스라엘의 조상 사라와 베두인의 조상 하갈 이야기: 창세기 16장과 21장을 중심으로",「기독교사상」제410집 (1993, 2), 164-165.
30 이경숙, "이스라엘 집을 세운 라헬과 레아(창 29:31-30:24, 35:16-20)",「기독교사상」제411집 (1993, 3), 209-210.

성신학적 관점에서 쓴 역사서 연구는 아니다. 신명기 역사가가 궁정 사가는 아니라고 보며, 유다 왕국이 심각할 정도로 위기에 처해 있을 때, 멸망의 위기를 신학적으로 설명하고 새로운 가능성을 열기 위해 역사를 정리하기 시작한 역사가들이라고 본다.[31] 포로 시기 후기 신명기 역사가들이 다윗 왕조에 관한 희망과 더불어 다른 방향의 해석도 모색하였다고 보았다. 그녀는 두 개의 편집 층을 상정하여 최종 편집자가 바빌론 포로기라고 보고 있다. 구약 역사서 중에 신명기 역사가의 시기와 관점을 제시하고 있다.

이경숙은 "동족과 복수에 희생된 삼손의 부인-딤나의 여인(삿 14:1-15:8)"에서 삼손과 들릴라 이야기에 주목받지 못한 주제에 집중한다. 삼손이 처음 결혼한 여자가 들릴라가 아니라 무명의 딤나 여인이었다고 보고 거기에 관심을 가지고 문제를 제기한다. 딤나 여인 이야기는 여성신학적으로 매우 중요한 위치를 차지한다고 말하며 이 딤나 여인은 남성들에 의해 이용만 당하다가 결국 아무런 죄도 없이 억울하게 불에 태워 죽임을 당하였기 때문이라고 주장한다. 필리스 트리블도 사사기 14-15장에 등장하는 이 딤나 여인을 다루지 않은 것은 한계라고 지적한다. 이 딤나 여인의 이야기는 억울하게 희생당한 여인들의 죽음을 헛되지 않게 하는 모델이 되며 억울한 죽음을 당한 수많은 여성 희생자 중에 한 명이라는 사실을 강조한다.[32] 이 이야기에서 딤나 여인의 비극성을 차디카 혼인, 강요된 연극과 이에 따른 비극들, 제3의 비극 등으로 나누어 죄 없는 역사의 희생을 밝힌다. 억울한 여인의 죽음에 대하여 침묵하면서 반대로 들릴라의 유혹을

---

31 이경숙, "다윗 왕조에 관한 신명기 역사가들의 기대와 비판", 「기독교사상」 제341집 (1987, 5), 129.
32 이경숙, "동족과 복수에 희생된 삼손의 부인-딤나의 여인", 「기독교사상」 제421집 (1994, 1), 187-189.

강조하여 유혹과 배반을 여성의 일반적 속성으로 치부한 점을 비판한다. 그리고 우리 민족의 수난사 속에 여성희생자를 기억할 수 있도록 임진왜란, 병자호란에서 생긴 말 '환향녀', '윤금이 사건' 등을 거론한다.

　"여성신학적 관점에서 새롭게 읽는 창녀 라합이야기(수 2:1-24; 6:22-26)"에서 이경숙은 라합은 창녀라는 죄인의 신분이 아니라 자유로운 직업인으로서 매우 능동적이고 과감하게 자신의 의지에 따라 남성들의 전쟁에 가담하였다고 해석한다. 여성신학적 관점에서 라합보기는 복합적인 시각이 들어간다. 여리고성 정복의 결정적인 역할과 예수의 족보 수록 인물이라는 점이 기생 라합의 인물 연구에 단순하지 않은 성격을 지닌다. 이방 여인이 남성을 유혹하는 점을 통해 우상 숭배의 원천이라는 부정적인 평가가 대다수인데 비해 이 라합 이야기는 그렇지 않음도 그 특징이 된다. 이경숙은 여러 성서 연구 방법론을 통해 남녀의 평등과 여성의 존엄성의 관점에서 성서를 읽으려는 노력이 여성신학적 성서비평이라 말하며 다양한 방법론으로 라합기사를 연구한다. 라합 기사에서 신명기 역사가들에 의해 야웨를 칭송한 여인으로 변하게 되었고, 유대교에서 개종한 여인으로 해석되면서 라합이 살몬과 함께 보아즈를 낳았다는 전승도 만들고, 또 다윗의 족보와 예수 족보에 오르는 결과를 낳았다고 본다.[33] 또한 시형제 결혼을 쟁취하여 구원사를 엮어 낸 이방 여성 다말과 룻은 예수의 족보에 등장하는 네 명의 여성 중에 속하며(밧세바 포함), 외국 여인들의 반란과 도전, 호소를 적극 지지하고 대변해야 할 것을 주장한다.[34] 이윤경은 쿰란공동체 안식일 규정에서 거룩함을 요구하는 조

33　이경숙, "여성신학적 관점에서 새롭게 읽는 창녀 라합이야기(수 2:1-24; 6:22-26)", 「신학사상」 제134집 (2006, 가을), 47-66.
34　이경숙, "시형제 결혼을 쟁취하여 구원사를 엮어 낸 이방여성 다말과 룻", 한국여성

건에 여자와의 성관계를 금한 것을 지적한다.[35] 이는 여성 신학의 관점에서 신학적 재해석이 필요한 대목이라고 본다.

또 "여성의 연대성을 강조하는 입다의 딸 설화: 사사기 11장 1-40절" 연구에서 이경숙은 에밀레의 사연을 소개하며 논의를 이끈다. 그리고 여성 인신 제사에 대한 역사와 신화 등을 거론한다. 또한 사사기 11장의 사사 입다의 무남독녀 외딸 인신 제사와 관련하여 성서의 입장은 인신제사를 철저히 거부한 것을 말한다. 하지만 입다의 딸과 아브라함의 아들 이삭이 인신제사의 희생물이 된 것을 말하며 입다의 딸이 희생당한 것은 무슨 의미인지 묻는다. 그것은 필리스 트리블은 입다의 서원으로 딸이 희생당한 것에 분노한 것으로 입다의 불신앙이라 본 반면, 이경숙은 여성의 인신제사를 종결시키려는 성서 편집자(신명기 사가)의 의도라고 주장한다.[36] 특히 우리 한국 이야기 심청전, 에밀레종, 대사제치전설 등을 비교하여 다룬다. 입다의 딸 희생 사건을 기념하여 애곡하는 의식을, "제도를 바꾸어 놓은 여성들의 연대성"이라 해석한다. 이런 여성의 연대감이 사회와 제도를 바꾸고 사회를 변혁시킬 수 있다고 본다.[37]

한나 이야기(삼상 1:1-2:11)에서 신명기 역사가의 신학적 작업을 언급한다. 한나는 개인의 체험을 뛰어 넘어 언제나 약자 편에 서시는 야웨 하나님을 일반화하여 자신의 체험을 승화시킨 여인으로 본다. '마리아 찬가'나 한나와 찬양시의 연결은 여성신학도와 다른 억압받는 자들과 연대할 수 있는 메시지로 보고, 한나의 신학은 신명기 역

신학회 엮음, 『다문화와 여성신학』(서울: 대한기독교서회, 2008), 128-129.

35 이윤경, "쿰란공동체의 안식일 이해: 안식일 법, 정결례, 예식", 「신학사상」 제149집 (2010, 여름), 54-60.

36 이경숙, "여성의 연대성을 강조하는 입다의 딸 설화: 사사기11장 1-40절", 「기독교 사상」 제422집 (1994, 2), 194.

37 이경숙, Ibid., 201.

사가의 신학이라고 표명한다.[38]

　"사울이 방문했던 엔돌의 무당(삼상 28:3-25)" 연구에서 이경숙은 무당을 언급하며 엔돌의 무당이야기와 사무엘의 혼백을 통해 한국 기독교와 무속의 관계를 생각하며 한국 여성신학의 새로운 가능성을 모색하려고 한다. 엔돌의 무당은 야웨 종교에 속한 인물이 아니지만 그녀는 다른 종교인 사울을 용서하고 사랑한 점에서 훌륭한 종교인이라고 본다. 이경숙은 엔돌의 무당을 긍정적으로 평가하며 포용적인 태도, 희생적인 사랑의 표시, 탈진한 이웃에게 삶의 기력을 제공하려는 노력 등을 높이 평가하며 그녀가 어머니의 모성적이고 여성적인 종교적 태도를 보여준다고 말한다.[39] 이는 행동의 선함을 가지고 구원의 이르는 신앙 세계를 도외시하고 있는 그런 평가는 문제의 여지가 있음을 보여준다. 하지만 저자가 무엇을 말하려고 하는지 행간의 글 여백을 통해 전달하려는 불쌍한 이웃을 도와주고 생명을 귀하게 여기는 차원을 말하려고 하며, 즉 타종교와의 대화와 평화로운 종교인과의 협력과 상생을 강조한 것이라 본다.

　"아탈랴의 정치적 운명(왕하 11:1-21)" 연구는 구약 역사서와 구약성서 전반에 등장하는 여성 중에서 가장 잔인하고 악독한 여자로 아탈랴를 들 수 있는데, 그녀에 관한 연구이다. 이경숙은 여성으로서 남유다를 6년간 홀로 통치한 아탈랴를 섭정자리를 놓고 권력다툼을 벌였던 제사장 여호야다의 계열에서 그녀에 대해 극악무도한 여인으로 그렸다는 사실을 밝히려 한다. 아탈랴의 배경으로 오므리 왕가의 아합과 이세벨, 개방적 외교 정책에 대하여 다루며 성서기자(신명기 역사가)의 종교적 평가에 따른 편향적 평가가 오므리 왕조 전반에 부

38　이경숙, "하나의 슬픔과 기쁨 그리고 신학", 「기독교사상」 제426집 (1994, 6), 141.
39　이경숙, "사울이 방문했던 엔돌의 무당: 삼상 28:3-25", 「기독교사상」 제420집 (1993, 12), 202-205.

정적으로 평가하고 있다는 것을 말한다. 예후 혁명으로 아합 집안의 왕자 70인이 살해당하고(왕하 10:7), 남 유다 왕 아하시야의 형제들 42인도 모두 살해당한다(왕하 10:14). 결국 황태후 아탈랴와 여호야다 제사장 가문과의 싸움은, 북왕국 오므리의 딸이라는 이유로 유다 다윗왕조의 정통성에 희생당한 것이라 본다. 여호야다 제사장 그룹에 패배를 당한 아탈랴는 잔인무도한, 악마의 화신으로 전락하게 되었다고 말한다. 여호야다의 섭정권이 낳은 반란으로 아탈랴는 누명을 쓰고 살해당한 것이라고 해석한다. 여성신학은 '의심의 눈'으로 성서를 읽고 억울한 누명을 벗기도록 하는 작업임을 맺는말로 주지시킨다.[40] 여성 해방적 시각이 아탈랴를 변호하는 입장에서 성서해석을 하고 있는 것이다. 이경숙은 구약 열왕기에 나타난 여성의 유형을 논하면서 '의심', '고발', '기억'의 해석학으로 평등공동체 건설을 위한 여성신학하기와 그 역사 해석을 주장한다.[41]

이경숙은 "요시야 종교개혁의 동반자, 여예언자 훌다"라는 논문에서 여성 안수 문제를 제기하며 요시야 종교개혁의 동반자, 혹은 충고자로 종교개혁의 공동주역을 한 예언자 훌다의 역할을 다룬다. 요시야가 성전에서 발견한 율법책을 들고 훌다에게 물어보아 그 책의 의미를 깨닫게 된다. 이경숙은 야웨의 뜻을 전한 여예언자 훌다, 그녀가 역대기와 열왕기에서 자료를 남긴 것은 남성중심적 구약역사서의 편집 성향에도 불구하고 언급된 것에 높게 평가를 한다.[42] 여성 지도자로서 예언자 훌다는 종교개혁가이며 훌다의 신탁은 율법책 만

---

40 이경숙, "아탈랴의 정치적 운명(왕하 11:1-21)", 「기독교사상」 제423집 (1994, 3), 181.
41 이경숙, "성서기자의 눈으로 본 여성의 유형", 한국기독교학회 엮음, 『여성신학과 한국교회』 (서울: 한국신학연구소, 1997), 105-108.
42 이경숙, "요시야 종교개혁의 동반자, 여예언자 훌다" 「기독교사상」 제419집 (1993, 11), 192-198.

큼이나 중요한 종교개혁의 큰 역할을 하였음을 밝힌다. 또한 그녀는 예레미야와 같은 예언자 반열에 들 수 있을 거라 해석하기도 한다. 또한 알려지지 않는 잊혀진 많은 여성 종교 지도자들이 있을 거라고 예상을 하며 한국 교회에도 종교개혁을 위해 여성 종교 지도자와 더불어 동반적 작업을 할 때 종교개혁이 성공할 것이라 암시한다. 여성 해방 운동가로서 훌다 바라보기는 새로운 종교개혁의 의미를 창출하는데 뜻있는 작업이지만, 성서가 본래 의도한 개혁의 의미를 포착하는 데는 문제가 될 수 있는 여지가 있다.

하비 콕스는 여성신학의 입장보다는 성령운동에 대한 관점에서, 여성과 음악의 역할이 중요함을 주시하였다. 여성이 성령운동 확산의 주체라고 하면, 음악은 성령운동 확산의 주된 매개 수단이라고 본다.[43] 여성 성령운동과 여성 운동가 연구를 통해 여성의 역할을 크게 강조한다. 하지만 여성 신학에 대한 보수적 입장에 있는 그리스도의 교회(Church of Christ, A capella)는 보수적 신앙으로 신약성서를 교회 헌법이라 본다. 따라서 신앙생활과 교회직제에 중요한 법으로 신약성서가 말하는 것을 그대로 지키려 한다. 신약에서 말하는 여성의 역할을 규정한 것을 축자적으로 해석한다. 여성의 본래의 성품과 기능에 따라 여성의 역할을 보려고 한다. 교회 안에서 "여자는 잠잠하라"(고전 14:34)고 하여 여성의 침묵성의 의미를 적용한다. 그래서 여성의 집사 안수나 공적 예배에서 기도를 금한다. 물론 여성 목사 안수 제도도 인정하지 않는다. 이런 배경에는 신약 교회의 정신, 하나님의 창조 질서와 교회 안에서 평화로운 관계를 설정하고 여성의 위치와 기독교 가정의 여성 윤리에 있어서 침묵성과 고유의 여성성의

---

43 하비 콕스/유지황 옮김, 『영성·음악·여성: 21세기 종교와 성령운동』 (서울: 동연, 1998), 182.

의미를 제공하는 것으로 여성에게 주어진 하나님의 창조 법칙과 그 섭리를 보여주려는 데 목적이 있다.[44]

그러면 여성차별이나 여성 불평등을 주장하는 것인가. 그렇지 않다. 고린도 교회의 분쟁 상황에서 사도 바울이 여성의 교회주도권이 너무 지나치게 큰 것을 억제하며 교회의 질서와 평안을 간구하는 뜻에서 말한 것으로 보인다. 신학적으로나 인류 사회학적 방법론으로 성서해석을 하지 않더라도 하나님의 창조질서와 여성의 평등성에 대한 것을 부인할 수 없을 것이다. 여성의 품성과 속성을 지키며 여성의 카리스마가 크더라도 교회 안에서 드러나게 나서서 남성의 역할을 위축하게 하는 것을 막는 메시지로 볼 수 있다. 이것은 오늘 여성신학에서도 주목할 대목이라고 본다. 성서의 가부장적 체제를 해체하고 여성의 자유와 평등을 주장하는 것은 당연하지만 여성성이 가지고 있는 모태의 생명성과 보이지 않는 손으로서 가정에서 역할 등은 여성적 카리스마와 리더십이 더 많고 더 큼을 보여준다.

모든 사람들에게는 각자 그 사람의 안에 여성성과 남성성, 이 두 양성성이 다 있다. 즉 남성 안에는 여성성이 있고, 여성 안에도 남성성이 있어서 성품의 조화를 이뤄 하나님의 형상(Imago Dei)을 닮아감으로 하나님의 인격을 온전히 이루어, 인간의 여성성과 남성성이 가지고 있는 고유의 아름다운 성성(sexuality)을 유지하는 것이 필요함을 알게 된다.[45] 여성의 덕목에 있어서 침묵에 대한 강조는 공적 연설을 제한하고 금지시키게 한 것이었다. 순종과 겸손, 가정 지킴과 돌봄의 여성성과 모성애는 인간 공동체의 중요한 성품으로 자리 잡게 된 것이다. 따라서 여성 신학적 관점과 여성성 존중이라는 차원은 기

---

44 박신배, 『환원신학의 세계: 초대교회로의 행진』 (서울: 더북, 2013), 178-191.
45 서현선, "초기 기독교의 여성다움(Feminity)이해", 서원모·방성규·이정숙·서현선 편역, 『여성과 초대 기독교』 (서울: 크리스챤 다이제스트, 2002), 24-25.

독교신학에서 중요한 신학적 중심으로서 위치를 가지게 된다.

성서가 고대 사회 안에서 정치, 사회, 경제적 상황에서 가부장적 구조와 성서 독자층이 남성들 위주임을 감안할 때 여성의 시각으로 성경 다시 들여 보기 작업은 여성주의 성서 해석 방법을 불러들였다.[46] "그녀가 나보다 더 의롭다."(창 38:26)는 고백은 오늘날 21세기 현대 사회 성서 해석에서, 저자는 "여성이 더 남성보다도 의롭다"라는 말로 바꿔볼 수 있는 여지가 많다고 본다. 여성 신앙 공동체가 더 단정하고 경건하게 주의 말씀을 사모하고 다시 오실 주님을 더 강렬하게 소망하고 있기 때문이라 말할 수 있다. 환원 운동가 알렉산더 캠벨이 자신의 부인 셀리나 캠벨에 대하여 극찬하면서 여성에 대하여 말한 말이 이 글의 말미에서 더욱 의미심장하게 들린다.[47]

"하나님 다음으로 여자가 살아있는 인간 세계를 아름답게 만든다. 여자는 이 세계 내에서 남자를 남자답게 만들며 다가올 미래의 아름다운 세계를 담당할 인물로 만든다."

나가는 말

여성신학을 넘은 구약학 연구 방법은 무엇인가? 글쎄, 그 동안 페미니즘의 시각이 대두되면서 이데올로기적 해석으로 양성의 평등과 여성의 존엄성과 가치가 높아졌다. 여성신학이 모든 신학을 아우를 수 있는 신학적 입장이 될 수 있음을 보여주었다. 따라서 여성신학으로 구약학 연구하기는 중요한 과제임을 알게 되었다. 구약의 여

---

46 Alice L. Laffey, *An Introduction to the Old Testament: A Feminist Perspective* (Philadelphia: Fortress Press, 1988), 1-4.
47 박신배, 『환원신학의 세계: 초대교회로의 행진』, 190.

성, 사라와 하갈, 드보라, 에스더, 룻, 라합, 훌다 등을 통해 신약의 마리아로 이어지는 구약의 세계, 그리고 여성신학의 관점으로 구약신학을 한다는 의미를 연구해보고자 노력했다. 하지만 남성으로서 여성신학보기와 여성신학하기에는 한계가 있음을 연구하는 동안 계속 머리를 짓누르고 있는 것을 느낄 수 있었다. 한국 땅에서 여성됨의 체험과 경험이 여성신학을 하는데 기본적 출발점이 되며 여성신학 글쓰기에 성적 정체성의 일치가 신학적 상상력을 발휘하는데 기본이 되리라는 것은 자명하다. 하지만 여성신학이 갖고 있는 특이성과 생태신학의 과제로 인해 남성이 여성 신학에 좀 더 관심을 가지고 참여하며, 남성 안에 여성성, 여성 안에 남성성 존재라는 차원에서 양성이 모두 여성신학의 본질을 추구하는 작업에 동참하며 그러한 작업은 여성 해방에서부터 시작된 신학적 궁구가 목표로 하는 아름다운 세상을 만들기가 쉬워지리라 본다.

지금까지 우리는 여성신학자들이 한 성서에 나타난 가부장적 제도와 남성중심적 해석과 기사를 파헤쳐서 여성의 시각으로 다시보기 작업을 하여 여성의 존엄성과 남성과 여성의 평등성을 강조하고 여성의 가치를 고양하는 작업을 하고 있음을 살펴보았다. 또한 여성신학의 작업이 생태신학과 통일신학, 오늘날의 많은 문제를 해결할 수 있는 생명신학의 주체가 될 수 있는 가능성을 탐지하였다. 여성신학이 한국교회와 한국의 지평에서 성서적 진리를 담보한 논의가 좀 더 설득력을 얻는 상태에서 호소력이 좀 더 강하게 퍼지기를 바란다. 끝으로 이경숙 교수의 퇴임을 축하하는 동시에 새롭게 여성 해방적 신학의 논거가 교회질서와 창조질서 내에서 여성 담론의 장으로 새롭게 펼쳐지기를 바라며 이 글을 맺고자 한다.

10장
구약의 천사 연구

들어가는 말

천사의 존재가 있는가, 오늘도 천사가 역사하는가라는 물음은 흥미롭고 재미있는 질문이다. 성경은 천사가 존재하며 오늘도 천사가 역사한다는 사실을 말한다. 성경은 이적(Miracle)과 초자연적 현상(super natural phenomenon)을 언급하는데, 이적은 초자연적인 현상이지만 초자연적인 현상이 이적을 말하지 않는다. 성경 말씀에 나오는 사건들은 대부분 이적이며, 이 이적은 이적을 일으킨 하나님의 목적이 있다. 하나님의 역사하심을 나타내려는 의도가 있었다. 천사는 영적 존재이며, 영적 세계에서 존재하고 있다. 이 글에는 천사의 존재에 대한 것을 구약성서에서 천사의 존재에 대하여 찾아보며 구약에서 천사의 개념이 어떻게 변천되었는지 연구하고자 한다. 더불어 문학에서 천사가 어떤 개념으로 적용되는지, 천사를 어떻게 보는지 연구해 보고자 한다.

천사의 존재와 유래

성경에는 천사에 대한 여러 증거가 있다. 천사는 하나님과 구원 받은자를 돕고, 하나님께 보냄을 받은 자이다. 천사라는 말은 히브리어 MALAK(사자), 헬라어 ANGELLOS(천사)이다. 여기서 천사(Angels)가 나온다.[1] 천사는 말라크(malak, messenger, 사자)라는 말에서 기원한다. 구약에서는 하나님의 아들들(베네 엘로힘), 하나님의 사람(ish elohim) 등으로 나온다. 천사는 성경에 300번 나오는데 인간으로서 사자, 천상의 존재,(celestial beings, angels) 천사와 같은 존재이다. 천사라는 말과 집사, 종이라는 말의 차이가 있다. 번역, 음역의 차이로서 집사 (deacon-diakonos), 섬기는 종(minister), 종(servants)이다. 기적은 초자연적 현상과 역사를 동반한다. 모든 것이 합력하여 선을 이루는데 하나님의 천사들이 활동을 하여 하나님의 섭리적 역사를 이룬다. 이는 상식선을 넘는다. 초자연적 역사는 천사가 개입한다. 보호천사가 나타난다.[2]

천사의 존재가 천상의 존재가 아닌 인간으로 나오는 경우를 볼 수 있다. 삼하 2:5에서는 malak(메신저, 사자)로 나오는데 인간으로 나오지, 천상의 존재가 아니다. 창세기 6:4에서도 하나님의 아들들과 사람의 딸들이 결혼하는 장면이 나오는데, 여기서는 하나님의 아들들이 천사들이 아니다. 셋의 후손이다. 시편 89:5-7에 거룩한 자(holy one), 천사로 나오고, 욥기 1:6절에 천상 회의 장면이 나오는데 하나님의 아들들(NIV, Supernatural beings 하나님의 아들, sons of God, bene elohim)이라고 나온다. 천상의 존재들(Heavenly beings), 사탄(Satan)이 등장하고 있다. 이는 천사의 존재들이라고 봐야 할 것이다.

천사의 개념이 역사적으로 발전하게 된다. 포로기 전에는 하나님

---

1 Carol A. Newsom, "Angels", *Anchor Bible Dictionary* (New York: Doubleday, 1992), 248-249.

2 Guy Thorne, *The Angels* (New York: G. W. Dillingham Company, 1908). 우리가 현실에서 천사의 실체와 만날 수 있는지를 보여준다.

의 회의(Divine Council)와 천사군대(천군, Heaven Army)로 나온다. 신적 존재가 집단적 그룹(창 28:12; 33:1-2; 시 29:1;89:6-9)으로, 회의를 구성하는 것(엘의 회의, 아다트 엘 시 82:1; 야웨/엘로아의 비밀회의, 소드 야웨, 렘 23:18; sod eloah, 욥 15:8)으로 나온다. 천군은 신명기 33:2절에 야웨가 일만의 거룩한 천사들을 수행한다고 말하고 있다.[3] 시편 82편에서는 야웨가 천사를 나라에 할당하여 모든 나라가 주의 소유가 되게 한다. "하나님은 신들의 모임 가운데에 서시며 하나님은 그들 가운데에서 재판하시느니라 … 모든 나라가 주의 소유이기 때문이니이다"(시 82:1, 8).[4] 여호수아는 칼을 가진 하나님의 군대 사령관(sar saba yhwh, 여호수아 5:14), 신비스런 인물을 만난다. 엘리사가 포위되었을 때 보이지 않는 하나님의 불말과 불마차에 의해 보호받는데 이것이 천군이다(왕하 6:17).

포로기와 초기 포로기 이후의 천사 개념의 발전에 있어서는 에스겔서와 스가랴서에서 나오고, 사탄과 그 밖에 다른 신적 개념에 대하여 언급한다.[5] 그룹(cherubim)과 세라핌(seraphim)의 존재가 천사 개념이라고 본다. 스가랴에서는 야웨의 말과 마차가 땅을 돌아보고, 야웨의 천사가 야웨 앞에 나타난다(슥 1:7-17; 6:1-8). 마차는 네 개의 바람과 동일시되기도 한다(슥 6:5; 시 104:4). "천사가 대답하여 이르되 이는 하늘의 네 바람인데 온 세상의 주 앞에 서 있다가 나가는 것이라 하더라"(슥 6:5). 야웨 말라크(yhwh malak)로 나오는 인물(천사)은 스가랴의 환상에서 천상의 분별력 있고 강력한 인물로 나온다. 그리고 사탄이 스가랴 3:1-2, 욥기 1-2장 등에서 나온다. 제2성전 시대에 천사의 기능과 나타남에 대하여 뉴섬은 다니엘서와 외경에서 그 개념

---

3 개역 성경에는 일만 성도로 표기되어 있다.
4 Carol A. Newsom, "Angels", *Anchor Bible Dictionary*, 249.
5 Carol A. Newsom, "Angels", *Anchor Bible Dictionary*, 250-251.

을 추출하고 있다.[6] 하늘 천상 궁전/성전 개념은 다니엘과 에녹서, 집
회서 등에서 다루고, 천사장 계급에 대한 내용도 쿰란 문서나 토빗
서, 다니엘서 등에서 다룬다. 묵시문학에서 천상의 세계나 천사의 존
재를 말한다고 본다. 그리고 천상의 전쟁과 천사적 이원론에 대하여
말한다.[7] 이를 통해 신구약 중간사와 묵시문학에서 천사의 개념이 발
전되어 간 것임을 알 수 있다.

개스터는 천사의 개념을 폭넓게 구약과 외경, 위경, 신약성서로 나
누어 살펴본다.[8]

사자(메신저)로서 천사를 고대 근동과 현대와 평행선상에서 다루
고, 천사에 대한 이야기를 살펴보고, 천상의 존재로서 천사에 대하여
고대 근동의 천사 본문과 천상의 존재에 대한 이야기 등으로 나누어
살펴본다. 그리고 그룹과 세라핌에 대하여 다룬다. 고대 근동에서는
천사가 복지(Welfare)를 수호하는 경호원으로서 나타나기도 한다. 그
룹이 생명나무를 경비하는 것과 유사한다. 그룹과 세라핌이 고대 근
동의 문헌에서 빌려온 것임을 보여준다.[9] 이집트의 피라미드 앞에 있
는 스핑크스도 이와 유사한 것임을 볼 수 있다.

그러면 천사들이 어디에서 유래하는가? 영원한 하나님의 세계에
천사들은 어떻게 존재하는가. 욥기 38:4-7에 하늘의 기초를 둘 때
하나님의 아들들, 천상의 존재들이 있었다. 천지를 창조할 때 '너희들
은 어디에 있었느냐', 땅의 기초를 둘 때, 창조 시에 '땅의 어머니, 하
늘의 어머니', 천상의 존재가 아침 별로, 이 세상 창조할 때 활동하였
고 천사가 기뻐했다고 한다. 느헤미야 9:6, "오직 주는 여호와시라 하

---

6 Carol A. Newsom, "Angels", *Anchor Bible Dictionary*, 252.
7 Carol A. Newsom, "Angels", *Anchor Bible Dictionary*, 253.
8 T. H. Gaster, "Angel", *IDB*, (Nashville: Abingdon Press, 1982), 128.
9 T. H. Gaster, "Angel", *IDB*, (Nashville: Abingdon Press, 1982), 131-132.

늘과 하늘들의 하늘과 일월 성신과 땅과 땅 위의 만물과 바다와 그 가운데 모든 것을 지으시고 다 보존하시오니 모든 천군이 주께 경배하나이다." 하늘의 존재, 모든 천군(heavenly powers, host)으로 나타난다. 시편 148편 2-3절, "그의 모든 천사여 찬양하며 모든 군대여 그를 찬양할지어다. 해와 달아 그를 찬양하며 하늘 위에 있는 물들도 그를 찬양할지어다." 천사, 모든 천사, 천상의 군대들, 피조물, 사람 순으로 찬양하는 모습을 본다. 이를 통해 찬양하는 순서, 창조된 순서를 말하는 것으로 보이기도 한다.

창세기 18, 19장에 보면 손님이 천사로 나타난다. 아브라함이 부지중에 천사를 대접하게 된다. 창세기 18장에, 남자 3명이 아브라함의 집에 방문한다. "눈을 들어 본즉 사람 셋이 맞은편에 서 있는지라 그가 그들을 보자 곧 장막 문에서 달려나가 영접하며 몸을 땅에 굽혀 이르되 내 주여 내가 주께 은혜를 입었사오면 원하건대 종을 떠나 지나가지 마시옵고… 아브라함이 엉긴 젖과 우유와 하인이 요리한 송아지를 가져다가 그들 앞에 차려 놓고 나무 아래에 모셔 서매 그들이 먹으니라"(창 18:2-8).

창세기 19장에서는 천사들 두 명이 나온다. "저녁 때에 그 두 천사가 소돔에 이르니 마침 롯이 소돔 성문에 앉아 있다가 그들을 보고 일어나 영접하고 땅에 엎드려 절하며… 그제서야 돌이켜 그 집으로 들어오는지라 롯이 그들을 위하여 식탁을 베풀고 무교병을 구우니 그들이 먹으니라"(창 19:1-3). 소돔과 고모라에 2명의 천사들이 갔다. 하지만 소돔 고모라 사람들은 그들을 강간하려고 무례를 저지르는 장면을 보인다. 천사들이 사람의 모습으로 나타나 평범한 인간의 행태를 보인다.

창세기 18-19장은 천사가 남자로 나타난다. 천사의 성은 없지만

남자로 보인다.[10]

사사기 13:9-11에 보면 남자로서 나타난다. 여호와의 사자가 기묘자라 하며 삼손의 아버지 마노아에게 이름을 가르쳐 준다. "여호와의 사자가 마노아에게 이르되 내가 여인에게 말한 것들을 다 삼가서… 여호와의 사자가 그에게 이르되 어찌하여 내 이름을 묻느냐 내 이름은 기묘자라 하니라"(사사기 13:13, 18).

창세기 32:22-28 야곱과 씨름하는 천사에 대하여 나온다. "야곱은 홀로 남았더니 어떤 사람이 날이 새도록 야곱과 씨름하다가… 그 사람이 그에게 이르되 네 이름이 무엇이냐 그가 이르되 야곱이니이다"(창 32: 24-27). 어떤 사람이 '그와 함께 한 사람'(이쉬 이모 ish 'mo)이라고 표기된다. 야곱은 이 어떤 사람과 밤새 씨름한다. 아마도 남자와 씨름하게 되며 천사의 성이 남자로 보인다.

예외로 스가랴 5:5-9, 천사가 여성으로 나온다.[11] "내게 말하던 천사가 나아와서 내게 이르되 너는 눈을 들어 나오는 이것이 무엇인가 보라 하기로 내가 묻되, 이것이 무엇이니이까 하니 그가 이르되 나오는 이것이 에바이니라 하시고 또 이르되 온 땅에서 그들의 모양이 이러하니라 이 에바 가운데에는 한 여인이 앉았느니라 하니 그 때에 둥근 납 한 조각이 들리더라 그가 이르되 이는 악이라 하고 그 여인을 에바 속으로 던져 넣고 납 조각을 에바 아귀 위에 던져 덮더라 내가 또 눈을 들어 본즉 두 여인이 나오는데 학의 날개 같은 날개가 있고 그 날개에 바람이 있더라." 에바 속에 두 여인이 천사일 가능성이 있

---

10 Edward P. Myers, *Angelology: A Study of Angels*(Systematic Bible doctrines) (Howard Book House, 1978). 에드워드 마이어즈는 이 책에서 천사의 기원과 성격, 활동, 천상의 운명에 대하여 논한다. 그는 어렸을 때 아버지가 부재한 상황에서 천사에 대한 관심을 가지고 연구하였다.

11 Edward. P. Myers, *Angelology: A Study of Angels*.

다. 그 여인은 학(stork)의 날개가 있고, 날개에 바람이 있다.[12] 학의 날개바람으로 날아다니는 존재가, 천사일 가능성이 많다.

천사가 엘리사의 불말과 불마차를 탔을 가능성도 있다. "하나님의 사람의 사환이 일찍이 일어나서 나가보니 군사와 말과 병거가 성읍을 에워쌌는지라 그의 사환이 엘리사에게 말하되 아아, 내 주여 우리가 어찌하리이까 하니 대답하되 두려워하지 말라 우리와 함께 한 자가 그들과 함께 한 자보다 많으니라 하고 기도하여 이르되 여호와여 원하건대 그의 눈을 열어서 보게 하옵소서 하니 여호와께서 그 청년의 눈을 여시매 그가 보니 불말과 불병거가 산에 가득하여 엘리사를 둘렀더라"(왕하 6:15-17).

천사와 동물간의 관계에 있어서 나귀가 천사를 보는데 사람은 보지 못하는 경우가 있다. 나귀가 여호와의 사자가 칼을 빼어 손에 들고 길에 선 것을 본다(민 21:23). 여호와의 사자(천사)가 나귀와 상대하자, 나귀가 사람의 말을 하기도 하는 진풍경이 펼쳐지기도 한다. "여호와께서 나귀 입을 여시니 발람에게 이르되 내가 당신에게 무엇을 하였기에 나를 이같이 세 번을 때리느냐"(왕하 22:28). 나귀가 천사를 보지만 발람 이방 선지자는 보지 못한다. 동물이 방언을 하는 것을 본다. 이러한 현상은 도시에 폭풍이나 지진이 일어나면 동물들이 먼저 알아보는 것을 통해 이해할 수 있다. 예언 현상 가운데 불가능한 비전(unabled human vision)을 발람의 나귀와 엘리사 사환이 보는 경우다.

천사의 수가 몇 명인가. 시편 68편 16절은 천천, 만만이라고 말한다. "하나님의 병거는 천천이요 만만이라 주께서 그 중에 계심이 시내 산 성소에 계심 같도다"(시 68:17). 천천, 만만은 천사가 허다하게

----

12 Edward. P. Myers, *Angelology: A Study of Angels*.

많은 경우를 표현하는 말이다. 천사는 보좌와 능력으로 구분되고, 좋은 천사와 나쁜 천사, 악마와 마귀, 사탄(슥 3:1-2)으로 나뉜다.[13] 천사는 보통 천사, 일반천사가 있고 체루빔(cherubim, 그룹), 창세기 3장 24절, 화염검을 가지고 지키는 천사가 나온다. "이같이 하나님이 그 사람을 쫓아내시고 에덴동산 동쪽에 그룹들과 두루 도는 불 칼을 두어 생명나무의 길을 지키게 하시니라." 이 그룹은 속죄소(mercy seat)에 있다. "그룹들은 그 날개를 높이 펴서 그 날개로 속죄소를 덮으며 그 얼굴을 서로 대하여 속죄소를 향하게 하고 속죄소를 궤 위에 얹고 내가 네게 줄 증거판을 궤 속에 넣으라 거기서 내가 너와 만나고 속죄소 위 곧 증거궤 위에 있는 두 그룹 사이에서 내가 이스라엘 자손을 위하여 네게 명령할 모든 일을 네게 이르리라"(출 25:20-22). 그룹들은 날개가 4개였다. 하지만 스랍은 날개가 6개였다. 이사야 6: 1-6절에 이사야가 소명 받는 장면에서 나온다. 법궤 위에 스랍이 있다. 날개 둘로 얼굴을 가리고, 또 날개 둘로 발을 가리고, 그 둘로는 날았다고 말한다.

이 천사들의 기능은 하나님을 찬양하는 것이었다.[14] 그들은 대리인(Agent)이 되어 하나님의 백성을 정결케(purify) 하고 깨끗하게 하였다. 에스겔 1:5-28절에 스랍 4개의 형상이 나온다. 날개는 4개였다. "그 속에서 네 생물의 형상이 나타나는데 그들의 모양이 이러하니 그들에게 사람의 형상이 있더라… 그 얼굴들의 모양은 넷의 앞은 사람의 얼굴이요 넷의 오른쪽은 사자의 얼굴이요 넷의 왼쪽은 소의 얼굴이요 넷의 뒤는 독수리의 얼굴이니… 그 사방 광채의 모양은 비

---

13 Edward. P. Myers, *Angelology: A Study of Angels*.

14 Carol A. Newsom, "Angels", in *Anchor Bible Dictionary*, 249-250. 뉴섬은 천사의 대리인과 메신저(사자) 역할과 중요성, 야웨와의 관계, 천사와 인간의 관계에 대하여 다룬다.

오는 날 구름에 있는 무지개 같으니 이는 여호와 영광의 형상의 모양이라 내가 보고 엎드려 말씀하시는 이의 음성을 들으니라"(겔 1:5-28).

천사장(Archangel) 가브리엘, 미가엘이 외경, 마카비1, 2서, 토빗서, 에녹서 12:17절에 천사 6개가 나오고 이름이 나온다.[15] 또한 신구약 중간사에 나오는 문서는, 여러 가지 천사의 개념이 나오고 그 사상이 발전된다.[16] 다니엘서 7장에 묘사된 메시아 시대 표현에서 맹수들의 세상 나라들을 심판하시는 하나님이 나온다. 이디오피아의 에녹서에서 동물의 환상이 나오고 하나님의 백성이 스스로 하나님의 도움을 받아 메시아 시대를 실현한다. 그 백성이 칼날로 이방 백성을 정복하고 나서 인간들과 천사들에 대한 하나님의 심판을 기다리고 있는 장면이 나오고 있다. 이를 통해 메시아 시대, 천년왕국 등과 함께 천사는 묵시문학, 신구약 중간사, 바리새주의의 결정적인 사상들에 중요한 개념임을 알 수 있다.[17]

미가엘 천사의 사명은, 섬기는 자이다. 다니엘서 10:1-21, 기도에서 미가엘은 다니엘을 21일간 돕는다. "그런데 바사 왕국의 군주가 이십일 일 동안 나를 막았으므로 내가 거기 바사 왕국의 왕들과 함께 머물러 있더니 가장 높은 군주 중 하나인 미가엘이 와서 나를 도와주므로… 오직 내가 먼저 진리의 글에 기록된 것으로 네게 보이리라 나를 도와서 그들을 대항할 자는 너희의 군주 미가엘뿐이니라"(단 10:13, 21). 다니엘 12:1에서는 미가엘이 하나님의 백성을 위해서 싸운다. "그 때에 네 민족을 호위하는 큰 군주 미가엘이 일어날 것이요 또 환난이 있으리니 이는 개국 이래로 그 때까지 없던 환난일 것이며 그

---

15 우리엘이 천사장이라고 보는 견해도 있다. Sufian Chaudhary, *World of Archangels*, 2012.
16 W. 푀르스터, 문희석 역, 『신구약 중간사』 (서울: 컨콜디아사, 1983), 275.
17 Ibid., 273-275.

때에 네 백성 중 책에 기록된 모든 자가 구원을 받을 것이라"(단 12:1).
구약성서에는 가브리엘이 4번 나오는데, 2번은 다니엘서에 나오고
있다. 가브리엘 천사가 다니엘 8장에서는 비전을 해석한다. "나 다니
엘이 이 환상을 보고 그 뜻을 알고자 할 때에 사람 모양 같은 것이 내
앞에서 섰고 내가 들은즉 을래 강 두 언덕 사이에서 사람의 목소리가
있어 외쳐 이르되 가브리엘아 이 환상을 이 사람에게 깨닫게 하라 하
더니"(단 8:15-16). 다니엘서 9:20-27절에는 희생제사에 대하여 말한
다. "그가 장차 많은 사람들과 더불어 한 이레 동안의 언약을 굳게 맺
고 그가 그 이레의 절반에 제사와 예물을 금지할 것이며 또 포악하여
가증한 것이 날개를 의지하여 설 것이며 또 이미 정한 종말까지 진노
가 황폐하게 하는 자에게 쏟아지리라 하였느니라 하니라"(단 9:27).

묵시문학적 세계관에서 천사가 등장(단 7-12장)하여 신학적 메시지
를 전한다. 다니엘의 기도 장면(단 9:1-27)에도 천사가 나타나서 예루
살렘 운명에 대한 날짜로, '칠십 이레'에 대한 예언을 한다.[18] 종말의
날에 반그리스도가 나타나 사탄과 같은 존재가 되어 혼돈의 용으로
파괴를 일삼을 것을 말한다(겔 38-39장; 단 7:25-26; 단 5:6-7).[19] 특히 다
니엘서 10:1-12:4은 묵시문학적 역사를 개관해주고 있다. 천사가 출
현하여 다니엘과 대화를 하며 역사적 개관을 한다. 지상의 통치가 페
르샤 시대, 알렉산더 시대, 프톨레미 왕국, 셀류커스 왕국, 안티오쿠
스 3세, 셀류커스 4세, 안티오쿠스 4세 시대를 반영하는 본문을 보게
된다.[20] 종말론적 예고에서 미가엘 천사가 승리하는 메시지를 보여
준다. 민족의 구원과 순교자의 부활, 지혜로운 자(Maskilim)가 차지할

---

18 왕대일, 『묵시문학연구』 (서울: 대한기독교서회, 1994), 295-297.
19 D. S. Russell, *The Method and Message of Jewish Apocalyptic*, OTL., (Philadelphia:
   Westminster Press, 1964), 276-280. 역사적으로 폼페우스나 네로 황제 등으로
   본다.
20 왕대일, 『묵시문학연구』, 304-305.

영광에 대하여 말한다(단 12:1-3). 다니엘에게 주는 권면(단 12:4)으로 끝나는 이 단락은 천사론의 수사적 맥락에서 강조되고 있다.

천사는 하나님이 허용하시는 범위에서 일한다. 사탄도 하나님의 주권 아래 활동한다. 욥기 1장에서 잘 보여준다. "하루는 하나님의 아들들이 와서 여호와 앞에 섰고 사탄도 그들 가운데에 온지라… 여호와께서 사탄에게 이르시되 네가 내 종 욥을 주의하여 보았느냐 그와 같이 온전하고 정직하여 하나님을 경외하며 악에서 떠난 자는 세상에 없느니라… 여호와께서 사탄에게 이르시되 내가 그의 소유물을 다 네 손에 맡기노라 다만 그의 몸에는 네 손을 대지 말지니라 사탄이 곧 여호와 앞에서 물러가니라"(욥 1:6, 8, 12). 시편 23편, 사망의 음침한 골짜기를 다닐 때도 해를 당하지 않을 것은 천사가 함께 하기 때문이다. 수호천사가 시인과 함께 함으로 어려움을 당하지 않는다. 천사가 어떠한 상황에서도 시인(시편 기자), 주의 백성을 에스코트 한다.[21]

천사와 천사론(천사 개념의 변천과 입장)

천사의 존재에 대하여 기독교 신앙 안에서 시대마다 다른 신학적 주장과 다양한 의견을 갖게 되었다. 르네상스 인문주의 시대 자유주의신학의 아버지인 쉴라이에르 마허는 천사의 존재를 부인하며 미개한 시대에 믿었던 유치한 개념이라고 보았다. 현대 신학자 불트만도 천사의 개념은 창조신앙과 상충되는 영지주의의 신화적 존재로서 반드시 비신화화의 대상이 되어야 한다고 주장하였다.[22] 반면 말

---

21 천사는 하나님의 사람, 말라크(malak)로 나온다.
22 Rudolf Bultmann, *Theology of the New Testament* I, 173; Kerygma and Myth I, 10-11.

쏨의 신학자 칼바르트는 천사의 존재를 인정하며 천사를 부정하는 것은 하나님을 부인하는 것이 될 수 있는 것으로서, 천사는 구조적으로 중요하다고 보았다.[23] 바빙크도 천사의 존재를 인정하며 계시의 세계에 필요한 존재라 본다. "계시 없는 기독교는 불가능한데 보이지 않는 영적 세계 없는 계시가 불가능하므로 비록 천사가 신앙의 본질이나 중심은 아니지만 초월적 하나님에 대한 신앙이 필수적으로 수반하는 요소이다"라고 한다.[24]

구약성서는 창세기부터 출애굽기 성막과 성전에서 언약궤를 보호하는 존재가 천사로 나타난다. 에덴동산에서 화염검을 두어 보호했던 존재, 벧엘에서 야곱에게 사다리를 타고 오르락내리락 하던 존재, 얍복강에서 씨름하던 존재, 하나님의 사람이 바로 천사였다.

중세 신학을 주도했던 어거스틴의 천사론은 어떤가? 어거스틴은 하나님은 빛을 창조하고, 그후에 영적인 존재인 천사를 창조하였다고 본다.[25] 영적인 질료는 창조주의 부름을 받고 모든 것의 형상이 되신 말씀으로부터 흘러나오는 빛에 조명되어 창조주께 향함으로써 형상을 받아서 완전한 피조물이 되었다는 것이다. 이렇게 완전하게 형성된 영적인 피조물을 어거스틴은 천사라고 불렀다. 비록 이 천사들이 완전히 형성된 피조물이라고 할지라도 말씀의 조명으로부터 떨어져 나와 방향을 다른 곳으로 돌리면 자연히 형상이 없는 상태로 돌아가는 경향을 갖게 된다.

천사들이 만물이 만들어지기 전에 창조되었는지, 아니면 시간 안에 이루어졌는지, 시간의 맨 처음에 이루어졌는지 묻는다. 시간도 피조물이기에 시간 안에 창조되었다면 천사는 영원한 존재가 된다. 따

23 이정석, "천사란 어떤 존재인가", 1. Karl Barth, *Church Dogmatics* III/3, 369, 486.
24 이정석, 위의 글, 2. Herman Bavinck, *Gereformeerde Dogmatick* II, 407.
25 선한용, 『어거스틴에 있어서 시간과 영원』(서울: 성광문화사, 1994), 53.

라서 어거스틴은 천사는 시간의 맨 처음에 창조되었다고 주장한다. 시간은 천사의 창조와 함께 시작되었을 것이다. 왜냐하면 시간은 피조물의 변화하는 형상과 연관되었기 때문이다. 천사는 인간의 시간성과 다르게 완전하게 형성되었기 때문에 변화와 시간에 지배를 받지 않는다고 본다. 그들은 본래 피조물이기 때문에 하나님처럼 영원하고 불변한 존재라고는 볼 수 없다. 그러나 그들은 영원하신 하나님께 항상 의존해 있고 또한 하나님의 말씀을 항상 관상하고 있기 때문에 그들의 본래의 가변성이 나타나지 않는다고 한다. 천사들은 시간의 질서에 의해 변화되거나 흩어짐이 없이 영원한 현재에 산다고 볼수 있다. 따라서 어거스틴이 세 가지 각각 다른 존재의 양상을 전제하고 있음을 추정할 수 있다. 그 첫 번째 존재는 영원한 존재, 그리고 시간적인 존재 그리고 그 중간에 있는 천사의 존재이다. 천사는 이처럼 시간에 구애받지 않는, 영원의 시간을 주관한 하나님께 종속된 존재임을 알게 된다.

천사에 대한 극단적인 입장이 있다. 미가엘 천사가 예수라는 주장이 여호와 증인 종파에서 주장하고 있다.[26] 이는 치우친 주장으로서 미가엘 천사를 천사장으로 보는 입장에서 천사론의 중심과 극치에서 신적 존재로 보려는 의지에서 기인한 주장이다. 이와 비슷하게 콥틱교회에서도 예수 그리스도가 대천사 미가엘이라고 주장한다. 또한 미가엘과 가브리엘 천사 외에도 정교회에서는 여덟 천사의 존재

---

26 예수 그리스도의 재림과 관련하여 데살로니가전서 4장 16절, "주께서 호령과 천사장의 소리와 하나님의 나팔 소리로 친히 하늘로부터 강림하시리니 그리스도 안에서 죽은 자들이 먼저 일어나고…"의 말씀과 같이 예수께서는 재림하실 때에 천사장의 소리와 함께 하늘로부터 내려오신다고 한 기록을 중요시한다. 왜냐하면 유다서에 기록된 대로 미가엘만이 유일한 천사장이므로 주께서 재림하실 때에 미가엘의 소리와 함께 오심은 특별한 의미가 있기 때문이라는 것이다. 그래서 여호와 증인은 미가엘과 예수가 하나이고 같다는 결론을 내린다.

를 말한다.[27] 우리는 "성서가 말하는 것은 말하고 성서가 침묵하는 곳에서 우리는 침묵한다"는 환원운동의 법칙대로 교회의 전통보다는 신약성서가 말하는 것을 말하려고 하는 것을 지키려 한다.[28] 이것은 말씀의 전통을 존중해야 하는 온건하고도 보수적이며 복음적인 입장이다.[29] 미가엘과 가브리엘 천사의 존재는 인정하지만 그 밖의 천사는 외경에서 나오는 것이기에 침묵한다. 천사(마 4:11)와 주의 사자(마 3:13), 수많은 천군(눅 2:13)의 존재와 대천사(신약에 두 번 언급)의 존재를 인정한다. 그것이 가브리엘과 미가엘이라고 추정한다. 그리스도께서 재림하실 때에 천사장의 소리가 들릴 것이라고 말하기 때문이다(살전 4:16). 또한 유다서 1장 9절에 천사장 미가엘이라고 언급하고 있기 때문이다.

이외에도 천사들이 타락해서 악한 천사들이 되었다.[30] 천사들과 인간들이 부적절한 성 접촉으로 귀신들이 존재하게 되었다는 것(창 6:1-2, 4)이다. 요한복음에서는 사탄은 이 세상 임금을 말하며 공관복음서에서 마귀는 귀신들의 왕을 말한다.[31] 예수는 이 귀신과 사탄, 마귀를 쫓아내고 궁극적으로 십자가로 사탄을 이겼다.

---

27 라파엘(치유자 하나님), 우리엘(하나님의 불), 셀라피엘(하나님의 중재자), 예구디엘(하나님을 영광스럽게 하는자), 바라키엘(하나님의 축복), 예레미엘(하나님의 큰 기쁨) 등이다. 정교회 성화(이콘)에서 7-8명 천사장을 '천사의 회'(Angelic Council)라고 부른다. 4대 천사장에 가브리엘, 미가엘, 라파엘, 우리엘이다.

28 박신배,『환원신학과 구약성서』(서울: 그리스도대학교 출판국, 2008), 167.

29 박신배,『환원신학의 세계: 초대교회로의 행진』(서울: 더북, 2013), 288-289.

30 클린턴 E. 아놀드, 길성남 역,『바울이 분석한 사탄과 악한 영들』(서울: 이레서원, 1992), 92-94. 바울시대에 유대교의 악한 천사적 존재들은 아스모대우스, 세미야자, 아자젤, 마스테마, 벨리알, 사탄, 삼마엘, 사타나일 등이다. 루시퍼의 존재는 다음 구절에서 유추되었다. "나는 사탄이 하늘에서 번갯불(Astrapen)처럼 떨어지는 것을 보았다"(눅 10:18)라는 구절과 "너 아침의 아들 계명성(Lucifer)이여 어찌 그리 하늘에서 떨어졌으며 너 열국을 엎은 자여 어찌 그리 땅에 찍혔는고"(사 14:12).

31 클린턴 E. 아놀드, 길성남 역,『바울이 분석한 사탄과 악한 영들』, 114-115.

문학에서 천사

천사에 대한 생각은 문학 작품 속에서 등장한다. 카스 도나휴는 『파괴의 천사』에서 길 잃은 소녀가 나와서, 인간이 무엇인가 절실히 원한다면 그것이 이루진다는 것, 다시 찾아본다는 것을 이야기 한다.[32]아르토 파실린나는 『천사가 너무해』에서 주인공 술로 아우버넨이 죽어서 수호천사가 된 이야기를 한다. 이 책은 블랙 유머로 수호천사가 반전을 거듭하며 임무 수행 이야기를 한다.[33] 천사와 악마, 천사의 세계를 소설(fiction)로 표현한다. 댄 브라운은 『천사와 악마』라는 책에서 첨단 과학과 바티칸 교황청의 충돌과 싸움을 다룬다.[34] 현대 사회에서 종교성을 가진 집단과 과학 집단 간의 전쟁이 가지고 있는 악마성이 있음을 보여준다. 시드니 셀던은 『악마의 유혹』에서 향기로 범죄를 짓는 사람의 이야기를 보여준다.[35]

시드니 셀던은 천사와 악마의 이야기를 소재로 인간의 악성을 소설화한다. 그는 『천사의 분노』에서 인간의 욕망에 대한 문제를 거론한다. 마피아와 그 조직의 대부, FBI와 미국 범죄조직, 상원의원 등의 이야기를 통해 인간 욕망의 악성을 드러낸다. 그는 그 욕망의 질주를 진실에 견주고 있다. 그래서 법조인 주인공 제니퍼 파커의 욕망은 더할 수 없는 파국으로 치닫게 된다. 그녀에게 있어 진실은 자비롭

---

32 카스 도나휴, 임옥희 역, 『파괴의 천사』(서울: 레드박스, 2011). 판타지 소설로서, 마법같은 사랑과 구원의 이야기를 말한다. 노라는 "왜 사람들이 천사를 믿어야 한다고 생각하는 거지?"(Ibid., 165). 이 책에서는 세계의 파괴자들이 무엇인지 파괴의 천사들이라고 말한다(Ibid., 166).
33 아르토 파실린나, 이미선 역, 『천사가 너무해』(서울: 솔, 2012).
34 댄 브라운, 양선아 역, 『천사와 악마』(서울: 베텔스만, 2004).
35 시드니 셀던, 정진우 역, 『악마의 유혹』(서울: 세시, 2009). 시드니 셀던의 『살인의 기술』은 악마가 6살의 어린아이라는 것, 그 악마가 천 년 동안 지배하는 세계가 도래함을 예견하는 황혼 교단이야기이다.

지 않은 것이다. 셀던은 그 책에서 인간의 욕망이 갖는 문제점을 진실과 함께 다룬다. "카뮈는 진실은 덕목이 아니라 정열이다. 그렇기 때문에 진실이 자비롭지 않은 것이다."[36] 엘리자베스 녹스는 『천사의 와인』에서 와인의 제조와 숙성과정의 개념을 빌어 지상에서 사랑과 우정, 욕망과 폭력, 신앙과 기억을 소재로 소설을 구성한다.[37] 천국과 지옥과 인간 세계를 오가는 타락 천사를 통해 신과 악마와 천사, 인간의 사후 세계에 대한 독자적인 이미지를 묘사한다. 소브랑과 새스의 극적인 만남과 전개 속에서 불란서적인 모랄의 배경 속에 인간의 사랑과 천사성을 이야기 한다. 이러한 문학이 보여주는 천사와 악마의 세계는 인간이 신적인 존재가 될 수 있음을 보여준다. 인간 이상의 존재, 즉 성자가 천사일 수 있다는 것과 인간 이하의 존재, 잉여인간, 쓰레기와 같은 인간이 악마 일 수 있다는 사실을 보여준다. 이는 우리가 악마에 노출되어 간교한 유혹에 넘어갈 수 있음을 보여준다. 루이스는 『스크루테프의 편지』에서 어린 악마(웜우드)와 경험 많은 악마의 이야기를 통해 악한 영들이 신자들을 유혹하고 있는 사실을 알게 된다.[38]

나니아의 연대기를 쓴 루이스(C. S. Lewis)는 『천국과 지옥의 이혼』에서 하나님께서 하늘에서 인간을 보실 때 죄를 얼마나 많이 짓는가 하고 인간을 보는 것이 아니라 인간이 천사와 같은 성품을 가졌는지 인간 안에, 인간성의 불꽃이 얼마나 남았는지를 본다고 말한다.[39] 원한과 불평 자체를 가진 인간, 허영심으로 가득 채운 여자, 분노와 원한을 가진 사람은 천사가 도우려고 해도 도울 수 없는 불가능한 존

---

36 시드니 셀던, 김시내 역,『천사의 분노』, 북@북스.
37 엘리자베스 녹스, 이예원 역,『천사의 와인』(서울: 시공사, 2010),
38 클린턴 E. 아놀드, 길성남 역,『바울이 분석한 사탄과 악한 영들』, 274-275.
39 루이스 마르코스, 최규택 역,『C. S. 루이스 씨름』(서울: 그루터기하우스, 2009),
     334-337.

재라고 본다. 루이스는 축복 받은 영혼과 저주 받은 영혼들이 나누는 대화 속에 저주 받은 영혼들이 가지고 있는 욕망과 선택들의 본질이 무엇인지에 대한 통찰력을 준다. 루이스는 천사와 악마라는 말보다는 유령이라는 표현으로서 천국과 지옥에 대한 개념을 말하고 있다. 그는 인간의 본성이, 죄짓는 인간과 축복된 인간으로 나눠서 천국으로 모두가 들어가야 한다고 말한다.

"천국은 완전한 자유가 있는 곳이다. 우리는 죄의 폭정과 죽음의 세력 그리고 제한된 시간과 공간으로부터만 자유롭게 된 것이 아니다. 우리는 또한 마음 중심이 오직 오만한 자아와 심각한 두려움과 끝없는 악의로만 가득 차 있는 냉소주의, 회의주의, 외식주의라는 더 위험한 폭정으로부터도 자유를 얻은 것이다."[40]

루이스는『반지의 제왕』이나『나니아 연대기』에서 동물들과 인간의 형상들을 혼재하여 이야기를 구성한다. 이는 천사들이 동물의 형상으로 나타난 것으로, 볼 정도이며, 작품으로 내재화된 천사 이야기로 볼 수 있다. 나니아 연대기의 주인공 아슬란(사자)은, 예수의 죽음과 부활을 상징하는 인물이다. 동화, 애니매이션 영화 세계에서 보는 천사와 악마 이야기로 봐야 할 것이다. 루이스는 순수 인간 형상이 아닌 동물들과 결합된 인간 모습, 그 천사 형상이 새로운 천사 이야기로 메시지를 전달하려고 한 것이다.

---

40 루이스 마르코스, 최규택 역,『C. S. 루이스 씨름』, 366.

나가는 말

지금까지 우리는 구약의 천사에 대하여 살펴보았다. 이해의 지평을 넓히기 위해 천사론의 여러 견해와 문학 작품에서 보이는 천사 글에 대한 생각, 문학가들의 생각도 다루었다. 천사란 창세기부터 존재하는 하나님의 일꾼들로 오늘도 하나님의 사역에 동참하며 하나님을 돕는 존재임을 알 수 있었다. 천사 개념이 많이 대두대고 천사론이 많이 제기 되는 문헌들이 묵시문학 작품이며 문서임을 볼 때, 시대가 어렵고 힘들 때 종교(신앙) 핍박을 받을 때 하나님이 현현하여 신앙인을 돕는 존재가 천사임을 알게 된다. 악의 세력이 강하고 빛의 자녀가 고난받는 상황에서 보호 천사가 나타나서 구원하는 역사를 기대하고 그 역사를 믿는 신앙이 천사 존재로 나타나게 된 것이다.

인간과 동물, 천사와 악마의 존재. 천국과 지옥, 보이지 않는 하나님은 인간 세계뿐 아니라 천상과 우주, 지옥과 자연과 동물, 나라와 제국 등 우주적 세계에서 당신의 나라를 평화 세계로 이끌어 가시려 한다. 천사는 하나님 나라 건설과 경영에 긴요한 존재로 하나님을 돕고 인간을 섬기는 일을 오늘도 일하고 있음을 알게 된다. 우리는 이 글에서 구약의 천사 연구를 하였지만, 신약의 천사 연구가 결론적 명제를 제공함을 알 수 있다. 신구약 성경이 말하는 천사, 특히 신약성서가 말하는 천사론이 우리가 믿는 천사의 실존이며, 예수 그리스도를 증거하고, 부활을 알려준 천사, 예수 탄생을 고지한 천사 등, 마지막 날 천사장이, 소리를 내고 나팔을 불고, 주께서 하늘에서 강림하시는 날, 천사들과 우리는 함께 서서 찬양하며 주님을 맞이할 것이다. 마라나타.

3부

구약신학과 서평, 논찬

구약 속의 종교권력

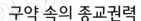

● 김은규 서평

이 책은 미셸 푸코의 권력이론을 중심으로 구약 들여다보기를 하고 있다. 신권 권력과 감시하는 하느님, 규율과 처벌, 감시, 규율적 권력의 개념으로 종교권력의 세계를 파헤친 우수한 논문들이며, 불후의 명작이다. 이스라엘 역사의 민중적 시각으로 구약성서를 해석한, 종교권력에 반대하는 예언자의 외침이며 히브리적 사유의 인식구조를 파헤친 성서 세계의 종교권력의 해부책이다.

하지만 보수주의 신학교의 교수 입장에서 동의하기 힘든 부분이 있다. "하나님 보시기에 좋았다"라는 창조 행위의 평가를, 감시와 감찰의 표현으로 해석하는 부분이다. 그리고 죄를 지은 아담과 이브에게 "네가 어디에 있느냐?"라고 물어보는 것을, 아담의 죄를 고백하는데, 하나님은 모든 것을 간파하고 계신 분으로서, 이 기사를 기록한 J기자, 페르시아 시대의 신권 질서를 유지하는 제사 그룹의 의도가 반영되었고, 창조질서를 통해서 백성들을 감시하고 통제하려는 의도를 반영시킨 것이라고 해석한 것이다. 또한 에덴동산에서 추방하는 죄의 심판은, 하나님이 구약 전체에서 인간을 감시하고 통제하고, 심판하는 것으로 해석함으로써 성서 해석의 판을 완전히 흔들어 버리는 결과를 가지게 한 것이다. 물론 학문의 논지, 종교권력이라는 논지를 가지고 구약을 해석하는 패러다임적 논의에서는 이해할 수 있는 것이지만 학문적 성격을 이해하지 못하는 초신자나 보수적 멘탈리티의 사람들은 이단적 진술이라고 평가할 수 있는 대목이다.

모세의 출애굽 사건도, 모세의 카리스마적 인물에게 자신들의 모든 이해관계들을 모세의 율법에 쏟아 권력을 정당화 시키려고 하였고, 백성들에게 의무와 책임, 강요하는 수단으로 삼은 것이라고 보았다. 출애굽의 해방 정신이 페르시아 시대의 신권 권력의 입장에서 출애굽 사건 기사가 윤색되고 퇴색되었다고 본다. 다윗의 권력 세계를 사울과의 관계에서 설명하며, 다윗이 신권 정치의 도구로서 법궤를 예루살렘으로 가져오는 것과 예루살렘을 수도로 삼는 것을 언급한다. 다윗 시대의 제사장 권력이 신권 정치의 중심이라는 것을 밝힌다. 나단 예언자가 신권 정치권력을 만들어주는 역할을 한 것을 지적한다. 또 다윗의 신권정치와 종교권력의 배경에 대하여 입체적인 기록자 시대의 입장에서 살피며 자신들의 종교권력 유지를 위한 이데올로기를 만들었다는 입장을 주장한다. 솔로몬 성전 건축과 성전의 종교권력, 세습된 제사장 권력을 설명하고, 야웨 저자의 지배 이념과 솔로몬의 지배 이념을, 백성들을 지배하고 감시하는 통치 지배 이념으로 펼치는 것을 기술한다.

히스기야 왕의 반제국 운동과 요시야 왕의 종교권력 강화라는 장에서, 히스기야와 요시야의 종교개혁, 특히 요시야 종교개혁은 신권권력을 재구성하는 수단에 불과한 것이라는 시각으로 본다. 제국주의 상황에서 약소국 유다의 입장에서 종교개혁이 갖는 의미를 묻고 있다. 우리나라의 상황에서도 반추하여 청나라의 남한산성의 침공의 상황을 떠올린다. 종교개혁의 배경에는 신권 정치권력을 이용하는 정치권력자의 의도를 언급하며 민심을 얻지 못한 개혁은 실패하고 결국 국가가 멸망하게 되었다고 보았다. 신명기 역사가와 역대기 역사가의 입장과 그들의 기록 시대의 반영을 통해 시대적 상황이 다름을 보여주었다. 결국 페르시아 시대의 입장이 기록과 편집자 시대의 종교권력이 최종 반영되었으므로, 그 시대의 중요성을 보여준다.

따라서 페르시아 제국 시대, 그룹 간 권력 갈등과 구약의 굴절이라는 장은 복잡한 종교권력의 양상을 자세히 설명한다. 사독 제사장 그룹과 묵시적 환상 그룹으로 대별되어 나타나는 것을 볼 수 있다. 구약 최종 편집 단계에서 친 페르시아계 제사장들의 신권 권력이 개입되어 종교, 정치권력에 의해 구약의 히브리 정신과 해방 정신이 굴절되었음을 밝힌다. 제2성전 시대의 성전 재건의 의미와 페르시아 제국의 지원, 친페르시아적 총독과 사독 제사장 계열의 신권 권력 그룹, 사독계 제사장과 레위인의 상태를 분석한다. 오경의 편집자, 제사 사가(P)는 신권 권력의 추구자의 대변가인가, 에스라의 오경은 제국의 관변 경전인가, 라는 질문을 통해 페르시아 시대의 제국주의 통치 이념에 굴절되었을 가능성을 열어놓았다. 학개와 스가랴, 느헤미야는 보수적 성향의 신권 권력 추구자라는 사실을 저자는 염두에 두고 있고, 역대기도 신권 통치와 신권 권력을 지지하는 제국의 영향을 우호적으로 바라보는 것임을 지적한다(279-282).

1부를 종교 권력의 이론과 역사, 2부를 종교권력의 적용이라고 구별하고, 2부에서는 제사장들의 신권권력과 "이야기, 기적 신화, 꿈의 권력 – 감시하는 하느님", 오경의 율법과 신권 권력, 계시와 권력, 성전과 권력이라는 주제로 종교권력의 상황을 분석한다. 이는 구약 속에 나타난 종교권력, 신권 정치, 신권 권력의 이해와 그 집단에 상황을 설명하려고 한 시도이다. 마지막 3부에서는 종교권력의 비판과 대안이라는 차원에서 예언자 운동을 거론하며 정의 운동과 평화사상이 대안임을 제시한다. 결국 구약성서의 정신은 반제국주의적 예언자 전승이며, 민중적 종교권력 저항운동이며 해방정신에 입각한 정의와 자유, 평화 운동임을 제시한다. 이는 오늘 한국 교회의 종교권력을 부수려는 우상철폐 작업의 일환으로 글쓰기의 목표가 된 것이다. 그런 의미에서 이 책은 이 시대 종교개혁, 종교사회혁명의 교과서임을 보여주고 있는 것이다.

이제 더 나은 학문적 논의를 위해 몇 가지 질문을 하면서 배우고자 한다.

1. 신권 권력, 야웨 신앙에 대한 근본적인 논제를 흔드는 기본 명제가 아닌가 생각한다. 이는 이스라엘 백성이 출애굽한 신앙고백, 신앙 사건을 모두 종교권력을 이용하는 프로파간다(Propaganda)로만 해석하고 구약 전체를 그런 시각으로 분석하는 것은 문제가 아닌가?

2. 신권 정치, 신권 권력, 종교권력이라는 용어가 구별하기 힘들게 혼재되어 사용되는데, 권력자들이 이용하는 야웨 신앙의 통치 이데올로기와 신권 권력의 차이는 무엇이며, 모세와 같은 종교 지도자와 다윗과 같은 정치 지도자가 이용하는 야웨 종교 이데올로기와 신권 정치의 차이는 무엇인지, 야웨 종교의 상황에서 종교권력을 휘두르는 통치자 그룹에 선 종교그룹들의 종교권력 성향과 종교권력의 차이는 무엇인지요?

3. 일반 종교학, 종교 현장의 차원에서 보이는 고대 근동의 종교 이데올로기와 구약성서에 나타난 야웨이즘과 종교 현상과의 차이는 무엇이고, 여호와 신앙과 신권 권력, 종교권력의 차이는 무엇이며, 구약신학적 차원에서 신권 권력이 민중을 억압하고 감시하고 통제하는 역할만 한 역기능적인 것만 있는지, 선기능적인 민중의 해방과 구원의 고백을 불러일으킨 신앙 사건과 종교 구조 등은 살필 수 있는 여지와 공간은 없는지요?

4. 구약의 개혁 신학과, 태극신학의 관점에서, 대화할 수 있는 부분이 무엇이라고 생각하시는지요?

5. 종교권력, 신권 권력으로 제사장이나 기득권 권력자들이 성서의 두루마리를 이용한다고 해도 정경화 과정에서 그 문서들이 제거되거나, 성령의 감동으로 기록된 하나님의 말씀이 선한 구원에 이르는 역사를 행하는 측면을 어떻게 이해해야 하나요?

6. 구약의 역사적 차원과 신화적 차원을 구별하여, 고대인들의 원시적 사고의 틀과 신화적 사고 표현들을 구별하는 것이 선행되어야 하며, 신화(계시와 기적 이야기)를 통치 권력의 차원에서만 해석하는 것은 종합적인 이해보다는 단편적 이해가 되지 않을까요?

7. 이 책에서는 한국 역사적 관점에서 이스라엘 역사를 바라보는 작업을 하며 독창적 자기 역사에서 역사 이해하기를 하고 있고, 민중적 시각을 놓지 않고 신권 권력의 문제점을 계속 포착하려는 시각을 가지고 구약성서 다시보기의 독창적 작업이라고 볼 수 있다. 하지만 그러다 보니, 성서가 가지고 있는 계시의 독보적 차원이 훼손되는 면이 없지 않다.

끝으로 귀한 책을 저술하시고 구약의 세계를 깊이 살펴볼 수 있는 계기를 제공해 주신 것과 논찬자로 대화의 자리에 설 수 있는 기회주심에 심심한 감사를 표하며 논찬에 갈음합니다.

김삿갓의 시와 욥기 39:1-30; 41:1-34에 나타난 동물의 존재론적 의미와 교훈적 의미와의 비교연구

● 공현배 논찬

이 논문은 김병연의 시에 나타난 동물에 관한 시와 구약성서 〈욥기〉에 나타난 동물에 관한 묘사를 프랜시스 클루니의 비교 신학 이론을 통해 연구한 논문이다. 이 논문 연구의 동기는 생태학적 관심과 생태학적 신학에 대한 논의에서 비롯되고 있다. 이 논문의 목적은 서론에서 밝히듯이, 동물도 인간 못지않은 존재론적 의미를 갖고 있으며, 동물이 인간에게 교훈하는 존재물임을 이해하는데 있다고 본다. 두 시 모두가 동물도 의미 있는 생물체이며, 동물을 통한 인간을 교훈하는 점에서 공통점이 있다는 것, 창조 세계와 피조물인 동물에 대한 이해를 통해 창조질서를 이해하는데 도움이 된다고 밝히고 있다.

또한 김삿갓의 동물시에는 동물을 통해 인간을 교훈하고 인간사회를 비판하는 점에서는 구약, 그중에서도 욥기와 비슷하다. 반면 구약성서의 욥기에서는 신이라는 초월적 존재가 등장하지만 김삿갓의 시에는 그러한 요소가 없다는 차이를 가지고 있다. 즉 유신론적 세계관의 차원에서는 근동의 성서 세계와 극동인 한국의 문화적 차이가 있으며 교훈적 의미에서 상통할 수 있는 요소를 찾을 수 있다고 보는 것이 논문의 결론이다.

저자가 이미 지적하듯이 유신론적 세계관에서 보는 동물의 관점이 성서에서는 이미 다양하게 나오고 있다는 것이다. 하나님이 들짐승을 보내어 징계와 심판의 도구로 삼겠다는 것(레 21-22)과 동물을 정한 동물과 부정한 동물로 나누어 이스라엘 백성이 먹어야 할 것과 먹지 말아야 할 음식을 구분하고 있으며 또 물고기와 조류, 파충류 역시 나누고 있다(레 11:1-47). 동물 제물은 소와 양, 염소와 비둘기(들비둘기, 집비둘기) 등이 사용되며(출 29:38-41; 레 1:2-5:19), 하나님께 제사 드리기 위한 제물로서 기능을 하고 있다. 동물의 첫 새끼는 정한 것과 부정한 것을 구별하여 짐승의 맏배는 바쳐야 했다(레 27:26-27). 이처럼 구약에서 동물의 기능은 다양하다.

한편, 창조 질서에 나오는 인간과 동식물의 창조 순서(창 1:11-31)와 아담이 동물에게 이름을 지어주는 관계(창 2:19-20)를 통하여 자연과 동식물을 다스리는 관계가 형성되는 것을 볼 수 있는데(창 1:20-23, 24-25), 이를 통해 성서적 세계관에서 인간이 창조 질서를 유지하고 보존하는 책임이 있음을 주지하게 된다. 구약성서의 인간과 동식물의 관계를 통하여 하나님의 창조 세계가 질서 있게 보존되고 생육하고 번성하기를 축원하고 있는 것을 볼 수 있다. 성서에서 동물은 하나님의 주권과 계획, 섭리 속에 존재하며, 인간과 더불어 함께하며, 인간의 관리 속에 있으며 동시에 인간을 깨우치는 존재로 나온다.

하지만 오늘날 여러 가지 생태적 위기 속에 동물이 복제되는 기현상이 나타나고, 일부 식물과 동물의 종이 사라지는 때를 맞이하였다. 호세아의 생태적 파괴와 존폐 위기에 대한 예언이 현실화되어 나타나고 있는 것이다(호 3:3). 결국 하나님을 아는 지식이 없고 진실도 없고 사랑도 없는 시대가 되어, 저주와 사기와 살인과 도둑질과 간음, 살육과 학살이 그칠 사이가 없기 때문에, 땅이 탄식하게 되었다는 것이다. 이것은 지구적, 우주적 대 위기에 봉착되었다는 사실이다. 그리하여 이러한 시대에 이 땅과 동물의 탄식이 불가피하게 되었다는 것이 성서가 말하고 있는 현실이다.

이 논문은 조선후기 양반사회가 몰락하고 붕괴되어 도탄에 빠진 시대에 도인과 예언자로서 김병인이 성서의 묵시문학적 지평에서 자연과 인간, 사회와 풍물에 대한 유모와 해학, 풍자와 지혜 등을 아름다운 시로 표현하고 있음을 말한다. 이 글은 성서 지혜 문학인 욥기 39:1-30; 41:1-34절과 비견될 만한 동물시를 비교하여 연구한 것으로 아주 가치 있다. 이 귀한 논문을 논찰할 수 있는 기회를 가진 것은 매우 영광스런 일이라 생각한다. 여기서 더 나아가 학문의 발전과 더 좋은 논의를 위해 몇 가지 질문을 하며 배우고자 한다.

1. 욥기의 배경이 지혜문학의 범주에서 동물에 대한 언급은 전체 욥기의 맥락에서 볼 때 인간이 유능한 동물(하마와 악어)보다 못한 존재이며, 하물며 창조주보다는 얼마나 열등한 존재인가라는 것을 규명하는 대목이다. 이는 하나님의 세계와 존재에 대한 비교를 목적으로 하는 맥락에서 언급되고 있으며 이런 차원에서 볼 때 김삿갓의 동물시의 네 동물과 욥기의 동물(들나귀, 들소, 타조, 말)들을 같은 차원에서 비교하는 것은 모순되지 않는가? 또한 창조질서 안에서 동물들을 운영하고 생태계를 보존하시는 분이 하나님이라는 존재의 결어는 김삿갓의 동물시와 어떤 연관을 지으려고 하는지, 연결이 매끄럽지 못하지 않는가?

2. 여호와 신앙(Yahwism)의 입장에서 성서의 동물관이 다양하게 제시되고 있음에도 김삿갓의 동물시, 즉 한가지 교훈의 관점에서 유사성이 있다는 주장은 단순한 논리의 비약이라, 문제가 되지 않은가?

3. 욥과 김병연은 삶의 행적이 비슷한 면이 있다. 고난의 삶으로 점철된 점이 그러하다. 욥은 가족과 아내, 재산을 다 잃고 고난 속에서 친구 세명과 신학적 논쟁을 벌이는 가운데, 맨 끝에

젊은 친구 엘리후와 대화 후 하나님을 직접 대면하고 만나는 체험을 통해 하나님의 연단의 비밀을 알게 된다(욥 23:10). 하지만 김삿갓은 명문가문의 양반이지만 장원급제하고도 모친을 통해 부친의 불의를 비판한 사실을 뒤늦게 깨닫고 유랑을 떠나 걸인처럼 방랑시인이 되어, 이후로 식객으로서 겪는 고초는 이루 말할 수 없었다. 떠돌이로서 겪는 삶속에서 체험한, 이와 벼룩을 소재로 풍자한 그의 시는 고달픈 삶속에도 여유를 갖게 하는 것일 뿐이지, 생태적 담론을 위한 해석, 그리고 그 기여와 공로로 해석하기에는 무리가 있지 않는가?

4. 생태신학자 맥훼이그(하나님의 몸: 생태신학), 리프킨(생명권 정치학), 마티(하나님의 생태학), 류터(가이아와 하나님, 지구 치유의 생태여성신학), 머천트(자연의 죽음: 여성, 생태, 자연적 혁명), 폭스와 루퍼트 쉘드레이크(자연적 은총) 등 생태신학자의 논의와 한국적 생명신학, 특별히 생태신학의 차원에서 논의가 언급되지 않고 있어서 아쉬움을 남긴다. 좀 더 생태학적 대화의 입장이 필요하지 않는가?

5. 최근 제기된 복제양 돌리와 황우석 문제와 관련해서 의료치료 발전을 위한 동물 복제, 줄기 세포 복제 등에 대한 논의가 필요하지 않은가?

6. 근대화 시대 이후 산업 발전과 기계화 문명으로 인한 개발국들의 자연 파괴와 핵문제에서 제기되는 생태학적인 문제 제기들에 대해 이 두 동물시에 대한 글읽기는 어떻게 해야 하는가?

7. 구약성서에서 뱀이나 큰 용(리워야단)은 사탄이나 악의 세력으로 상징되는데, 동물이 상징적 요소로서 묘사되는 것과 생태적 차원에서 인간과 더불어 자연의 보존차원으로서의 동물보호 이야기는 어떤 차이가 있는가?

8. 노아의 방주에 들어간 동물들은 구약학적 관점에서 어떤 동물이었으며, 식물은 들어가지 않았다는 사실에서 인류의 자연보호와 동물 보호의 차원에서 우리가 생각할 요점은 무엇인지 문제제기를 하며, 저자의 의견을 듣고 싶다.

구약 성경적 공정한 사회

● 배희숙 논찬

이 논문은 구약성경이 제시하는 공정한 사회의 모습을 연구하여 현 정부가 선진한국을 지향하면서 추구하는 공정한 사회의 비전을 점검해보려는 시도를 하려고 한다. '공정(체데카와 미스파트)'에 해당하는 구약성경의 용어를 고찰하여 공정에 해당하는 구약성경의 단어는 '체덱', '츠다카', '미쉬파트'를 찾는다. '미쉬파트'는 자주 '체덱'이나 '츠다카'와 결합되어 동의어(hendiadyoin)로 사용되었다고 보고, 체덱, 츠다카를 중심으로 용례들을 고찰한다. '공정'의 의미의 스펙트럼을 조망하게 해주는 중요하고 유형적인 예들에 제한하여 그 용어가 사용되는 문맥에 관심을 가지고 연구하려고 한다. 먼저 배희숙 교수가 주장하는 논문을 요약하면 다음과 같다.

1. 하나님의 '체덱/츠다카'는 개인이나 집단이 겪는 억압과 곤경의 상태로부터의 해방과 구원을 말한다. 하나님의 '츠다카'는 약속에 신실하신 하나님의 '헤세드'와 연관되어 있다. 하나님의 의의 두 가지 측면이 인간의 의에서도 드러난다. 하나님의 '체덱/츠다카'는 자연과 인간에게 생명과 풍요를 부여한다.

2. 통치자의 통치 이념과 과제에서는 공의로 통치하는 왕과 정의로 다스리는 방백들의 풍성한 영향을 말하며, 왕국에

속하는 왕과 사법 행정기관들에게 요구되는 공의는 수직적
인 연대감이라 본다. 왕국의 기관은 '위에서 아래로 흐르는'
'체덱'을 수행할 과제를 지닌다. 그것은 현대개념으로 표현
한다면 보호와 나눔과 복지라고 재해석한다.

3. 인간 상호간의 공의에서는 자신의 공동체를 구성하는 자
기의 이웃에 대한 모든 관계에서의 성실함과 진실함을 말
한다고 보며, 인간의 '츠다카'는 특히 그의 이웃에게 중요하
다. '공의'란 공정한 분배를 지향하는 것이 아니라 모든 행
동에 있어서 공동체의 연대감과 성실을 목표로 한다고 주
장한다.

이러한 공의의 개념들을 기초하여 구약성경이 제시하는 공정한
사회모습을 그려보면, 공평한 기회와 개인 존중, 약자보호와 상생은
공정한 사회의 모습이다. 구약성경이 제시하는 공정한 사회는 한마
디로 '체덱/츠다카'에 기초하는 사회요, 그것을 실제로 실천하는 사회
를 말한다. 1) 구원과 회복이다. 2) 땅과 자연과 사람이 생명과 풍요
를 누림. 3)우주적 '샬롬'의 실현 등이다.

저자는 공정한 사회로 가는 길을 찾기 위해 성경의 시대와 시대적
인 배경을 연구하고자 한다. 이스라엘 사회에서 공정한 사회가 가장
요청되던 시대는 주전 8세기 중반기부터라고 본다. 초기 이스라엘
사회가 가나안 땅에서 정착하고 군주시대가 도래하면서 초래된 가
장 큰 변화는 계층 간의 심각한 불균형이었다. 가장 안정된 중앙권력
의 시기인 8세기에 야웨의 이름으로 등장한 예언자들을 통해 당시의
사회적, 정치적 위기를 들여다 볼 수 있다.

8세기 후반에 맞은 사회적, 정치적 위기에 유다는 어떻게 대응한
방법은 법의 기록이었다. 규례와 법도를 통하여 공정한 사회를 만

들려는 작업을 하였다고 본다. 둘째는 내적, 외적 해체현상의 위기에 직면한 유다 사회의 실존을 위해 법의 신학화를 추구하였다고 보았다. 그것이 계약법전(출 20:23-23:19)에 나타난다고 보았다.

또한 신명기법이라고 주장한다. "신명기법은 8/7세기의 위기에서 씨족집단의 연대윤리의 붕괴에 응답하였다. 신명기는 '형제사랑'의 이념을 친척연대윤리의 해체를 막는 것으로 내놓았다. 모든 유대인들에게 형제사랑의 연대를 요구한다. 왕국의 모든 기관은 공의의 유일한 출처이신 하나님의 이상 아래에서 하나가 될 때 사회적으로 파괴된 공동체를 통합할 수 있다."

오늘날의 정치적 현실을 보면서 저자는 정의가 이루어질 한국 사회의 정의로운 모습을 제안하며, 성경이 제시하는 정의롭고 평화로운 사회가 되기를 기원하는 목적으로 논문을 연구하며 논의를 이끌어가고자 하는 모습을 살필 수 있다. 예언자적 통찰력으로 한국 사회를 들여다보고자 하는 문제의식은, 논문을 진행해 가는데 논지에서 묻어 나온다고 보았다. 참으로 유익하고 좋은 논문이며 많은 것을 배우게 된다. 우리의 학문적 발전과 논의를 위해 다음의 질문을 하면서 서로 배우고자 한다.

1. 라이너 알베르츠가 말하는 출애굽 법전이나 신명기 법, 아모스 호세아 전승 등이 공정한 사회로 나가기 위한 법제화로 이어진다는 것은, 프랑크 크뤼제만의 생각인지, 아니면 저자의 생각인지 궁금하다. 이에 대한 알베르츠의 입장과 크뤼제만, 배희숙 교수의 생각은 무엇인가?

2. 창세기 하나님의 형상(Imago Dei)에서 '정의'와 '평화', '선'과 '공평' 등을 하나님의 형상으로 보는 것에 대한 논의와 '공정'은 어떻게 연관이 되는지?

3. 희년법에서 사회적 '공정'을 찾으려는 시도(Yaira Amit)
가 있는데(H. G. Reventlow & Y. Hoffmann,ed. 〈Justice and
Righteousness〉, JSOT Sup. 137, 47-59 참조), 희년법이나 '땅과
정의', 에큐메니칼의 '정의, 평화, 창조보전', '정의와 평화' 등
의 개념과의 대화나 논의에 대하여 어떻게 생각하는지요?

4. 공정한 사회에 대한 논의를 주전 8-7세기의 고전적 예언
자 시대부터 시작하는데, 출애굽 공동체의 십계명 수여 사
건이나, 다윗 솔로몬 시대의 왕정 법률 학교(모세 와인벨트)에
서 법제화 작업 등으로 그 시대적 상황을 더 소급하여 보는
것이 낫지 않을까?

5. 벨하우젠의 '예언이 율법보다 앞선다', 즉 예언시대의 '공정'
을 주장하는 예언이 뒤이어 법제화 되었다는 이론을 그대
로 답습하는 느낌이 있는데, 초기 이스라엘 사회에서부터
법제화 작업이 이루어지며 예언도 동시에 이루어 졌다는
가정을 할 수 있지 않는가?

6. 최근 센달의 『정의란 무엇인가』라는 책이 베스트셀러가 되
어 사회에 이슈가 되고 있는데 성경의 '공정'과는 어떤 관계
와, 어떤 관점과 의미에서 답할 수 있는지?

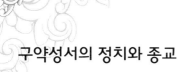

구약성서의 정치와 종교

● 김회권 논찬

　김회권 교수의 이 논문은 한국 정치 현실에서 문제점을 인식하고 예언자적 통찰력을 가지고 오늘의 상황에서 새롭게 예언언설을 한다고 볼 수 있다. "2007년 연말 대선을 앞두고 한국교회의 일각에서는 세속 정치와 하나님 나라의 관계에 대한 명확한 이해를 크게 흐리는 정교일치적 요동을 보여주었다."(서론) "특히 하나님 나라의 복음 선포라는 대의명분에 충실하기보다는 현실정치적 차원의 소소한 실언이나 실책으로 복음의 본질을 흐리는 기독교회의 행동은 극히 자제되어야 한다. 우리는 올해 내내 공적인 논란거리가 된 이명박 정부의 종교편향이나 차별이니 하는 사태를 보면서 기독교회나 신자가 현실정치에 관심을 갖고 일정한 견해를 밝히는 것 자체가 나쁜 것이 아니나, 정교한 성서적 신학적 지침 아래서 현실정치에 종교적 신념을 적용하지 않으면 그 자체가 하나님 나라 운동의 방해물이 될 수 있음을 확연히 깨닫는다"(서론 중간). 따라서 이 논문은 구약의 예언 전승과 제왕전승의 맥락에서 참 예언자가 누군가라는 전통에서 연구되고 있다.

　이 논문의 목적은 현실 정치의 문제가 권력의 전제화와 사유화, 파당화에 있음을 지적하고 하나님 나라의 통치를 대변하는 예언자의 비판이 무엇인지 밝히고, 한국교회의 정치권력화와 한국교회의 정치권력의 결탁을 경계하고자 한 것이다. 김회권 교수의 신학은 '하나님 나라 신학'이다. 하나님 나라와 이 세상 나라의 대립과 갈등, 긴장과 조화가 가능한가. 그 해답은 나사렛 예수 안에 있다고 본다. 예수 안에서 왕의 길과 예언자의 길의 통합된 양상을 보여줌으로 논문의 결론을 말한다.

구약성서의 정치와 종교는 왕과 예언자의 대립과 갈등 구조에서 하나님 나라가 어디를 향해 있는지 보여주려 한다. 본론에서는 사울과 사무엘의 대립과 갈등, 다윗을 견제하는 예언자 나단, 아합과 예언자들의 갈등: 아합과 엘리야, 아합과 익명의 예언자들, 아합과 미가야 벤 이믈라, 여로보암 2세와 아모스의 대립과 갈등, 유다 왕들과 이사야의 대립과 갈등: 아하스와 이사야, 히스기야와 이사야, 유다 왕들과 예레미야의 대립과 갈등: 시드기야와 유다 왕들과 예레미야, 여호야긴에 대한 예레미야의 입장, 다시 시드기야와 대결하는 예레미야, 하나님의 말씀을 배척하는 여호야김, 예레미야와 시드기야 등을 다룬다. 결국 예언자와 왕의 갈등 구조가 신약의 예수 그리스도에게서 통합되어 하나님 나라를 보여주고, 하나님 나라의 운동을 지향한다고 본다.

그래서 예수 그리스도의 하나님 나라 운동은 하나님의 통치로 세상권력에 희생당하고 죽임 당한 사람을 구출해 내는 대항정치운동이고, 세상 정파와 집단은 종교와 정치의 권력의 힘에 의지하여 사람을 지배하고 부당한 이익을 누리는 세력들이지만 예수님의 하나님 나라는 권력의지의 영원한 포기였다. 예수님은 구약성경에서 일관되어 흐르는 이상적인 왕도인 메시아적 왕도를 완전히 육화시킨 왕이다. 예수님은 영원히 잊혀지지 않을 섬기는 메시아 왕도를 가르치신다. 예수님은 진정한 통치가 무엇인지 가르친다. 사람의 마음을 얻어 마음의 승복이나 복종을 얻어내는 선한 목자로서의 지도력을 보여주는 왕 중의 왕, 나사렛의 메시아이다. 상한자, 잃어버린자, 병든

자, 목자 없는 양 같은 민중을 위하여 목숨을 던진 선한 목자이다. 그래서 예수님의 길은 자기비움, 권력의 비절대화였다. 성서적인 정치는 희생과 섬김을 통한 정치였다. 이 메시아 왕도는 구약성경의 예언자들이 인간 왕들을 비판할 때 의존했던 그 준거가 된 왕도였다.

참예언자가 없는 시대에 거짓예언자가 남발하는 거짓된 안전보장교리, 축복 일방적 설교, 자본축적형 교회 등이 오늘의 기독교인들 대부분이 추구하는 신앙풍토에서 김회권 교수의 이 논문은 오늘 이 시대의 예언자 전승을 대표하는 교본이다. 조만식 선생님의 뒤를 잇는 숭실의 전통이 선 논문이라고 말하고 싶다. "한국교회는 현실정치에 대하여 엄중한 예언자적 감시를 통하여 현실정치 세력의 민족 파멸적, 민중압제적인 전제권력화를 막아야 할 예언자적인 의무에 깨어 있어야 할 것이다. 우리가 늘 진리의 척도로 삼는 왕도와 예언자의 바른 관계는 나사렛 예수의 하나님 나라 정치 안에서 정립되었음을 기억하여야 한다"(결론).

이제 더 깊은 학문적 논의와 신학적 사유를 위해 몇 가지 질문을 통해 우리가 서로 배우는 기회를 갖고 싶다.

1. 왕과 예언자의 관계가 전기예언서와 후기예언서에 나온 성경에서 전개되고 있는데, 신학적으로 신명기 역사서에 말하는 포괄적 신학의 틀은 무엇이며, 예언자와 왕의 관계는 어느 시대에서 기록자의 관점에서 말하고 있는 것은 없는지, 포로시대와 포로 귀환시대, 페르시야 시대의 신학적 영향은 없는지? 이에 대하여 알고 싶다.

2. 하나님 나라 신학의 관점에서 읽는 모세 오경 1, 2권에서 밝힌 하나님 나라 개념이 예언서에서는 어떻게 전개되는지, 이스라엘 역사의 '압축파일'이 모세 오경이라고 하면 예언서는

무엇인지, 예언서에서만 구약성서의 정치와 종교에 대하여 논하였는데 오경의 아브라함과 멜기세덱, 이삭과 아비멜렉, 요셉과 바로왕, 모세와 바로왕의 관계 등은 어떠한가?

3. 전멸 명령(진멸법, 헤렘법)은 여호수아서에서 가나안 땅 정복 때에 강조되던 법이 아닌가. 사무엘이 사울에게 명한 전멸전쟁(3-4쪽)과 아람의 전멸명령을 어긴 아합(6-7쪽)에 대하여 논의를 전개하고 있는데, 이것은 신명기 역사 신학의 빛에서 이해해야 할지, 진멸법에 대한 신학적 의미는 무엇인지, 어떻게 구약의 하나님이 '잔인한 하나님'으로 나타나는가, 이해할 수 없는 하나님에 대하여 사람들에게 무엇을 말해야 할지 의견을 듣고 싶다.

4. '히스기야와 이사야' 부분에서 히스기야 왕은 바빌론 므로닥발라단의 사절단을 맞이하면서 동맹관계를 통해 아시리아 산헤립의 침공을 막고 독립할 수 있는 기회를 엿보는 것은 당연한 정치적 행동이라고 본다. 하지만 이 바빌론과의 동맹이 히스기야의 신앙의 부족이라고 성경이 보도하고 있고, 이에 대하여 이사야의 경고와 질책, 예언은 바빌론 포로를 암시하는 것으로 나타난다. 바빌론 포로라는 국가적 재앙으로 이끄는 전조로서 히스기야의 행동을 평가하면서, "어떤 점에서 바벨론 유배는 히스기야의 경거망동한 친바벨론 동맹외교 정책이 자초한 국가적 재난이라는 것이다."(논문 중, 12쪽)라고 언급한다. 이것은 히스기야 시대의 상황에서 보는 것과 후대에 독자적 입장에서 보는 것 사이에는 괴리감이 있지 않은가?

5. 예레미야가 예언활동을 하던 시대는 유다의 말기 패망기였다. 여호야긴과 시드기야, 여호야김 왕과의 관계에서 예레미야가 어떻게 예언하였는지 대립과 갈등의 차원에서 권력의

역학 관계를 보여주었다. 좀 더 제국의 상황과 제국의 역학 구도에서 권력의 매크로(Macro) 연쇄관계와 권력의 속성을 이야기 할 수 있지 않을까. 또 이 예레미야 활동과 우리나라의 구한말 역사와 고려말기의 상황과 비교하여 말할 수 있는 여지가 있지 않는가?

6. 폴디 핸슨(P. D. Hanson)의 '묵시문학의 여명'이나 볼프(H. W. Wolff)의 '예언과 저항'에서 보여지는 예언자와 갈등 구조의 관계와 어떻게 연관되어 이해할 수 있는지 의견을 묻고 싶다.

7. 하나님 나라의 관점에서 구약의 정치와 종교라는 차원을 생각하였는데, 종교개혁과 하나님 나라의 환원(還元)이라는 차원에서 구약의 정치와 종교라는 주제를 다루면 하나님 신앙을 떠난 왕과 이스라엘, 하나님 나라의 본질을 떠난 유다가 메시아 왕국으로의 환원을 통해 신율(神律)문화를 이 땅에서 회복하고 만드는 작업이 일어나지 않을까. 또 태극(太極)신학(우리 신학)의 관점에서 구약의 정치와 문화를 다루면 더 우리 문화와 심성의 차원에서 다가올 수 있지 않을까? 이에 대한 생각을 듣고 싶다.

끝으로 좋은 논문에 감사드리고, 한국 교회를 향한 좋은 예언적 논문이라 생각하며 논찬할 수 있는 영광에 감사드린다.

오클로스와 비참의 현상학

● 김진호 논찬

김진호 선생의 "오클로스와 '비참의 현상학': 지구화 시대 민중신학의 과제에 대하여"라는 글은 오랫동안 민중신학을 깊이 연구해 오신 분의 학문적 저력과 함께 민중신학의 현대적 자리, 민중신학자의 정체성에 대한 고민을 읽을 수 있는 뜻있는 글이었다. 한마디로 이 논문은 민중신학을 현대적 관점에서 재해석하고 민중신학자의 현대적 의미를 재정립해보는 글이었다고 생각한다.

김진호 선생은 먼저 민족과 민중을 구별하면서 안병무, 서남동 선생님의 논의를 확대하여 '오클로스'를 현대적으로 재해석하고 있다. 그에 의하면 '오클로스'는 우리 안에 있는 외부자, 비존재이고, '죄'라는 배제시스템에 의해 사회적 실어증을 앓고 있는 존재이다. 이런 억압된 시스템 속에서 오클로스는 한으로 응어리진 자신의 목소리를 몸으로 말한다. 또한 민중신학자는 이러한 오클로스의 한을 증언하는 중재자이다. 저는 이것을 민중의 한을 대변하는 예언자이자 민중과 민족을 중재하는 제사장으로 이해하였다.

김진호 선생은 군부권위시대부터 오늘날까지의 현대사를 세 시기로 구분하면서 오클로스가 어떤 상황에 처해져 왔는지를 설명한다. 군부권위시대에 오클로스는 민족(국민)에 의해 소외된 도시빈민인데, 대표적으로는 꼬방동네 사람들이었다. 민주화-소비사회화 시대에 사회적 자원을 장악한 사람들은 그렇지 못한 사람들을 타자화시

컸는데, 이 시기는 민족공동체가 성별, 연령별, 지역별, 계층별로 다분화하면서 갈등이 야기되었다는 점이다. 이러한 민족공동체의 내적 분열은 민중의 몰락을 더욱 심화시켰다. 지구화시대에도 타자화된 존재인 민중, 즉 오클로스는 광범위하게 확산되고 있다. 이처럼 저자는 민주화, 지구화가 되었다고 해서 오클로스는 소멸하는 것이 아니라 오히려 다른 방식으로 확대, 확산되고 우리의 일상 깊숙이 들어와 있다는 것을 잘 지적해 주고 있다.

이러한 오클로스의 확산과 일상화에 대한 지적만으로도 이 논문의 가치는 적지 않다고 생각한다. 오클로스를 우리 사회 안 어디에서나 존재할 수 있는 폭력과 억압, 차별과 따돌림의 구조 속에서 소외되고 배제된 존재로 재해석함으로써 우리의 일상을 성찰할 수 있기 때문이다. 예를 들면 학교에서의 오클로스는 좁게는 왕따이며 넓게는 기성세대의 교육 시스템에 죽어가는 학생 모두일 수 있다. 또한 오클로스는 외국인 노동자나 시집온 처녀일 수 있고, 그 불합리의 시스템의 주체는 오늘 이 자리에 서 있는 우리들 일 수 있다. 이 글에서는 오클로스의 고통과 비참함을 보여주고 그것을 증언하는 민중신학자의 정체성을 강조하고 있지만, 저자의 논의를 확대하면 오클로스가 타자화된 존재만이 아니라 또 다른 오클로스를 배제시키는 주체로서 등장할 수 있음도 보여준다.

저자의 의견에 전체적으로 동의하면서 몇 가지를 질문하고 싶다. 이 질문들은 민중신학에 문외한인 한 사람으로서 던지는 것으로 이글을 읽으며 떠오른 몇 가지 단상이 있다. 첫째는 저자처럼 이러한 오클로스를 증언하는 것 자체가 오클로스의 문제를 해결해나가는 첫 단추라고 생각한다. 대신 민족과 민중을 함께 끌어안는 담론은 없을까? 오클로스를 배제시키지 않고 오클로스와 우리가 하나 되고, 또는 오클로스인 우리가 우리를 소외시키는 그들과 공유할 수 있는 담론은 없을까 고민하게 된다. 엄밀한 논의를 얘기하는 것이 아니라 이 부분에 대해 생각한 것이 있다면 작은 단초라도 선생님의 생각을 듣고 싶다.

둘째는 민중신학자의 정체성에 관한 질문이다. 선생은 오클로스에 대한 증언이 민중신학자의 역할이라고 말씀하였는데, 그 증언으로 민중신학자의 역할은 끝난 것인가? 또한 비참한 민중은 민중신학자의 입을 바라보기 보다는 신앙의 대상인 예수를 바라볼 것 같은데 현대 민중신학에 있어서 예수는 어떤 존재이며, 어떤 분인가? 이런 현대적 오클로스의 상황 속에서 예수님은 어떤 역할을 하실까? 이것은 민중신학자는 어떤 예수를 전해야 하는가의 질문이다.

셋째, 김 선생은 민중신학자의 증언에 대해 몇 번 강조하였는데, 이 글도 그렇지만 대체적으로 민중신학자들의 글이 어렵다는 생각을 해왔다. 요즘 민중신학자들의 글은 안병무, 서남동 선생님의 글보다 철학적이고 난해하다. 이런 증언을 일반 오클로스들이 잘 이해할 수 있을지 의문이 든다. 바울 선생님도 쉬운 언어를 사용해야 한다는 소통의 문제를 지적하신 적이 있는데(고전 14:9) 오클로스들도와 닿는 증언은 어떤 방식의 증언이어야 하는지 선생님의 의견을 듣고 싶다. 끝으로 이런 좋은 글을 통해 민중신학의 새로운 가능성에 대해 말씀에 주신 김진호 선생께 다시 한번 감사드리며 논찬을 마칠까 한다.

'신학적 종교다원주의'의 성서적 적합성에 관한 물음과 새로운 해결점을 찾아서

● 최인식 논찬

저자는 이 논문에서 종교다원주의 시대에 교회가 선택할 수 있는 입장으로 배타적 기독교, 포용주의적 기독교, 다원주의적 기독교의 태도를 가질 수 있다고 본다. 우리는 종교 다원주의적 시대에 종교적 실체에 대한 존재를 인정하며 선교적 입장에서 포용적 입장을 취하지만 길과 진리, 생명이신 예수에 대한 참 종교의 입장에서는 배타적 입장을 견지하지 않을 수 없는 것이다. 따라서 어느 한 입장을 주장하는 것이 아니라 복합적 차원에서 진리에 대한 입장을 고수하는 것이 중요하리라 본다.

최 교수는 기독교가 성서와 전통으로 만들어진 옷이라는 것과 교회가 떠나온 '고향종교'(home religions)들, 불교와 유교 등을 통해 신학적 종교다원주의에 대한 성서적 적합성을 찾으려는 작업을 한다. 물론 여기 논의의 시작에서 성서가 하나님의 말씀이냐는 근본적인 질문에서부터 시작될 수 있으며 구약성서가 갖는 의미와 예수의 의미가 무엇이냐 하는 것을 묻게 된다. 이 논문에서는 바아르 성명을 이해하고 그 문서가 갖는 종교다원주의 주장이 성서적 적합성을 갖는지 묻는 조직신학적 논의를 진행한다.

종교간 대화의 문제에 있어서 "타종교에는 구원이 없는가?" 라는 질문을 통해, 대화를 위해서 서로 간 종교의 실체를 인정하고 타종교에도 구원의 길이 있다는 전제를 받아들이고 대화를 진행하려는 입장이 종교 다원주의 신학이라고 볼 수 있다. 이것이 포용주의적 입장이요 바아르 문서가 말하는 입장일 것이다. 천지를 창조하신 하나님을 각 종교가 자신의 종교의 옷으로 이해할 수 있지만 종교가 만나는 진리와 참신으로는 만나는 정점은 예수를 만남으로 가능한 것이다. 욥의 고백이 바로 하나님을 만나는 단계를 잘 설명하고 있다고 보겠다. "내가 주께 대하여 귀로 듣기만 하였삽더니 이제는 눈으로 주를 뵈옵나이다"(욥 42:5). 대화의 신학에서 만나는 과정, 그것이 종교다원주의 신학, 종교신학이라 볼 때 귀로 듣는 차원의 우리 논의들이 실제 주를 만나는 종교체험의 논의는, 언어와 논리가 아닌 '근원적 경험'의 신비이다. 이 '눈으로 주를 만나는 것.' 그 작업이 바로 예수를 만나는 일일 것이다. 그러기 위해 최고수는 성서적 적합성의 질문으로 구약과 신약의 본문과 신학적 주제를 다룬다. 그것이 아브라함의 선택과 이스라엘 민족, 아담과 노아의 보편 계약, 야웨 하나님과 이방 민족, 이스마엘과 그 후손들의 아픔, 이사야의 비전(하나님의 영광의 집에 참여하는 이스마엘 후손들), 동방박사의 아기 예수 방문(마 2장), 미움의 벽을 무너뜨리는 힘: 예수 그리스도의 십자가 등이다.

절대 진리, 최고의 가르침을 고수하다보면 부딪치는 문제, 종교간 갈등의 문제를 어떻게 해소하는가 하는 문제는 중요하다. 이 문제의 해결 과제로는 종교신학, 타종교와의 대화신학을 통해 그 거리를 좁히는 것이며 결국 화목제물인 예수를 만나는 것이 근원적인 해결책이라는 사실을 말한다. 복음과 걸림돌(법조문)의 비유와 기독교의 옷과 종교의 진리 비유를 통해 논의를 진행하며, 파니카의 '보편적 기독론'과 존힉(John Hick)의 '일원적 신론' 등의 종교신학의 논의의 장을 성서적 적합성이라는 논제를 가지고 이끈다. 마침내 아모스 용(Amos Yong)의 성령론적 존재신학으로 결론을 맺는다. 그래서 "성령으로 충만한 기독교로 옷을 입어야 한다"고 주장한다. 결어를 인용하면 다음과 같다. "복음에 의하여 태어난 교회에 종교간의 막힌 담을 허무는데 결정적으로 필요한 것은 성서적인 적합성을 지닌 신학적 종교 다원주의 기독교 보다, 오히려 성령의 자유로운 활동으로 예수 십자가의 보혈이 능력 가운데 나타나는 것이며, 또한 이러한 복음의 힘으로 모든 율법 조문으로부터 자유로운 영의 기독교(요 3:8)를 옷입는 것이다!"

끝으로 최인식 교수님의 논문에 논찬할 수 있는 기회를 가진 것에 영광스럽게 생각한다. 학문의 발전을 위해 몇 가지 질문하며 서로 배우는 자리를 갖고 싶다.

1. 파니카의 성령, 아드바이타로 규정(신과 세계는 하나도 아니고 둘로 아니다)과 성령론적 존재 신학의 관계와 차이는 무엇인지, 칼 라너의 '익명의 그리스도'와 파니카의 '그리스도 현현'이 그리스도 중심과 신 중심의 신학의 차이가 무엇인지, 종교신학과 기독교 신학이 어떠한 차이로 구원의 길을 말하고 있는가?

2. 구약의 바알신앙과 우상숭배는 이스라엘 신앙에서는 대화의 대상이 아니라 배척과 배격의 대상이 되고 있고, 예언자는 야웨 종교의 준수자로서 순수한 야웨 신앙의 입장에서 바알, 아세라 신을 배척하고 있는데 이 부분에 대하여 종교 간 대화와 종교 신학적면에서는 어떻게 생각하시는가? "열방이 하나님의 이름을 높일 때 그들 자신의 전통적인 종교와 신들을 버리고 이스라엘의 하나님으로 귀의하는 것인가?"(논문 15쪽) 질문하고 있다.

3. 이 논문은 신학적 종교다원주의 논의의 새로운 해결점으로 성서적 적합성에서, 성령론적 존재 신학에서 찾으려는 작업

을 하고 있다. 그 성서적 적합성의 본문으로 선택한 것을 좀 더 논의를 깊이 하는 한편, 부적합한 본문들을(헤렘법cherem law), 신명기 신학 안에서 바알종교 본문들, 저주 시편(시 137편 등)을 역으로 다루는 것이 나을지 않을까 제안하며, 성서적 적합성의 논의에 앞서 성서계시성에 대하여 어떤 입장을 가지는가?

서평(논찬)의 끝말

좋은 논문을 읽고 논찬을 한다는 것은, 한 논문을 쓰는 것 보다 더한 기쁨과 보람이 있다. 논문을 쓰는 일은 학자로서 학문의 세계를 놓지 않고 살아있다는 것을 보여주는 것이고, 논찬에 청함을 받는 일은 학자로서 학우(學友)로서 영광과 기쁨을 누리는 일이다. 논찬자는 항상 저자로부터 논찬을 부탁을 받으면 거의 거절하지 않고 수락하였다. 이는 학문 활동을 활발하게 하고 싶다는 표현이고 또한 학문의 동반자로서, 학우로서 논문발제자와 그 상대(Counterpart)가 된다는 의미로 그 영예를 가졌다는 것을 표현하고자 했고, 그 수락의 의미를 가지고 있다고 본다.

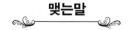

맺는말

구약신학의 세계를 한번 돌았다는 생각보다는 이제부터 새로 구약신학을 한다는 마음이 든다. 한국 땅에서 다시 구약신학을 해야 한다는 것, 구약신학 하기는 무엇인가 라는 질문이 다시 드는 것은 무엇일까. 잘 짜인 구약신학, 구약신학 방법론, 구약신학 학자와의 대화 등이 그 동안 되지 않아서 일까, 그보다는 구약신학 새로 하기의 화두를 던지는 것이 내가 할 과제라는 생각이 먼저 들었다. 아니 새로운 차원의 구약신학하기가 이제 열린다는 희망을 가져서이리라. 아무튼 구약학자보다는 구약학을 시작하는 초학도와 신학도에게 나의 글이 조금이나마 도움이 되었으면 하는 마음이 있고, 또한 지금까지 구약신학을 해 왔던 여정을 돌아보면서 앞으로 이정표를 그려보는 것이 더 의미 있다고 생각하는 것이다.

이 책에서는 제1부에서 구약신학의 방법론과 동향을, 한국 땅에서 구약신학하기의 의미를 찾았고, 구약신학의 학문사, 그 역사를 더듬었다. 그리고 구약신학에서는 그 중심의 주제가 중요함을 일별하였다. 특히 저자는 구약신학의 중심은 하나님, 여호와 신앙, 메시아 왕국, 구약신학의 본질이라는 것을, 그리고 그 본질을 찾는 것이 바로 개혁적 작업이라는 것, 구약의 종교개혁이야 말로 본질의 회복, 두 동선이라는 생각을 하였다. 그래서 구약신학이 역사적 차원과 더불어 조직신학적 계약 개념, 그리고 구속사가 구약신학에 중심이라는 것을 학자들의 연구를 통해 알게 되었다. 또한 1부에서는 구약신학의 방법론, 오늘의 구약신학 보기를 언급하였고 앞으로 구약신학의 새로운 길 찾기, 방향을 타진하여 한국에서 구약신학의 방향성을, 민중신학과 태극신학, 다문화 사회 신학을 말하려고 하였다. 그래서 그 글에서 한국 민중신학의 삼각도가 서남동, 안병무, 문익환에서, 김찬국 교수가 대두되어야 하는 이유를, 〈김찬국의 구약 민중신학〉에서는 주장한다. 또한 〈태극신학과 구약성서〉는 태극신학이 구약성서에서 어떻게 전개되고 진행 될 수 있는 지, 태극신학과 태극도에서 어떻게 이해할 수 있을지 시도해보았다. 그리고 오늘의 한국 사회가 다문화 사회인데, 우리 삶의 정황에서 어떻게 구약성경을 볼 수 있는지, 어떻게 그들과 조화로운 사회를 이뤄야 하는지 〈다문화와 구약성서〉를 통해 연구한다.

늘 구약학을 공부하면서 객관적이고 학문적인 구약학에 머무는가. 아니면 예수 그리스도, 구약의 메시아의 세계가 구약성경 안에서 어떻게 전개될 수 있을까 하는 고민은 구약신학하기의 기본이었음을 고백한다.

제2부에서는 구약신학의 세계를 산책하는 의미로, 구약신학의 세계라 하였다. 그 첫 글로 〈구약의 창조신앙과 생태 영성〉에서 오늘날 제기 되는 자연생태 문제를 구약성서의 프리즘에서 살펴본다. 그리고 하나님의 언약이 어떻게 구약에서 이뤄졌는지, 그리고 우리 한국 땅에서 의미는 무엇인지, 새로운 이해와 한국 계약신학의 모색을 한다. '계약신학의 새로운 모색'은 한국 구약신학의 근거, 전거(典據)가 무엇인지 연구한다. 히스기야 왕의 종교개혁은 구약신학의 중요한 화두가 될 수 있음을 〈열왕기하 18-20장의 편집과 전승 신학 연구〉, 〈역대기상 10-12장 연구: 다윗과 사울의 패러다임〉 논문을 통해 보여준다. 〈유다왕국의 종교개혁〉이 〈구약의 개혁신학〉, 〈구약의 종교개혁을 넘어서〉, 그리고 〈구약신학의 세계: 한국적 구약신학하기〉까

지 계속 전개되고 있음을 말하고 있다. 또한 구약 역사서 연구, 〈구약 역사서 연구 – 이경숙의 여성신학〉을 통해 신명기 역사와 역대기 역사가 여성신학의 프리즘에서는 어떻게 표출될 수 있는지, 전통적인 가부장적 구조에서 성경 본문이 위치한 이유와 가정의 권위와 질서가 왜 남자이었는지, 보여준다.

또한 묵시문학으로 가는 길목에서 〈구약의 천사〉 연구를 통해 구약의 영적 세계에 대한 생각을 하며 보이지 않는 세계에 대한 구약의 관점, 그리고 신약으로 이어지는 성자 예수 그리스도의 세계로 들어가야 하는 과정을 추정하는 연구라고 생각해보았다.

제3부에서는 구약신학과 서평(논찬)에 대한 생각을 하였다. 학자들이 구약학자들과 신학자들과 대화하면서 신학의 지평을 넓혀가는 것에 대한, 그동안의 작업이나, 학문세계에 대한 글들이 많이 소개되지 않았지만, 김덕기 교수가 처음으로 시도한 것에 도전을 받아 독자들에게 소개하여 학문 세계를 공유하는 작업, 구약신학이 어떻게 전개되는지 그 이력을 보여주는 것도 학문의 지도와 지평 융합, 학문의 연계 작업에 중요하다는 생각을 했다. 그래서 구약학자들의 논문이 생략된 것은 책의 분량상 싣지 못한 아쉬움이 있다. 이 제3부에 실린 저자의 논찬문들과 서평을 실어 구약세계의 지평을 넓히려 하였다.

『구약의 종교권력』, "김삿갓의 시와 욥기 39:1-30; 41장 1-34절에 나타난 동물의 존재론적 의미와 교훈적 의미와의 비교연구", 『구약성경적 공정한 사회』, 『구약성서의 정치와 종교』, 『오클로스와 '비참의 현상학'』, "신학적 종교다원주의'의 성서적 적합성에 관한 물음과 새로운 해결점을 찾아서" 등 논찬의 세계의 편력을 보여준다. 끝으로 이러한 서평, 논찬의 여정은 한국의 구약신학하기 작업의 과정과 그 연결의 한 과정을 보여준다고 본다. 서평, 논찬문에서 하지 못한, 논문에서 하지 못한 말은 이제 새롭게 독자들과 구약의 세계, 구약신학의 한국적 모색에서 많은 이야기를 하고 싶다. 다시 구약성경으로 돌아가서 여러분들이 많은 담론을 던져주기를 바란다. 미천한 학문의 초보자가 깨달을 수 있도록 지혜의 말씀을 주시기를 기원하며 오늘의 전자 펜을 맺으려 한다.

부록

한국적 구약신학의 모색을 연구하는 데
도움이 될 만한 책들

김은규,『제국의 신』, 서울: 동연, 2008.

김은규,『하느님 새로 보기』, 서울: 동연, 2009.

김은규,『구약 속의 종교권력』, 서울: 동연, 2013.

레만, 체스터 K. 김인환 역,『성경신학 I(구약)』, 서울: 크리스챤다이제스트, 1993.

로벗슨, 팔머. 김의원 역,『계약신학과 그리스도』, 서울: 기독교문서선교회, 2008.

_____. 오광만 역,『언약이란 무엇인가?: 하나님과 하나님 백성의 관계』, 서울: 그리
　심, 2003.

맥카시, D. J. 장일선 역,『구약의 계약사상』, 서울: 대한기독교출판사, 1979.

맥코미스키, 토마스. 김의원 역,『계약신학과 약속』, 서울: 기독교문서선교회, 1987.

메릴, 유진 H. 류근상 역,『구약신학』, 서울: 크리스챤, 2009.

박동현,『구약학개관』, 서울: 장로회신학출판부, 2003.

박준서,『구약과 신학의 세계』, 서울: 한들출판사, 2001.

박준서, "구약성서"『성서와 기독교』종교교재편찬위원회 편, 서울: 연세대학교출판
　부, 1985.

박신배,『구약의 개혁신학』, 서울: 크리스천헤럴드, 2006.

박신배,『태극신학과 한국문화』, 서울: 동연, 2009.

박신배,『구약의 종교개혁을 넘어서』, 서울: 더북, 2014.

베스터만, 클라우스. 박문재 역,『구약신학 입문』, 서울: 크리스챤다이제스트, 2005.

베스터만, 클라우스. 박문재 역,『구약신학의 요소』, 서울: 크리스챤다이제스트,
　1999.

송영찬,『출애굽기 메시지 시내산 언약과 십계명』, 서울: 깔뱅, 2006.

슈미트, 베르너 H. 차준희 역,『구약신앙』서울: 대한기독교서회, 2007.

송제근,『오경과 구약의 언약신학』서울: 두란노, 2008.

스택, 존 H. 류호준 역,『구약신학』서울: 솔로몬, 2000.

앤드슨, 버나드 W. 최종진 역,『구약신학』서울: 한들출판사, 2001.

윌킨스 브루스 · 보아 케네스, 정인홍 · 곽철호 역,『한눈에 보는 성경』서울: 디모데, 1999.

왕대일,『구약신학』서울: 감신대성서학연구소, 2010.

윌리엄 다이어네스, 김지찬 역,『주제별로 본 구약신학』서울: 생명의말씀사, 2006.

윌리엄 덤브렐, 최우성 역,『언약과 창조: 구약의 언약 신학』서울: 크리스챤서적, 1990.

이한영,『광야에서의 실패와 소망』서울: 한국성서학연구소, 2009.

_____,『구약의 신학적 메시지: 구약 어떻게 읽을 것인가?』서울: 성서유니온선교, 2004.

자콥, 에드몽. 박문재 역,『구약신학』서울: 크리스챤다이제스트, 1999.

장영일,『구약신학의 역사적 기초』서울: 장로회신학대학교출판부, 2001.

차일즈, 브레버드 S. 유선명 역,『신-구약성서신학』서울 : 은성 , 2001.

차준희 외 15명,『한국인을 위한 최신연구: 구약성서개론』서울: 대한기독교서회, 2007.

찰스워스, 제임스 H. 나채운 역,『구약성서와 신약성서』장로회신학대학교출판부, 1996.

체스터 K. 레만. 김인환 역,『성경신학 I』서울: 크리스챤다이제스트, 1995.

쳉어 에리히, 이종한 역,『구약성경개론』서울: 분도출판사, 2012.

카이저, 워터. 최종진 역,『구약성경신학』서울: 생명의 말씀사, 1998.

크니림, R. 강성열 역,『구약신학의 과제 II』서울: 크리스챤다이제스트. 2002.

편집부,『구약신학저널』서울: 이레서원, 2000.

폰라트, G. 허혁 역,『구약성서신학 3』서울: 분도출판사, 1993.

힐데브란트, 윌프. 김진섭 역,『구약의 성령신학 입문』서울: 이레서원, 2005.

Otto Kaiser저/원진희 역, 구약성서신학 I, II, III. 서울: 한우리, 2012.

Anderson, Bernard W. *Contours of Old Testament Theology*. Fortress, 1999.

Barr, James. *The Concept of Biblical Theology: An Old Testament Perspective*. SCM, 1999.

Brueggemann, Walter. *Theology of the Old Testament: Testimony, Dispute, Advocacy*. Fortress, 1997.

Brueggemann, Walter. *Old Testament Theology: An Introduction*. Fortress, 2008.

Childs, Brevard S. *Old Testament Theology in a Canonical Context*. Fortress, 1986.

Eichrodt, W. *Old Testament Theology*. 2 vols. OTL. Philadelphia: West-minster, 1961-67.

Goldingay, John. *Old Testament Theology*. Volume One. Israel's Gospel. InterVarsity Press, 2003; Volume Two. Israel's Faith. InterVarsity Press, 2006; Volume Three. Israel's Life. InterVarsity Press, 2009.

Hasel, Gerhard. *Old Testament Theology: Basic Issues in the Current Debate*. Eerdmans, 1995. Fourth edition.

House, Paul R. *Old Testament Theology*. IVP, 1998.

Kaiser, W.C., Jr. *Toward an Old Testament Theology*. Zondervan, 1978.

Martens, Elmer A. ed. Old Testament Theology. Bibliographies No. 13. Baker, 1997.

Ollenburger, Ben C., Elmer A. Marten, and Gerhard F. Hasel, eds. *The Flowering of Old Testament Theology. Sources for Biblical and Theological Study*. Eisenbrauns, 1992.

Preuss, H. D. *Old Testament Theology*. 2 vols. OTL. Westminster/John Knox, 1995-6.

Routledge, Robin. *Old Testament Theology: A Thematic Approach*. IVP Academic, 2008.

Sailhammer, John H. *Introduction to Old Testament Theology: A Canonical Approach*. Zondervan, 1995.

Smith, Ralph L. *Old Testament Theology: Its History, Method, and Message*. Broadman & Holman, 1993.

Terrien, S. *The Elusive Presence: Toward a New Biblical Theology*. Harper and Row, 1978.

Vanhoozer, Kevin J. ed. *Theological Interpretation of the Old Testament: A Book-by-Book Survey*. Baker, 2008.

Von Rad, G. *Old Testament Theology*. 2 vols. Harper and Row, 1962-65.

Waltke, Bruce K. An *Old Testament Theology: An Exegetical, Canonical, and Thematic Approach*. Zondervan, 2007.

Zimmerli, Walther. *Old Testament Theology in Outline*. John Knox, 1978.

Zuck, Roy B., ed. *A Biblical Theology of the Old Testament*. Moody, 1991.

참고문헌

1장 구약신학의 새로운 길 찾기

박신배,『태극신학과 한국문화』, 서울: 동연, 2009.
박신배,『구약의 종교개혁을 넘어서』, 서울: 더북, 2014.
브루그만, W. 류호준 역,『구약신학』, 서울: CLC, 2003.
브루그만, W. 김은호, 권대영 역,『구약개론』, 서울: CLC, 2007.
스미스, R. L. 박문재 역,『구약신학: 그 역사, 방법론, 메시지』, 서울: 크리스챤다이
    제스트, 2005.
아이히로트, W. 아이히로트, 박문재 역,『구약성서신학 I』, 서울: 크리스챤다이제스
    트, 2003.
하우스, P. R. 장세훈 역,『구약신학』, 서울: CLC, 2007.
하젤, G. F. 김정우 역,『구약신학: 현대논쟁의 기본 이슈들』, 엠마오, 2001.

2장 구약 민중신학의 재발견 – 김찬국 신학을 중심으로

강원돈, "서남동의 신학",『한국신학, 이것이다』, 한국문화신학회 9집, 서울: 한들출
    판사, 2008.
고재식,『해방신학의 재조명』, 서울: 사계절, 1986.
김경호 외 3명, 한국신학연구소 성서교재 위원회,『함께 읽는 구약성서』(서울: 한국
    신학연구소, 1991), 11-20.
김동길, "김찬국을 말한다", 김찬국,『인간을 찾아서』, 서울: 한길사, 1980.
김재준, 김성식, 장을병, 김중배,『의에 주리고 목마른 자여』, 서울: 삼민사, 1984.
김정환, "예술성·운동성·대중성·민중성·일상성·전문성: 지식인문화운동 방
    법론을 중심으로", 최승운 외 9명,『문화운동론』, 서울: 도서출판 공동체, 1986.

김진호, "오클로스와 '비참의 현상학': 지구화 시대 민중신학의 과제에 대하여", 『문화와 신학』7집 (한국문화신학회, 2010), 83-106.

김찬국, 『인간을 찾아서』, 서울: 한길사, 1980.

김찬국, 『지금 자유는 누구앞에 있는가』, 서울: 오상사, 1984.

김찬국, 『고통의 멍에 벗고』, 서울: 정음문화사, 1986.

김찬국 · 김득중 감수, 감청편저, 『청년과 성서이해』, 기독교대한감리회 교육국 출판부, 1897

김찬국, 『인생수상: 사람의 길, 사랑의 길』, 서울: 제삼기획, 1992.

김찬국, "제3세계와 성서해석", 『성서와 현실』, 서울: 대한기독교서회, 1992.

김찬국, 『성서와 현실』, 서울: 대한기독교서회, 1992.

김찬국과 111인, 『나의 삶, 나의 이야기』, 서울: 도서출판 연이, 1997.

노정선, "민중신학, 인민신학, 통일신학", 『문화와 신학』7집 (한국문화신학회, 2010), 11-55.

박신배, 『구약의 개혁신학』, 서울: 크리스천 헤럴드, 2006.

박신배, "시편과 한국 문화", 『태극신학과 한국문화』, 서울: 동연, 2009.

박재순, "민중신학의 반성과 새로운 모색: 민중신학에서 씨알사상에로", 『문화와 신학』7집 (한국문화신학회, 2010), 56-82.

서광선, "정치신학으로서의 한국 민중신학", 『한국 기독교 정치신학의 전개』, 서울: 이화여자대학교 출판부, 1996.

송천성(C. S. Song), 조재국 역, 『예수, 십자가에 달린 민중』, 서울: 도서출판 민중사, 1997.

안병무, "옹달샘에서 떠낸 한 조롱박의 생수", 『바닥에서 일하시는 하나님: 민중선교의 현장』, 서울: 한국신학연구소, 1992.

안병무, 『역사와 민중: 민중신학』, 안병무 전집6, 서울: 한길사, 1993.

이상호, "불패의 신화", 『나의 삶, 나의 이야기』, 서울: 도서출판 연이, 1997.

이재정, 『한국 교회 운동과 신학적 실천』, 서울: 다산글방, 2000.

조지송, "간추린 영등포 산업선교회 이야기", 『나의 삶, 나의 이야기』, 서울: 도서출판 연이, 1997.

한국기독학생회 총연맹 편, 『성서와 실천 1』, 서울: 민중사, 1987.

3장 태극신학과 구약성서

김흡영, 유승무 교수의 "역사상의 불교권력"을 논하며, 『현대사회에서 종교권력, 무엇이 문제인가』, 서울: 동연, 2008.

김흡영,『도의 신학』, 서울: 다산글방, 2000.

노자, 신동호역, "도덕경",『세계의 대사상18, 노자, 장자, 열자』, 서울: 휘문출판사, 1981.

이이, 김길환 역,『세계의 대사상11, 율곡소서(疏書)』, 서울: 휘문출판사, 1981.

김환철,『실학과 그리스도교의 만남』, 서울: 나단, 1994.

금장태,『성학십도와 퇴계철학의 구조』, 서울: 서울대학교출판부, 2002.

박신배, "태극신학: 한국신학의 새로운 가능성",『문화와 신학 3집』, 한국문화신학회, 2008.

박신배,『태극신학과 한국문화』, 서울: 동연, 2009.

Jew-Chur Son, Herz und Erkenntnis: Eine biblisch-psychologische und biblisch-anthropologische Studie zum Topos "Herz" als Hauptsitz des Glaubens, Seoul: Christian Literature Crusade, 1999.

5장 구약의 창조신앙과 생태 영성

김경재, "기후붕괴와 신학적 응답: 지난 25년간 한국신학계의 자연·생태신학 탐구의 지형도와 오늘의 과제", 〈기후붕회와 신학적 응답: 2009년 생태신학 세미나〉, 한국교회환경연구소, 이화여대 탈경제인문학연구단.

김주용, "녹색경제의 삶",『새하늘과 새땅』, 서울: 한국교회환경연구소, 2009.

성서와 함께 편집부,『보시니 참 좋았다』, 서울: 성서와 함께, 2000.

손은하, "오늘의 희망메시지: 프란츠 알트의 생태적 경제기적, 생태주의자 예수",『새하늘과 새땅』, 한국교회환경연구소, 16호, 2009년.

레네 파달라, 홍인식역,『통전적 선교』, 서울: 나눔사, 1994.

우택주, "기후붕괴와 성서신학적 응답 1", 〈기후붕회와 신학적 응답: 2009년 생태신학 세미나〉, 한국교회환경연구소, 이화여대 탈경제인문학연구단.

유재원,『창세기강해: 제1장』, 서울: 대영사, 1987.

이정배,『신학의 생명화, 신학의 영성화』, 서울: 대한기독교서회, 1999.

조현철, "그리스도교 생태 영성을 찾아서: 성서의 생태적 이해",「신학사상」149 (2010, 여름), 93-123.

노희원,『구약성서의 깊은 세계: 생명을 향한 구약 신앙의 한』, 서울: 연세대출판부, 2001.

박신배,『새이스라엘 역사이해: 한국역사의 관점에서』, 서울: 그리스도대학교출판부, 2009.

박신배, "히스기야 개혁의 정치, 종교적 성격과 신학",『구약과 신학의 세계: 박준서 교수 헌정논문집』, 서울: 한들출판사, 2001.

박신배,『태극신학과 한국문화』, 서울: 동연, 2009.

박준서,『성지순례』, 서울: 조선일보사, 1993.

박준서,『구약개론』, 서울: 기독교방송, 1984.

박준서, "구약 계약신학의 연구"『구약세계의 이해』, 서울: 한들출판사, 2001.

박준서,『이스라엘아! 여호와의 날을 준비하라』, 서울: 대한기독교서회, 2001.

McCarthy, D. J. 장일선 역,『구약의 계약사상』, 서울: 대한기독교출판사, 1979.

Anderson, B. W. *Understanding the Old Testament*, 3rd, New Jersey: Prentice-Hall, 1975.

Bal, M. ed. *Anti-Covenant: Counter-Reading Women's Lives in the Hebrew Bible*, Sheffield: Almond Press, 1989.

Bright, J. *The Kingdom of God*, New York: Abingdon Press, 1952.

Brueggemann, W. *David's Truth in Israel's Imagination and Memory*, Minneapolis: Fortress, 2002.

Brueggemann, W. *Abiding Astonishment: Psalms, Modernity, and the Making of History*, Kentucky: Westminster/John Knox Press, 1991.

Clements, R. E. "Deuteronomy and the Jerusalem Cult Tradition", VT 15 (1965): 300-315.

Crenshaw, J. L. A *Whirlpool of Torment: Israelite Traditions of God as an Oppressive presence*, Philadelphia: Portress Press, 1984.

Dumbrell, W. J. *Covenant and Creation: A Theology of Old Testament Covenants*, Nashville: Thomas Nelson Publishers, 1984.

Eichrodt, W. tr. by J. A. Baker, *Theology Of the Old Testament*, Vol. I, Philadelphia, Westminster Press, 1961.

Finkelstein, L. *New Light from the Prophets*, New York: Basic Books, 1969.

Fishbane, M. *Biblical Interpretation in Ancient Israel*, Clarendon Press, 1988.

Grottanelli, C. *Kings & Prophets: Monarchic Power, Inspired Leadership, & Sacred Text in Biblical Narrative*, Oxford: Oxford University Press, 1999.

Hasel, G. F. *Old Testament theology*, Wm. B. Eerdmans Publishing, 1991.

Hayes J. H. and Prussner, F. *Old Testament Theology: Its History and Development*, Atlanta: John Knox, 1985.

Hugenberger, G. P. *Marriage as a Covenant: A Study of Biblical Law and Ethics Governing Marriage Developed From the Perspective of Malachi*, Leiden: E. J. Brill, 1994.

La Sor, W. S. Hubbard, D. A. Bush, F. W. Allen, L. C. *Old Testament survey*, 1996.

Nicholson, E. W. *God and His People: Covenant and Theology in the Old Testament*, Oxford: Clarendon Press, 1986.

Paul, Shalom. M. *Studies In the Book of the Covenant in the light of Cuneiform and Biblical Law*, Leiden: E. J. Brill, 1970.

Preuss, H. D. *Old Testament Theololgy*. I & II. OTL. Louisville: Westminster John Knox Press, 1995.

Preuss, H. D. Perdue, L. G. *Old Testament Theology*, Continuum International Publishing Group.

Rendtorff, R. *Men of the Old Testament*, Philadelphia: Fortress, 1968.

Sanders, J. *Canon and Community: A Guide to Canonical Criticism*, Philadelphia: Fortress Press, 1984.

Von Rad, G. *The Message of the Prophets*, New York: Harper & Row, 1967.

Wright, G. E. *The Old Testament Against Its Environment*, London: SCM Press, 1953.

Wright, G. E. *God who Acts: Biblical Theology as Recital*, London: SCM Press, 1960.

7장 열왕기하 18-20장의 편집과 전승 신학 연구

박신배, "히스기야 개혁의 신학적 특성과 역사적 의미", 연세대학교 대학원, 2000.

박신배, 『신명기 역사에 나타난 히스기야 개혁의 전승사 연구』, 연세대학교 대학원 학위논문, 2000년.

박신배, "히스기야 기사에 나타난 환원신학", 『사강 기준서박사 화갑기념 논문집』, 서울: 그리스도신학대학교 출판국, 2001.

참고문헌

박신배, "요시야 개혁과 신명기 역사", 「그리스도대학교 교수논문집」 창간호, 그리스
　　도신학대학교 출판부, 2002.

박신배, "역대기 역사에 나타난 개혁 연구", 「그리스도대학교 교수논문집」, 2집, 그
　　리스도 신학대학교 출판국, 2003.

박신배, "제의중앙화와 전승사연구", 「그리스도대학교 교수논문집」 4집, 그리스도신
　　학대학교 출판국, 2004.

박신배, "신명기 역사서의 제의 개혁과 신학", 「구약논단」 19집, 한국구약학회,
　　2005.

박신배, 『구약의 개혁신학』, 서울: 크리스천헤럴드, 2006.

박신배, "북이스라엘 전승과 초기 신명기 역사", 「신학논단」 43집, 연세대학교 신과
　　대학·연합신학대학원, 2006.

박신배, "앗시리아 산헤립 왕의 유다 침공기사 연구", 「한국신학논총」 6집, 한국신학
　　교육연구원, 전국신학대학협의회, 2007.

박신배, "앗시리아와 이스라엘의 종교이념 연구", 「구약논단」 23집, 한국구약학회,
　　2007.

박신배, "신명기역사 연구사 연구", 「그리스도대학교 교수논문집」 7집, 그리스도대
　　학교 출판국, 2007.

박신배, "앗시리아의 유다 침공 연대문제와 신학", 「신학과 목회」 29집, 영남신학대
　　학교, 2008.

박신배, "제의중앙화의 역사성과 신학", 「신학사상」 146집, 한국신학연구소, 2009.

오택현, 『신명기와 신명기역사』, 서울: 크리스천헤럴드, 2007.

한동구, 『신명기 개혁 운동의 역사: 열왕기하 16-23장』, 서울: 도서출판 B&A,
　　2007.

A. D. H. Mayes, *The Story of Israel between Settlement and Exile*, London: SCM
　　Press, 1983.

Josephus, F. tr. by, W. Whiston, "Antiquities of the Jews", *Josephus*, Michigan:
　　Kregel Publications, 1983.

8장 역대기의 다윗, 사울 패러다임 – 역대기상 10-12장을 중심으로

김회권, "역대기의 민족화해신학", 『신학사상』 152집, 서울: 한국신학연구소, 2011,
　　10-44.

박신배, "열왕기하 18-20장의 편집과 전승 신학 연구", 『그리스도대학교 교수논문

집』10집, 서울: 그리스도대학교 출판국, 2010.

배희숙, 『역대하』, 대한기독교서회 창립 100주년 성서주석, 서울: 대한기독교서회, 2010.

임태수, 『역대상』, 대한기독교서회 창립 100주년 성서주석, 서울: 대한기독교서회, 2007.

로디 브라운, 김의원 역, 『역대상』, WBC주석, 서울: 솔로몬, 2001.

Clines, D. J. A. "Haggai's Temple Constructed, Deconstructed and Reconstructed", ed. by T. C. Eskenazi and K. H. Richards, *Second Temple Studies: 2 Temple Community in the Persian Period*, JSOT Sup. 175, Sheffield: Sheffield Academic Press, 1994.

Curtis E. L. & Madsen, A. A. *The Books of Chronicles*, Edinburgh: T&t Clark, 1976.

De Vries, Simon J. *1 and 2 Chronicles*, Michigan: William B. Eerdmans, 1989.

Japhet S. "Historial Reliability of Chronicles", *JSOT* 33 (1985), 83-107.

Japhet, S. "the Supposed Common Authorship of chronicles and Ezra-Nehemiah Investigated", *VT* 18 (1968): 332-372.

Jones, G. H. *1 and 2 Chronicles*, Sheffield: Sheffield Academic Press, 1993.

Kidner, D. *Ezra & Nehemiah*, Illinois: Inter-Varsity Press, 1979.

Krummacher, F. W. *David: King of Israel*, MI Grand Rapids: Kregel, 1994.

Rendtorff, Rolf, "Chronicles and The Priestly Torah", *Texts, Temples and Traditions*, ed. M. V. Fox, N. Shupak, (Indiana: Eisenbrauns, 1996), 259-266.

Riley, W. *King and Cultus in Chronicles*, JSOT Sup. 160, Sheffield: JSOT Press, 1993.

Rosenbaum, J. "Hezekiah's Reform and The Deuteronomistic Tradition", *HTR* 72 (1979).

Sacchi, P. *The History of the Second Temple Period*, Sheffield: Sheffield Academic Press, 2000.

Williamson, H. G. M. *Israel in the Books of Chronicles*, Cambridge: Cambridge Univ. Press, 1977.

Williamson, H. G. M. *1 and 2 Chronicles*, Grand Rapids: W. B. Eerdmans, 1982.

Zalew, Saul "The Purpose of the Story of the Death of Saul in 1 Chronicles 10", VT 39. 449.

참고문헌

강남순, "아시아와 한국이 여성신학",『페미니즘과 기독교』, 서울: 대한기독교서회,
1998.

김애영, "여성 해방적 예배의 추구와 전망",「신학사상」제46집(2009, 가을), 한국신
학연구소, 133-161.

김선희, "도로테 죌레 좌담회(죌레, 이경숙, 채수일)",「기독교사상」제475집 (1998,
7월), 대한기독교서회, 76-77.

김판임, "바울의 민족애와 민족주의", 한국여성신학회 엮음,『민족과 여성신학』, 여
성신학사상 6집, 서울: 한들출판사, 2006, 89-104.

구미정, "무덤에서 모태로"-한국교회의 환골탈태를 위한 대안적 상상력,「신학사
상」제145집 (2009, 여름), 245-267.

박경미, "오소서, 창조자의 영이여! - 한국교회와 여성주의적 성서해석",「기독교사
상」제470집 (1998, 2월), 대한기독교서회, 27-28.

박신배,『태극신학과 한국문화』, 서울: 동연, 2009.

박신배,『환원신학의 세계: 초대교회로의 행진』, 서울: 더북, 2013.

서현선, "초기 기독교의 여성다움(Feminity)이해", 서원모 · 방성규 · 이정숙 · 서현
선 편역,『여성과 초대 기독교』, 서울: 크리스챤 다이제스트, 2002.

선순화, "한국 여성의 경험에 대한 여성신학적 고찰", 한국여성신학회 편,『한국 여
성의 경험』, 서울: 대한기독교서회, 1994, 17-18.

유연희, "어디서 와서 어디로 가는가?"(창 16:8): 페미니스트 비평과 하갈과 사라 이
야기(창16장과 21장),「구약논단」제 23집 (2007. 3), 102-105.

이경숙, "여성해방과 성서해석", 장상 · 소흥렬 엮음,『신학하며 사랑하며』, 서울: 문
학과지성사, 1996, 67-81.

이경숙,『구약성서의 하나님 · 역사 · 여성』, 서울: 대한기독교서회, 2000.

이경숙, "창세기 2-3장에 들어있는 신화적 요소와 그 신학적 메시지: 여성신학적
관점에서",『성서 · 여성 · 신학』, 서울: 한국신학연구소, 2005, 27-28.

이경숙, "한국 여성신학의 발자취와 미래: 주제별 고찰과 내일의 과제",「한국기독교
신학논총」제50집 (2007), 175-214.

이경숙,『구약성서의 하나님 · 역사 · 여성』, 서울: 대한기독교서회, 2000.

이경숙, "창세기 2-3장에 들어있는 신화적 요소와 그 신학적 메시지: 여성신학적
관점에서",『성서 · 여성 · 신학』, 서울: 한국신학연구소, 2005, 52-54.

이경숙, "이스라엘의 조상 사라와 베두인의 조상 하갈 이야기: 창세기 16장과 21장

을 중심으로", 「기독교사상」 제410집 (1993, 2), 164-165.

이경숙, "이스라엘 집을 세운 라헬과 레아(창 29:31-30:24; 35:16-20)", 「기독교사상」 제411집 (1993, 3), 209-210.

이경숙, "동족과 복수에 희생된 삼손의 부인-딤나의 여인", 「기독교사상」 제421집 (1994, 1), 187-189.

이경숙, "여성신학적 관점에서 새롭게 읽는 창녀 라합이야기(수 2:1-24; 6:22-26)", 「신학사상」 제134집 (2006, 가을), 47-66.

이경숙, "여성의 연대성을 강조하는 입다의 딸 설화(삿 11:1-40)", 「기독교사상」 제422집 (1994, 2), 194-195.

이경숙, "사울이 방문했던 엔돌의 무당: 삼상 28:3-25", 「기독교사상」 제420집 (1993, 12), 202-205.

이경숙, "아탈랴의 정치적 운명(왕하 11:1-21)", 「기독교사상」 제423집 (1994, 3), 181-183.

이경숙, "요시야 종교개혁의 동반자, 여예언자 훌다" 「기독교사상」 제419집 (1993, 11), 192-198.

이경숙, "공동체 의식으로 서로 신실한 룻, 나오미, 보아스", 「기독교사상」 제424집 (1994, 4), 168-177.

이경숙, "출애굽의 여성 지도자 미리암", 「기독교사상」 제412집 (1993, 4), 179-185.

이경숙, "한나의 슬픔과 기쁨 그리고 신학", 「기독교사상」 제426집 (1994, 6), 141-143.

이경숙 · 피오렌자 · 곽푸이란 · 정현경, "아시아 여성신학 정립을 위한 제언", 「기독교사상」 제456집 (1996, 12), 69-87.

이경숙, "희년을 향한 한국 여성신학의 과제", 「기독교사상」 제371집, (1989, 11), 77-88.

이경숙, "다윗 왕조에 관한 신명기 역사가들의 기대와 비판", 「기독교사상」 제341집 (1987, 5), 129-130.

이경숙, "여성의 올바른 위치 정립", 「기독교사상」 제334집 (1986, 10), 184-188.

이경숙, "성서기자의 눈으로 본 여성의 유형", 한국기독교학회 엮음, 『여성신학과 한국교회』(서울: 한국신학연구소, 1997).

이경숙, "시형제 결혼을 쟁취하여 구원사를 엮어 낸 이방여성 다말과 룻", 한국여성신학회 엮음, 『다문화와 여성신학』(서울: 대한기독교서회, 2008).

이윤경, "쿰란공동체의 안식일 이해: 안식일 법, 정결례, 예식", 「신학사상」 제149집 (2010, 여름), 54-60.

이은선, "한국 여성그리스도의 도래를 감지하며", 기독여민회 엮음, 『발로 쓴 생명의 역사, 기독여민회 20년』, 서울: 대한기독교서회, 2007.

이은선 "유교와 그리스도교", 『포스트모던 시대의 한국 여성신학』, 경북 왜관: 분도출판사, 1997, 33-35.

피오렌자 E. S./김윤옥 역, 『돌이 아니라 빵을』, 서울: 대한기독교서회: 1994.

양명수, "폴 리쾨르의 해석학과 여성신학", 「신학사상」 제149집 (2010 여름) 한국신학연구소, 163-208.

임희숙, "세계화 시대의 민족담론과 여성신학", 한국여성신학회 엮음, 『민족과 여성신학』(여성신학사상 6집), 서울: 한들출판사, 2006, 39-41.

장상, "기독교 여성관의 재발견", 창간호, 한국여성신학회, 1985, 93-121.

장상, "여성신학과 창조신앙의 의의", 『한국여성신학의 과제』, 한국여신학자협의회, 1983, 44-62.

정미현, "예수인가 바리데기인가", 「한국여성신학」 (2005, 가을), 한국여성신학회, 95-122, 110-111.

최만자, "한국여성신학-그 신학 새로 하기의 어제와 내일", 『여성의 삶, 그리고 신학』, 서울: 대한기독교서회, 2005, 139-141.

최영실, "한의 질곡에서 생명으로 피어나는 한국 여성신학", 「신학사상」 제100호 (1998, 봄), 122-124.

하비콕스/유지황 옮김, 『영성·음악·여성: 21세기 종교와 성령운동』, 서울: 동연, 1998.

Gebara, Ivone, "Ecofeminism", L. M. Russell/J. S. Clarkson(ed.), *Dictionary of Feminist Theologies*, Kentucky: Westminster John Knox Press, 1996, 78.

Laffey, Alice L., *An Introduction to the Old Testament: A Feminist Perspective*, Philadelphia: Fortress Press, 1988.

10장 구약의 천사 연구

댄 브라운, 양선아 역, 『천사와 악마』, 서울: 베텔스만, 2004.

루이스 마르코스, 최규택 역, 『C. S. 루이스 씨름』, 서울: 그루터기하우스, 2009.

박신배, 『환원신학과 구약성서』, 서울: 그리스도대학교 출판국, 2008.

박신배, 『환원신학의 세계: 초대교회로의 행진』, 서울: 더북, 2013.

선한용, 『어거스틴에 있어서 시간과 영원』, 서울: 성광문화사, 1994.

시드니 셸던, 정진우 역, 『악마의 유혹』, 서울: 세시, 2009.

시드니 셀던, 김시내 역,『천사의 분노』 북@북스.

아르토 파실린나, 이미선 역,『천사가 너무해』 서울: 솔, 2012.

이정석, "천사란 어떤 존재인가", 1. Karl Barth, Church Dogmatics, Ⅲ/3, 369, 486.

왕대일,『묵시문학연구』 서울: 대한기독교서회, 1994.

엘리자베스 녹스, 이예원 역,『천사의 와인』 서울: 시공사, 2010.

카스 도나휴, 임옥희 역,『파괴의 천사』 서울: 레드박스, 2011.

클린턴 E. 아놀드, 길성남 역,『바울이 분석한 사탄과 악한 영들』 서울: 이레서원, 1992.,

W. 푀르스터, 문희석 역,『신구약 중간사』 서울: 컨콜디아사, 1983.

Bavinck, Herman. *Gereformeerde Dogmatick* II, 407.

Bultmann, Rudolf. *Theology of the New Testament* I, 173, Kerygma and Myth, I, 10-11.

Chaudhary, Sufian. *World of Archangels*, 2012.

Gaster, T. H. "Angel", *IDB*, Nashville: Abingdon Press, 1982.

Myers, Edward. P. *Angelology: A Study of Angels(Systematic Bible doctrines)*, Howard Book House, 1978.

Newsom, Carol A. "Angels", *Anchor Bible Dictionary*, New York: Doubleday, 1992.

Russell, D. S. *The Method and Message of Jewish Apocalyptic*, OTL. Philadelphia: Westminster Press, 1964.

Thorne, Guy. *The Angels*, New York: G. W. Dillingham Company, 1908.